山东社会科学院科研基金资助项目

山东与日本
投资贸易合作的热点难点问题研究

Focuses and Difficulties of the Investment and
Trade Cooperation between Shandong and Japan

王爱华 主编

经济科学出版社
Economic Science Press

责任编辑：吕　萍　田　媛
责任校对：张长松
版式设计：代小卫
技术编辑：邱　天

图书在版编目（CIP）数据

山东与日本投资贸易合作的热点难点问题研究/王爱华主编 .
北京：经济科学出版社，2008.9
ISBN 978 - 7 - 5058 - 7505 - 0

Ⅰ. 山… Ⅱ. 王… Ⅲ. ①投资环境 - 研究 - 山东省②对外资贸 - 经济合作 - 研究 - 山东、日本　Ⅳ. F127.52　F832.752

中国版本图书馆 CIP 数据核字（2008）第 130152 号

山东与日本投资贸易合作的热点难点问题研究
王爱华　主编
经济科学出版社出版、发行　新华书店经销
社址：北京市海淀区阜成路甲 28 号　邮编：100142
总编室电话：88191217　发行部电话：88191540
网址：www.esp.com.cn
电子邮件：esp@esp.com.cn
北京汉德鼎印刷厂印刷
海跃装订厂装订
787×1092　16 开　16.25 印张　220000 字
2008 年 9 月第 1 版　2008 年 9 月第 1 次印刷
ISBN 978 - 7 - 5058 - 7505 - 0/F·6756　定价：26.00 元
（图书出现印装问题，本社负责调换）
（版权所有　翻印必究）

"日本问题系列研究"编委会
（山东省日本学会组编）

总 主 编 李殿魁

副总主编 朱达伟

主 编 王爱华

执行主编 孙卫东 翟清林

编 委（以姓氏笔画为序）

于志刚 王德椿 王爱华 孙卫东 李殿魁

朱达伟 李 荣 张乃丽 范爱军 范振洪

姚东方 隋 博 翟清林 樊丽明

前 言

山东与日本隔海相望,地缘相近,有着深厚的文化渊源和悠长的通商历史,而日本又是世界三大发达经济体之一,良好的产业基础和技术创新能力为开放和发展的山东展示了诸多的合作机会。因此,山东与日本的投资贸易合作既含浑然天成元素,也是我们对外经济发展的主动选择。随着改革开放的深入和山东开放型经济的发展,山东与日本的投资贸易合作也不断向纵深演进。2007年山东对日本进出口贸易实现107.6亿美元,其中出口103亿美元,占全省出口总额的13.7%,居美国、韩国之后为山东的第三大贸易合作伙伴;2007年山东吸引日本投资6.9亿美元,占全省实际使用外资总额的近7%;截至2007年底,已有川崎重工、三井物产、三菱商事、丸红株式会社、住友商事、松下电器、三洋电机、日本电气公司(NEC)等近4 300家企业在山东投资,累计实际使用日资57.7亿美元,占全省全部实际外资额的近8%,占日本对华投资的近9%,为山东第三大投资合作伙伴,展示出一种良好的、密不可分的战略合作关系。

基于以上描述可以看出,山东与日本的投资贸易合作已经成为山东经济发展的重要组成部分,成为加快山东经济国际化进程的重要带动力量。目前,山东开放型经济进入一个新的发展机遇期,改革开放三十年,给山东开放型经济带来了前所未有的发展,也为山东与日本投资贸易合作提供了强大动力,同时,也意味着未来发展仍旧要坚持对外开放的基本国策,坚定不移地走对外开放之路。为此,按照党的十七大关于不断扩大

山东与日本投资贸易合作的热点难点问题研究

开放领域，优化开放结构，提高开放质量，完善内外联动、互利共赢、安全高效的开放型经济体系，形成经济全球化条件下参与国际经济合作和竞争新优势的新要求，山东与日本投资贸易合作也要迈向新的阶段，跃上新的层面。但面对新的国际国内形势，尤其面对美国次贷危机、石油价格上涨、国际市场价格波动、国际金融风险加大、贸易保护主义抬头等世界不确定性因素和我国的宏观政策调整、人民币汇率走强、生产要素价格提升等诸多客观因素，以及山东自身在吸引日资方面存在的制约性因素，如何克服困难，化解不利因素，巩固和拓展山东与日本投资贸易合作，实现新形势下新的发展，是摆在我们面前的难题和挑战，也是需要我们密切关注和认真研究的问题。为此，我们设计了"山东与日本投资贸易合作热点难点问题研究"这一课题，就新形势下山东与日本投资贸易合作中存在的诸多热点、难点问题进行准确地捕捉和深入地分析，从理论和实践的结合上，定性分析和定量分析的结合上，探索并揭示山东与日本投资贸易合作中存在的必然性与规律性，为合作的发展奠定深厚的理论基础；通过对热点难点问题形成的原因分析和前瞻性研究，为政府制定政策和选择正确的合作路径提供积极的参考；通过抓主要矛盾，针对关键问题、敏感问题积极寻求解决的途径和最佳方案，为山东与日本投资贸易合作向宽领域、高水平不断发展提供有益的启示和借鉴。

　　本书共设计3个篇章16个专题。综合篇主要从整体和宏观的角度审视日本对海外投资的新趋势、新特点，分析把握其中所蕴涵的合作潜力和发展机遇，并结合山东吸引日本投资和对日贸易合作现状，分析阐述山东的优势因素和弱势因素，以及合作的主要难点所在，在此基础上对双方的合作前景做出预测性描述和对策性思考。专题篇主要选取山东与日本投资贸易合作的一些热点难点问题展开专门研究，从日本贸易政策变化对山东与日本投资合作的影响、山东国有企业如何加快利用日资问题、胶东半岛如何在新形势下扩大对日本产业转移的承接问题、扩大与日本软件外包合作问题、日本跨国公司在山东省投资的内生性增长问题、山东港口与日本港口发展的对接问题、山东省禽肉产品对日贸易问题、加快山东与日本高新技术产业合作问题，以及针对前一阶段出现的日本饺子事件和韩资非法撤离事件给予山东的警示与启示等诸多方面的问题进行了深入分析与探讨，并提出了一些有应用价值和实践指导意义的建议与对策。借鉴篇主要选择了江苏无锡市创新吸引日资优势的经验和大连积极承接日本软件外包的经验进行分析论述，以期能为山东与日本的投资合作带来些许昭示和启迪。

本书的主要应用价值在于通过对山东与日本投资贸易合作中的热点难点问题的深入研究，分析其主要影响因素和深层原因，结合国际经济新形势和日本对外投资新动向，探索今后的发展路径和应对举措，为省委、省政府制定进一步扩大山东与日本投资贸易合作的发展战略和政策措施提供参考依据。本书对日本海外投资特点的概括较为全面和深入，热点和难点问题把握准确，研究内容既有理论性，又有对策性，且对策建议既有针对性，又有前瞻性和可操作性。尤其针对日本贸易政策变化所进行的应对探索，围绕扩大与日本软件外包合作、日本跨国公司在山东省投资的内生性增长等问题进行的研究，以及根据近来发生的日本毒饺子事件、韩资非法撤离等事件所进行的分析与思考，都有一定深度和新意，对于消除山东与日本投资贸易合作中的阻力因素，拓展合作的深度和广度具有较强的启示性和现实指导性。

山东与日本投资贸易合作是一个不断发展的动态过程，本书反映的只是一个既定时期的横切面研究，还有许多现象和问题需要继续跟踪和深化研究。随着合作的深入，新的问题会不断出现，热点难点问题也将展现不同表征。因此，在未来发展中，我们将根据山东省委、省政府的经济国际化战略部署和山东开放型经济发展的需要，一如既往地关注山东与日本投资贸易合作问题，不断充实和完善我们的研究成果，希冀这一研究能跃上一个新的层面和新的高度,为大家展示新的视野和新的思路。

由于时间仓促和水平有限,书中难免疏漏和不妥之处,敬请各位领导、专家与读者赐教和雅正。

编 者

2008 年 7 月

目 录

综 合 篇

第一章 日本对华投资新动向与山东的对策 ………… 3
一、日本对华投资新动向及特点 ……………………… 3
二、山东吸收日本直接投资现状 ……………………… 7
三、山东吸收日本直接投资展望与对策 ……………… 9

第二章 日本在山东的投资现状与发展趋势 ………… 13
一、日本对华投资现状与发展趋势 …………………… 13
二、日本对山东投资现状与发展趋势 ………………… 18

第三章 山东与日本投资合作的难点问题研究 ……… 29
一、日本对海外投资的特点及发展动向 ……………… 29
二、山东省与日本投资合作基本情况及难点问题分析 … 33
三、扩大山东与日本投资合作需要重点解决的问题 …… 44

专 题 篇

第四章 日本贸易政策变化对山东与日本投资合作的影响 …… 55
一、近几年日本贸易政策的演变情况 ………………… 55

二、日本贸易政策的变化对山东出口贸易的影响 …………… 60
三、应对日本贸易政策变化的对策举措 …………………… 65

第五章 山东国有企业加快利用日资的对策研究 ………… 71
一、利用外资对国有企业进行改造的积极意义 …………… 71
二、山东省国有企业利用外资的情况及特点 ……………… 73
三、日本对山东省国有企业投资少的原因分析 …………… 76
四、加快山东省国有企业吸引日资的对策 ………………… 79

第六章 胶东半岛承接日本产业转移研究 ………………… 83
一、日本对外直接投资的产业结构与发展趋势 …………… 83
二、承接日本产业转移建设胶东半岛制造业基地的分析 … 85
三、胶东半岛建设制造业基地的战略措施 ………………… 91

第七章 山东承接日本软件外包问题研究 ………………… 95
一、全球软件外包的发展趋势 ……………………………… 95
二、山东承接日本软件外包的意义和必然性 ……………… 97
三、山东省发展对日软件外包产业的优势 ………………… 100
四、山东发展对日软件外包存在的问题 …………………… 102
五、发展山东对日软件外包产业的对策建议 ……………… 104

第八章 日本跨国公司在山东省直接投资的新视角分析 … 108
一、日本跨国公司战略与投资模式分析 …………………… 108
二、对跨国公司——本土企业模型的分析与探讨 ………… 111
三、日本跨国公司在山东省投资的特点及其存在的问题 … 113
四、对山东省吸引日本跨国公司投资的政策建议 ………… 117

第九章 日本港口建设与山东港口对日合作的思考 ……… 120
一、日本港口发展概况 ……………………………………… 120
二、日本港口建设的经验 …………………………………… 122
三、山东省主要港口的发展现状 …………………………… 126
四、日本港口建设对山东省的经验借鉴 …………………… 128
五、山东港口对日合作分析 ………………………………… 131

第十章　山东省禽肉产品对日贸易优势及现状分析 …… 133
一、山东省及其主要竞争地区对日本禽肉贸易状况 …………… 134
二、山东省在日禽肉市场贸易优势分析 ………………………… 137
三、山东省对日禽肉贸易影响因素及与竞争对手差距分析 …… 142
四、应对举措及政策建议 ………………………………………… 146

第十一章　日本对山东省直接投资及对山东省产业结构的影响 …………………………………………………… 149
一、问题的提出 …………………………………………………… 149
二、外国直接投资与东道国产业结构优化的关系 ……………… 150
三、日本对山东省直接投资总量的变化 ………………………… 155
四、日本对山东投资结构的变化 ………………………………… 163
五、日本对山东直接投资对山东产业结构影响的实证分析 …… 167
六、合理利用日资，促进山东经济增长的政策建议 …………… 171

第十二章　从日本饺子事件看山东与日本投资合作 …… 176
一、沸沸扬扬的饺子事件 ………………………………………… 176
二、事件发生的原因分析 ………………………………………… 177
三、事件给予鲁日投资合作的启示 ……………………………… 182
四、积极应对，促进鲁日投资合作平稳发展 …………………… 186

第十三章　加快山东与日本高新技术产业合作研究 …… 191
一、日本高新技术产业发展现状 ………………………………… 191
二、山东与日本高新技术产业合作现状与合作机会分析 ……… 198
三、扩大山东与日本高新技术产业合作的对策建议 …………… 203

第十四章　韩资非法撤离事件给予鲁日投资合作的警示 …… 207
一、韩资非法撤离的特点分析 …………………………………… 207
二、韩资非法撤离的原因分析 …………………………………… 208
三、日资与韩资的异同分析 ……………………………………… 210
四、给予山东与日本投资合作的警示 …………………………… 214

借鉴篇

第十五章　江苏无锡市吸引日资的经验及其对山东的启示 ⋯⋯ 219

　　一、无锡吸引日资的现状分析 ⋯⋯⋯⋯⋯⋯⋯⋯⋯⋯ 219

　　二、无锡打造吸引日资新优势的经验做法 ⋯⋯⋯⋯⋯ 221

　　三、无锡经验给予我们的启示 ⋯⋯⋯⋯⋯⋯⋯⋯⋯⋯ 224

第十六章　大连承接日本软件外包的经验及其对山东的启示 ⋯⋯ 230

　　一、大连——中国软件外包的一面旗帜 ⋯⋯⋯⋯⋯⋯ 230

　　二、大连承接日本软件外包的经验 ⋯⋯⋯⋯⋯⋯⋯⋯ 232

　　三、山东承接日本软件外包的基础分析 ⋯⋯⋯⋯⋯⋯ 236

　　四、借鉴大连经验，发展对日软件外包 ⋯⋯⋯⋯⋯⋯ 239

参考文献 ⋯⋯⋯⋯⋯⋯⋯⋯⋯⋯⋯⋯⋯⋯⋯⋯⋯⋯⋯⋯⋯ 242

后记 ⋯⋯⋯⋯⋯⋯⋯⋯⋯⋯⋯⋯⋯⋯⋯⋯⋯⋯⋯⋯⋯⋯⋯ 248

综合篇

第一章

日本对华投资新动向与山东的对策

2000年以来，虽然中日政治外交关系历经曲折，但两国经济关系总体上有了长足发展，日本对华投资尤其对山东的投资稳步增长。2006年，日本对华直接投资61.64亿美元，占日本对外投资的12.3%。[1] 同年，日本对山东直接投资7亿美元，占同期日本对华直接投资总额的11.4%，也相当于当年山东吸收世界各国和地区直接投资的7%，仅次于韩国和中国香港居第三位。[2] 山东处于环渤海地区，与日本一衣带水，有市场容量、产业基础、地理区位、自然资源，以及社会人文等基本要素支撑，是日本商界投资热点之一。因此，研究当前国际资本流动和日本对华投资的特点与趋势，加强与日本的经济交流与合作，积极承接其产业转移，是山东对外开放和招商引资的重点。

一、日本对华投资新动向及特点

国际投资活动与世界经济密切相关。2006年世界实际GDP增长率（IMF按购买力平价计算）达5.4%，这是继1980年以来达到的最高增长率，创历史新高。[3] 2006年世界直接投资比上一年增长25.8%，为14 215亿美元，这是继2004年以来连续3年保持增长，也是继2005年来连续两年超过1万亿美元。日本海外直接投资自1991年开始大幅度下降以来，2001年回升到384.95亿美元，紧接着是连续3年走低，2004年减至

---

[1] 日本贸易振兴机构：《JETRO贸易投资白皮书（资料篇）》，2007年版，第15页。
[2] 山东省统计局：《山东统计年鉴》，中国统计出版社2007年版，第542页。
[3] 日本贸易振兴机构：《JETRO贸易投资白皮书（资料篇）》，第2页。

309.62亿美元，只相当于1990年历史最高480.24亿美元的64.5%。从2005年开始，日本对外直接投资呈现迅速增长，当年达到454.61亿美元，比上年增长48.1%。2006年又创新高达到502.91亿美元，比上年增长10.6%，16年来第一次超过1990年的投资规模。①

长期以来，日本对外直接投资一直以发达国家为中心，美国是日本最大的投资对象国。新世纪伊始，日本对美国的投资开始出现衰退。2000年，对美投资为131.21亿美元，占日本对外直接投资总额的44.8%。2001年，对美投资急剧减少到70.31亿美元，2003年虽回升至106.91亿美元，2004年又减少为75.59亿美元；2005年增加到121.26亿美元后，2006年又减少为92.80亿美元，比上年减少23.5%，占投资总额的比重也下降为18.5%，与1990年历史最高的255.84亿美元相比，只相当于其36.3%。②

另一方面，日本对发展中国家投资主要集中于亚洲和中南美，对亚洲投资主要集中于东亚。20世纪80年代主要集中于"四小龙"，20世纪90年代主要集中于东盟，新世纪后转向中国。日本对华投资的第一次高潮出现在20世纪90年代前期，20世纪90年代后期陷入低谷；2001年发展迅速并超过1995年的31.83亿美元创历史新高，至2005年达到65.75亿美元，占世界各国（地区）对华投资的10.8%，仅次于中国香港地区的39.7%。2006年，在中国外资政策调整、各国（地区）对华直接投资减少4.47%的情况下，日本对华投资也减少6.3%，投资总额为61.64亿美元。对华投资占日本对外直接投资总额的比重从1999年的1.6%提高到2005年的14.5%，2006年又下降到12.3%。总体看，1982年日本对华直接投资只有1.7亿美元，但到2006年，日本对华实际投资累计金额超过580亿美元，成为中国第二大外资来源地。同时，中国也成为美国、英国之后日本的第三大投资对象国。

从上述分析不难看出，近年来日本海外投资基本与世界经济同步增长，而且近年来日本对华直接投资呈现以下特点和动向。

1. 对华投资主要集中在东部沿海地区

据2005年统计数据显示，东部地区新设立日商投资企业3 046家，

---

① 刘昌黎：《日本对外直接投资的新发展与海外经营的新动向》，载《东北亚论坛》，2007年第4期，第106页。

② 日本贸易振兴机构：《贸易投资国际收支统计》，2007年10月，http：//www.jetro.go.jp。

合同外资金额115.91亿美元，实际投入外资金额62.22亿美元，在全国吸收日资总量中的比重依次为93.18%、96.25%、93.61%。以日方实际出资计算，2005年排在前五位的省、市依次为：江苏、辽宁、山东、上海、广东。①

2. 对华投资中制造业仍是重点

2005年，日本对华投资在制造业领域为47.03亿美元，非制造业方面为18.3亿美元，分别占投资总额的72%和28.5%。2006年日本对华制造业投资为46亿美元，大大超过非制造业投资的15.66亿美元，占投资总额的比重也进一步提高到74.6%。在制造业中汽车工业增长最快，占整个制造业投资总额的23.1%。②

3. 金融流通等服务业投资大幅增长

日本对外非制造业直接投资中，金融保险业、房地产业、服务业和商业是四大投资热点。随着中国金融、流通等服务行业逐步对外开放，2006年日本企业也加大了对这些行业的投资。据日本财务省日前发表的统计数据，2006年日本在对华金融、保险和租赁等非制造业行业的投资金额达到了15.66亿美元，占当年对华投资总额25.26%。

4. 加强对华投资企业的研发活动

日本贸易振兴机构日前一项调查结果显示，日本有69.8%的企业认为，中国依然是世界上最有投资价值的国家并将继续增加在中国的投资，有些大型公司还把它们的研究开发中心搬到中国。③ 日本政府部门进行的调查结果也显示，有5.5%的日本企业计划将研发中心设在中国，这一比例仅次于美国的6.4%，居第二位。

5. 海外投资大幅增长同时对华投资7年来首次减少

2006年日本海外投资大幅增长，时隔16年后超过20世纪90年代初水平再创历史新高。与之相反，日本连续7年对华投资增长态势在2006

---

① 商务部：《2006中国外商投资报告》，2006年12月，http://www.fdi.gov.cn。
② 同上。
③ 日本贸易振兴机构：《日资企业在亚洲的经营实态·2005年调整报告》，2006年3月，第17页。

年出现转折，比上年减少6.2%，仅为62亿美元。①

如果进一步分析，当前影响日本对华投资变化的主要因素为：

1. 对华投资受东亚尤其中国经济发展推动

日本对外直接投资迅速回升是在世界经济形势好转、东亚经济特别是中国经济高速增长的国际环境中实现的。从2003年开始，尽管美国经济增速减缓，西欧各国经济也没有大的起色，但在中国、印度等新兴经济国家带动下，世界经济连续4年保持快速增长势头，年均增长率接近5%。尤其是中国经济，连续4年实现了10%以上的高速增长，使中国潜在的大市场迅速变为现实的大市场。如2001~2006年，中国汽车销售量由273万辆增加到722万辆，成为仅次于美国的世界第二大汽车消费市场。因此，日本企业为争夺和占领中国市场，推动了日本对华直接投资的新发展。

2. 在华日资企业经营状况良好

据日本贸易振兴机构最近的调查结果表明，日本80%以上在华投资企业已经获利，而且一些日资企业在中国获得的利润已经成为母公司的主要利润来源。② 日本中小企业金融公库2004年12月发表的调查结果也表明，有80%的日本在华企业销售额比上年同期增长，有63%的企业利润比上年同期增加，有73%的企业认为今后的销售收入和利润将进一步增加，还有57%的企业计划增加设备投资，扩大生产规模。

3. 对华投资进入结构调整期

日本对华制造业投资开始减少，金融流通等服务业投资较大幅度增加以及加强对华投资企业研发力量的现象表明，日本对华投资结构发生了重大变化，层次和质量都得到进一步提高，将进入"升级换代"的结构调整时期，这也标志着中日经济合作正朝着更深层次的方向发展。

4. 对华投资减少与对华投资战略相关

随着世界经济形势发展变化和人民币升值等，日本企业对华投资风险

---

① 日本贸易振兴机构：《JETRO贸易投资白皮书（资料篇）》，第15页。
② 日本贸易振兴机构：《日资企业在亚洲的经营实态·2005年调查报告》，第3页。

意识逐渐提高，自2000年以来日本对华投资在连续增长7年后首次减少的现象，这表明日本企业开始采取谨慎态度重新审视对华投资战略。因此，随着中国调整外资政策、劳务费上涨等，将使投资环境继续发生变化，日本可能调整对华投资战略。

二、山东吸收日本直接投资现状

在世界经济区域化、全球化背景下，山东进一步加强与日本的经贸合作与交流是历史的必然。多年来，山东凭借毗邻日本的优越地理位置和便利交通条件以及与日本相通的儒家文化背景，抓住日本产业转移的机遇，积极开展与日本经济界的合作，促进了日本在山东投资的稳步增长。

2006年山东新增日资企业312家，实际使用日资7.03亿美元，同比增长2.36%。[①] 2007年1~5月，新批准日商直接投资企业76家，实际使用外资3.32亿美元，同比增长15.49%。截至2007年5月底，山东省累计批准日商直接投资企业4269家，实际使用日资额54.13亿美元。日本的世界500强企业中，三井物产、伊藤忠商事、三菱商事、住友商事、丸红会社等著名跨国公司在山东都有投资项目。20世纪90年代以来，日本对山东的投资明显加速，基本上呈逐年上升趋势。2003年日本是山东第五大投资来源地；2005年居第四大外资来源地；2007年5月又上升为第三大海外投资来源地，仅次于韩国和中国香港地区。日本企业在山东直接投资活动呈现以下特点和变化：

一是日本的直接投资呈平稳增长，没有大的起伏。2006年山东省引进外商直接投资100亿美元，其中韩国37亿美元，中国香港21亿美元，日本7.03亿美元列美国的7.7亿美元之后，居第四位。[②] 据山东省外经贸厅最新统计，截至2007年5月底，山东实际使用日资额达到了54.13亿美元，在所有投资国家和地区中列第三位，仅次于韩国和中国香港地区。

二是日本投资主要集中在劳动密集型产业。如水产品加工、纺织、服装和食品加工等类产业。制造业投资比重在总投资中逐年上升，从2003年的86.2%上升到2004年的91.5%，上升5.3%；从制造业内部看，投

---

① 山东省统计局：《山东省统计年鉴》，中国统计出版社，2007年版，第542页。
② 同上。

资的结构也在发生变化，纺织业在投资中的比重上升5.7%，化工产业上升2.7%。2006年，日本在以制造业为主的第二产业中的直接投资占对山东直接投资总额的比例上升为95%。

三是日本投资集中在山东半岛地区。截至2003年底，日本在青岛、烟台、威海三市的总投资达25亿美元，占日本在山东总投资的79.6%。2006年，日本在青岛、烟台、威海三市的直接投资总数为6.15亿美元，占当年日本对山东省的总投资数87.5%。这一特点与日本对华投资主要分布在我国沿海地区是一致的，也与青岛、烟台、威海三市引进外商直接外资总额占山东全省的比例相似。

四是山东半岛的日资企业经营状况良好。据日本贸易振兴机构2006年的调查，在青岛的日资企业2005年盈利的占57.9%，持平的占10.5%，亏损的占31.6%；与上年相比，盈利水平提高的占65.8%，持平的占18.4%，下降的占15.8%。[1] 这说明山东日资企业的投资环境和利润收益是令人满意的。

当然，在引进外资工作中也存在一些问题，目前影响山东利用日资的主要因素：

(1) 其他国家和国内各省市的引资竞争加剧。近几年，东南亚、南亚国家借鉴中国经验，以各种措施加大吸引外资力度。如越南、印度已成为日本的投资热土；并超过韩国成为亚太地区仅次于中国内地、中国香港地区和新加坡的外资流入国。国内的辽宁、广东等省更是急起直追，后来居上。因此，山东吸引日本直接投资将面对更加激烈的竞争格局。

(2) 吸引外资的成本优势正在弱化。山东尤其是东部地区的土地、原材料、劳动力等生产要素价格都在上升，企业成本不断上涨，外商投资收益相对降低。山东吸引外资将面临从劳动密集型向资本和技术密集型转型和升级的问题，从"招商引资"逐步走向"招商选资"将是实现利用外资由"量"向"质"转变的长远目标的重要途径。

(3) 除了全国性的经济过热，股价高涨、房价上升和人民币升值等因素外，还有一些山东自身的问题。例如，由于劳动力成本上升出现的外企招工难；普遍存在的土地使用证不能及时发放，影响日资企业办理贷款等手续；还有环保、垃圾处理等问题。

---

[1] 日本贸易振兴机构：《日资企业在亚洲的经营实态·2005年调查报告》，第3页。

三、山东吸收日本直接投资展望与对策

自 2008 年以来,中国正致力于构建和谐世界,建设和谐世界是实现"和平与发展"战略目标的重要途径。中国是发展中国家,未来几十年依然是重要的战略机遇期,既需要和平稳定,更需要从互利互惠的战略合作中获取可持续发展所需要的资本、技术、资源和市场。

2006 年世界经济平稳增长,跨国公司盈利增加以及产业结构调整,进一步促进了国际投资流动。而且,随着区域一体化进程不断深化,也为国际投资提供了有利条件。据国际货币基金组织(IMF)预测,进入 2007 年后,全球经济负面影响加大,世界经济增长形势虽然将略低于上年,但仍然可能实现较高水平的增长。因此,国际直接投资将继续处于活跃期,预计今后一段时间,国际直接投资将继续增长。

从国内情况看,吸收外商投资的环境很好。首先,国民经济仍然保持较快增长并更加注重质量。2006 年,宏观调控政策效果逐步显现,GDP 首次突破 20 万亿元大关,比上年增长 10.7%;与 2002 年相比增加近一倍。[1] 2007 年,中国经济发展继续实行加强和改善宏观调控的政策,着力调整经济结构和转变增长方式,实现经济又好又快的发展。

其次,服务业面临吸引外资的新机遇。目前发达国家服务业产值占 GDP 的比重已经超过 70%,发展中国家也达到了 52%,而我国服务业仅占 40%。随着批发零售业、金融保险、旅游等服务业的准入限制逐步取消,将为跨国公司投资山东省服务业提供更多机会。

第三,山东具有良好的投资环境。一是从区域位置看,地处中国东部沿海和环渤海中心地带,与辽东半岛相对,与日本、韩国隔海相望,具有优良的地理优势。二是有非常大的市场容量,人口 9 300 多万。2006 年山东实现社会消费品零售总额 7 100 多亿元,居全国第二位。[2] 三是有充足的劳动力,每年新增劳动力 120 多万人。四是有充足的企业资源。产业门类齐全,众多企业处于全国行业领先地位。

当然,山东也面临一些问题:一是东部地区和开发区土地供应趋紧,

---

[1] 国家统计局:《中国统计年鉴》,中国统计出版社,2007 年版,第 27 页。
[2] 山东省统计局:《山东统计年鉴》,中国统计出版社,2007 年版,第 4、487 页。

在一定程度上影响了个别项目落实。二是部分地区水电供应比较紧张。三是各类开发区和高科技园区联动性不强，与现代物流结合度不高。四是与日本之间的国际航班较少，尤其是省会城市济南至今没有直飞日本的航线，影响了商务、学术交流以及物流。五是知识产权保护较弱，投资政策不统一等。

综上所述，通过日本对华投资及对山东投资的国内外环境发展变化和现状的分析，并考虑奥运经济对于举办国和举办城市的刺激作用，可以预测今后日本对山东的直接投资呈现以下发展趋势：

从总体上看，今后日本在山东投资将在目前规模上继续增长。从投资行业看，服务业领域特别是银行、保险、零售业吸收外资的速度将加快，而制造业领域的投资额可能大体维持现有的水平。从投资区域看，全省东西部投资比重的总体格局不会有大的变化，但受成本上涨、产业结构升级、中西部投资环境改善等因素的影响，少数劳动密集型投资有可能向山东半岛中西部地区转移。从项目含金量看，以适应性技术为主的研发基地项目投资可能会加快增长，与日本之间的跨国并购活动也将开始起步。同时，还应该清醒地看到，随着山东省东部劳动力成本上升和对外资政策调整，日本一些跨国公司有可能更关注印度、越南、泰国等发展中国家和中国的重庆、辽宁、广东等省份。

为此，山东应针对日本对华直接投资新动向、新趋势，提前做好应对。在世界经济政治新形势下，抓住举办北京奥运会和青岛奥帆赛的重大机遇，立足山东本地资源和条件，把引进日本直接投资的近期和长远目标结合起来，从战略全局上重新审视和规划对日本的招商引资工作。坚持科学发展和可持续发展的原则，注重保持和发扬山东的历史文化特色和传统，发挥既有的产业优势，促进山东产业结构的优化升级，实现由大省向强省的跨越，进一步促进山东经济和社会的和谐发展。

（一）统筹兼顾、加强协调，增强综合吸引力

把吸引日本直接投资工作纳入山东国民经济与社会发展全局中统筹考虑，制定长远和近期相结合、外经贸职能部门和社会各界相结合、东部沿海城市群和中西部欠发达地市相结合的发展目标，增强吸引日资的综合能力。建议尽快开通省会济南与日本的航线，同时对知识产权保护、招工、办理土地使用证以及垃圾处理等方面存在的问题，给予足够的重视。

（二）利用山东历史文化优势，改善金融流通、旅游文化等服务业投资环境

青岛、烟台、威海、日照等山东半岛地区的产业基础和宜人风景对日本企业具有吸引力，以儒家文化为核心的齐鲁文化不但对日本民族的精神和思想产生过重大影响，也对日本企业的经营理念产生重大影响。因此，对日招商引资不仅要讲硬环境，更要广泛宣传软环境，促进日本企业来山东直接投资。2006年日本对华投资的最大特点是金融流通等服务业投资大幅增长25%，改变了过去投资主要集中在制造业和采矿业的状况。同年，山东第三产业利用外商直接投资总额也增长65.1%，但利用日本直接投资相对较少。因此，有必要进一步加强金融流通、文化教育、体育卫生等服务业的投资环境建设，为日商扩大在山东直接投资提供有利的条件。

（三）抓住北京奥运会和青岛奥帆赛的机遇

奥运会对举办国和举办城市经济会产生重大的刺激作用。1964年东京奥运会不仅向世界展示了日本的复兴，同时也拉开了经济高速增长的序幕，成为日本经济发展的一个重要里程碑。韩国经济增长率从1988年汉城奥运会召开前的5.4%到奥运会召开当年的12.1%再到第二年的8.5%，可以说奥运对日本、韩国经济的影响是巨大的。[1] 奥运会早已超越了体育范畴，成为一个国家或地区的社会经济发展的巨大推动力。因此，借助青岛举办奥帆赛的百年机遇，提高山东利用日资的数量与质量更是时不我待。

（四）积极推动跨国并购活动

在海外投资中，企业跨国合并与收购是一种重要的投资形式，也是目前国际投资的主要形式。一是数量大速度快；二是资产质量优异；三是获

---

[1] 石秀梅：《浅析1964年东京奥运会对日本经济社会的影响》，载《日本问题研究》，2004年第1期，第1页。

得资产"溢价"。2006年,世界跨国并购达9 745亿美元,比上年增长14.8%,相当同期世界直接投资68.6%,其中服务业达1 564亿美元,增长43.8%;日本为199亿美元,同比增长63%,相当于同期日本海外直接投资的39.5%;中国为143亿美元,增长66.5%,相当同期中国海外直接投资的81.1%。①但是,山东目前还没有与日本的跨国并购数据,应引起有关方面的关注。

(五) 加强对吸引外资问题的理论研究和相关数据库建设

山东的招商引资工作中有许多成果需要总结,也有许多实践需要提升到理论上认识。例如,2006年,日本对山东的直接投资占其对华总投资的15.29%,而韩国对山东的直接投资占其对华总投资的95.35%;同年日本来山东旅游人数为34.37万人,占同期日本来华旅游总人数的9.2%;韩国来山东旅游人数为81万人,占同期韩国来华旅游总人数的20.64%。对山东来说,日本和韩国同是一衣带水,又同样受到以孔子为代表的齐鲁文化重大影响,投资、旅游的硬环境也相同,而且山东与日本的经济交流合作远比韩国早,但是日本在山东无论是直接投资还是旅游都远不如韩国。在这个现象中,除了国家间的政治因素外,是否还有以文化交流、民间交流为主的软环境的问题,这些都亟须通过深入研究,探索相关性,以期实现吸收利用日本投资的飞跃。同时,在山东加强外经外贸方面基础数据库建设问题,应提上议事日程,尤其是各地市级的数据库,以适应宏观调控和政策调研的需要。

(作者:林泓 山东省东亚研究所)

---

① 日本贸易振兴机构:《JETRO贸易投资白皮书(资料篇)》,第10、12页。

第二章

日本在山东的投资现状与发展趋势

自 20 世纪 80 年代以来，日本一直是中国主要的外资来源国之一，对促进我国经济的发展起到了重要的作用。随着新一轮全球范围内的经济结构调整和国际资本转移，日本国内产业结构也加快了重组，产业海外转移的规模和结构发生巨大变化，对华投资进入了"升级换代"时期，标志着中日经济合作正朝着更深层次的方向发展，这为山东继续扩大利用日资规模、提高利用日资质量带来了难得的机遇。山东是我国东部沿海尤其是环渤海湾区域的重要经济大省，其市场容量、产业基础、地理区位、自然资源，以及社会人文等基本要素正成为吸引越来越多的日本跨国巨头前来投资的热点地区之一。自 20 世纪 90 年代以来，日本已经成为山东省利用外资的主要来源地之一。因此，研究当前国际资本流动和日本对山东投资的特点与趋势，加强山东省与日本大型跨国公司的交流与合作，这对促进山东省经济持续、快速、健康的发展有重要的意义。

一、日本对华投资现状与发展趋势

（一）日本对华投资现状

自我国对外开放以来，日本对华直接投资经历了从无到有，从少到多，逐步扩大的发展过程，尤其是 21 世纪以来，连续 5 年都呈现出大规模的增长趋势（如表 2-1），其中 2005 年日本对华直接投资达 65.3 亿美元，达到日本对华直接投资的最高峰，为美国对华直接投资的 2.1 倍，同比增长高达19.8%。但从2006年开始，受中国优惠政策减弱、人民币升值、出口退税率调低以及两税并轨等多种因素影响，日本对华投资成本不断上升，对华投资开始减少。2006年日本对华直接投资（FDI，金融业务除外）达到近46亿美元，比2005年减少了29.58%，整体上，日本占海外对华投资总额的比例也从2005年的10.82%下降到了7.30%[1]。而包括金融、租赁等服务业在内的日本对华实际投资总额为61.64亿美元，仍然比2005年下降了约6.3%。但其中在金融、保险和租赁等非制造业行业的投资金额达到了15.66亿美元，比2005有大幅的增长。随着中国金融、流通等服务行业逐步对外开放，日本企业加大了对这些行业的投资。在租赁业，2007年是日本企业大举进军中国的一年。随着中国放宽租赁行业对外资的限制，日本租赁行业纷纷在中国设立了独资或合资公司，来从事租赁业务活动。另外，日本大型商社、超市等流通零售行业对华投资也呈现大幅增长势头。日本制造业对华投资减少，金融、流通等服务业投资大幅增加的现象表明，日本的对华投资结构发生了重大变化，层次和质量得到提高，这标志着中日经济合作正朝着更深层次的方向发展。截至2006年年底，日本对华投资累计项目数为37 714个，实际投入金额579.7亿美元，是中国第二大外资来源地，仅次于香港地区[2]。

表2-1　　　　　　　1986~2005年日本对华投资情况一览表

年度	项目个数			合同外资金额（万美元）			实际使用外资金额（万美元）		
	日本	全国	比重%	日本	全国	比重%	日本	全国	比重%
1986	94	1 498	6.28	28 282	333 037	8.49	26 335	224 373	11.74
1987	113	2 233	5.06	30 136	370 884	8.13	21 970	231 353	9.5
1988	237	5 945	3.99	27 579	529 706	5.21	51 453	319 368	16.11
1989	294	5 779	5.09	43 861	559 976	7.83	35 634	339 257	10.5
1990	341	7 273	4.69	45 700	659 611	6.93	50 338	348 711	14.44
1991	599	12 978	4.62	81 220	1 197 682	6.78	53 250	436 634	12.2
1992	1 805	48 764	3.7	217 253	5 812 351	3.74	70 983	1 100 751	6.45
1993	3 488	83 437	4.18	296 047	11 143 566	2.66	132 410	2 751 495	4.81
1994	3 018	47 549	6.35	444 029	8 267 977	5.37	207 529	3 376 650	6.15
1995	2 946	37 011	7.96	759 236	9 128 153	8.32	310 846	3 752 053	8.28

---

[1]《日本对华投资结构有重大变化　进入"升级换代"期》，http://news.QQ.com 2007-04-08。

[2]《中国可能成为日本第一大贸易伙伴》，http://www.chinadaily.com.cn/jjzg/2007/04/09。

续表

年度	项目个数			合同外资金额 （万美元）			实际使用外资金额 （万美元）		
	日本	全国	比重%	日本	全国	比重%	日本	全国	比重%
1996	1 742	24 556	7.09	513 068	7 327 642	7.00	367 935	4 172 552	8.82
1997	1 402	21 001	6.68	340 124	5 100 353	6.67	432 647	4 525 704	9.56
1998	1 198	19 799	6.05	274 899	5 210 205	5.28	340 036	4 546 275	7.48
1999	1 167	16 918	6.9	259 128	4 122 302	6.29	297 308	4 031 871	7.37
2000	1 614	22 347	7.22	368 051	6 237 952	5.9	291 585	4 071 481	7.16
2001	2 019	26 140	7.72	541 973	6 919 455	7.83	434 842	4 687 759	9.28
2002	2 745	34 171	8.03	529 804	8 276 833	6.4	419 009	5 274 286	7.94
2003	3 254	41 081	7.92	795 535	11 506 969	6.91	505 419	5 350 467	9.45
2004	3 454	43 664	7.91	916 205	15 347 895	5.97	545 157	6 062 998	8.99
2005	3 269	44 019	7.43	1 191 988	18 906 398	6.3	652 977	7 240 569	9.02

数据来源：商务部外资统计。

（二）日本对华投资特点

2000年以来，中日两国经贸往来飞速发展，两国经济相互依赖程度不断加深。伴随着中国经济快速发展、产业结构升级以及涉及外资企业的政策调整，日本企业对华投资也在进行结构性调整，呈现三大特点。

首先是投资热点和重点发生转移。随着中国金融、流通等领域的逐步开放，2006年在对制造业投资有所减少的情况下，日本企业加大了对中国服务业的投资力度。2006年日本在金融、保险、租赁、流通等服务行业的对华投资金额高达15.66亿美元，其中包括日本三菱东京联合银行向中国银行注资，瑞穗银行和三菱东京联合银行被批准在华设立法人银行，日本几家租赁公司奥利克斯、东京租赁和中央租赁公司相继在中国设立当地法人公司等一批大型投资项目。因此，日本对华投资是"此消彼长"，在制造业投资方面有所减少，在金融、流通等方面还是继续保持良好势头。

其次是投资意向发生变化。最早来华投资的日本企业是看上了中国廉价的劳动力和低廉的土地成本。这些劳动密集型的日本企业可以通过在中国加工产品，再运回日本国内销售来获取利润。但是，随着中国经济发生日新月异的变化，有关外资政策也在调整，再加上中国的最低工资、土地出让金的上调使投资成本不断增加，以及人民币升值等因素，都会对日本在华企业产生一定影响。但是也有不少日本企业对华投资是从长远考虑，冲着中国的发展潜力和巨大市场而来。如汽车、高科技行业等资本集约型企业以及从事金融、物流、销售等服务行业的日本企业。在这些企业看来，中国工资的提高恰恰意味着中国消费市场潜力的扩大和老百姓购买力的增强，从而成为吸引海外投资的利好因素。

三是投资产品迈向高端。过去日本企业对华投资技术含量较低，进入21世纪后，在经济全球化深入发展的背景下，已有越来越多的日本企业开始倾向于与中国企业携手在中国生产高端产品，并销往包括中国在内的全球市场。其中，日本电气公司和上海广电集团合资研发的大型液晶显示屏幕项目就是一个很好的范例。一些大型的日本企业还相继或计划将其研发中心搬到中国。日本政府有关部门进行的一项调查结果显示，有6.4%的日本企业计划把研发中心设在美国，5.5%的日本企业计划将研发中心设在中国，中国仅次于美国位居第二位。这是日本企业对中国大力倡导自主创新政策的一种呼应。

（三）日本对华投资趋势

根据日本贸易振兴机构2007年发布的年度报告，日本对华投资的第三次高峰期是从2001年开始的，2005年日本对华直接投资达65.3亿美元，创历史最高纪录，比上一年增长19.8%；2006年日本对华投资额（FDI，金融业务除外）与2005年相比减少了29.58%。日本对华投资的变化表明其对华投资做出了战略调整。下面对日本对华投资的趋势加以具体分析。

1. 从历史数据看日本对华投资的趋势

1984年以来，日本对华投资在其对外直接投资所占比重中，出现大致三个高峰期（见图2-1），这与日本对华投资三个热潮相对应。总体上看，日本对华投资占其对外投资的5%~10%之间，没有突破20%。目前日本对华投资虽然占比仍然很高，但是却呈现下降趋势，即处于从波峰转向波谷的拐点。如果日本对华投资的这种趋势没有转变，仍然遵循以往的规律，那么在未来3~5年内，日本对华投资在其对外投资的比重中可能会持续呈现下降趋势。

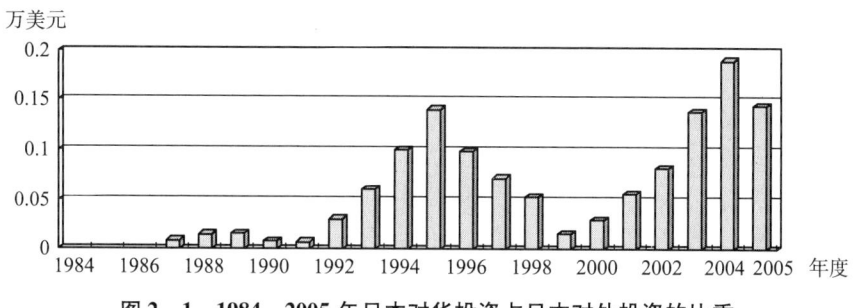

图 2-1　1984~2005 年日本对华投资占日本对外投资的比重

2. 从对日企业及相关机构的调查看日本对华投资的趋势

根据日本国际协力银行 2003 年的调查数据，对"今后 3 年内事业发展最有希望的场所是哪里"的回答，选择中国的日本企业 2004 年占 91.1%，而 2005 年占 82.2%，2006 年变为仅占 77%，而选择印度、越南和泰国的比率却年年增加。另据 2005 年 11 月公布的一份调查报告，日本企业回答未来海外投资动向时，表示"将加强对中国业务"的比例为 71.2%，"将维持对中国业务"的比例为 28.1%，"将缩小或关闭"的比例仅有 0.8%。日本企业对开展中国业务的前景虽然比对世界其他地区更加看好，但是与 2004 年调查结果比却已经有一定程度下降。2004 年日本企业选择对华将"加强业务"的比例为 76.5%。

日本贸易振兴机构的有关人士称，根据中国经济的变化，日本企业在亚洲投资地点的选择将会更加灵活。新的战略要考虑不同行业体制的配置，但是，中国未来一段时间仍将保持"日本企业亚洲投资中心"的地位不变。

3. 从"中国+1"现象看日本对华投资的趋势

在 2003 年中国发生"非典"时日本一家在华企业启动其在另一国开办的工厂，避免了风险损失。现在在日本企业范围内有些人在各种重要场合广泛宣传这个案例，致使"中国+1"现象日益显著，即为了分散日资企业海外投资的风险，日本企业在向中国投资的同时，还积极向越南、印度和泰国等其他的亚洲国家投资建厂、设立代表处。实际上，许多日本大公司为了进一步提高竞争力、降低成本，已经出现了"整厂搬移"至海外设厂的趋势。

4. 从日本对华投资着眼点的变化看日本对华投资的趋势

中国这个巨大的潜在市场对于日本企业具有非常强大的吸引力。以前日本企业对华投资主要看好中国的劳动力和原材料的成本低，这些优越性在渐渐弱化。中国作为向欧美等第三国出口产品的生产基地的地位也在下降。根据日本贸易振兴机构 2006 年的调查，日本企业更加看重中国的是"附加值高的生产能力"和"研究开发能力"。日本贸易振兴机构的渡边修理事长说："看中其劳动力成本低的对华投资今后会越来越少，将会高度关注对技术要求比较高的行业。"以前追求中国低成本的日本企业，日渐重视对附加值高的产品的研究开发。自 2002 年以来，日本公司纷纷整合在华资源，设立研发中心、投资公司以及地区总部，在这些方面的投资力度在加大。

二、日本对山东投资现状与发展趋势

（一）日本对山东投资现状

日本长期以来是山东省重要的对外直接投资（FDI）吸引国之一，日本对山东省投资起步比较早，早在 20 世纪 70 年代末一些日本中小企业就来山东省进行投资合作，当时大都集中于劳动密集型企业，而且投资规模比较小。改革开放以来，山东省作为中国的经济大省和对外经贸大省，与日本的经济往来有了很大的发展，越来越多的日资企业开始来此投资，这对促进山东省经济发展的作用是巨大的。20 世纪 90 年代以来，山东已经成为日本在中国投资的重点区域，其投资主要集中在农副产品、纺织服装、能源原材料等领域，同时，日本也是山东第三大海外投资来源地。截至 2007 年 5 月底，山东省累计批准日商直接投资企业达到 4 269 家，实际使用日资额 54.13 亿美元。世界 500 强中的三井物产、伊藤忠商事、三菱商事、丸红株式会社、住友商事、松下电器、三菱电机、三菱重工、日本电装、富士电机、三洋电机等 38 家著名日本企业都在我省设有投资项目。[1]

---

[1] 山东省投资合作恳谈会：《4 000 余家日企投资山东》，载《济南时报》，2007 年 9 月 15 日。

第二章 日本在山东的投资现状与发展趋势

表 2-2　　1992~2005 年日本对山东投资情况一览表

年度	项目个数 日本	项目个数 全省	项目个数 比重%	合同外资金额（万美元）日本	合同外资金额（万美元）全省	合同外资金额（万美元）比重%	实际使用外资金额（万美元）日本	实际使用外资金额（万美元）全省	实际使用外资金额（万美元）比重%
1992	186	4 109	4.53	27 244	391 961	6.95	6 533	97 335	6.71
1993	349	7 229	4.83	23 072	705 116	3.27	12 683	184 319	6.88
1994	257	3 650	7.04	23 516	526 217	4.47	19 066	253 566	7.52
1995	247	2 709	9 012	50 882	462 521	10.95	32 580	260 719	12.5
1996	167	2 175	7.68	31 394	541 797	5.79	28 532	259 041	11.0
1997	130	1 597	8.14	11 684	328 037	3.56	15 595	250 044	6.24
1998	124	1 366	9.08	9 827	221 866	4.43	16 616	222 262	7.48
1999	156	1 717	9.09	14 947	311 087	4.80	14 071	246 878	5.69
2000	250	2 728	9.16	27 644	507 435	5.45	33 382	297 119	11.2
2001	265	3 047	8.69	46 114	672 040	6.86	34 305	362 093	9.47
2002	370	4 065	9.10	77 373	1 130 680	6.84	49 465	558 603	8.86
2003	443	5 305	8.35	73 316	1 341 413	5.47	46 133	709 371	6.50
2004	455	5 890	7.72	117 801	2 028 958	5.81	56 157	870 064	6.45
2005	470	6 415	7.33	208 257	2 749 510	7.57	68 063	897 072	7.59

资料来源：《山东统计年鉴》(1993~2006)，中国统计出版社。

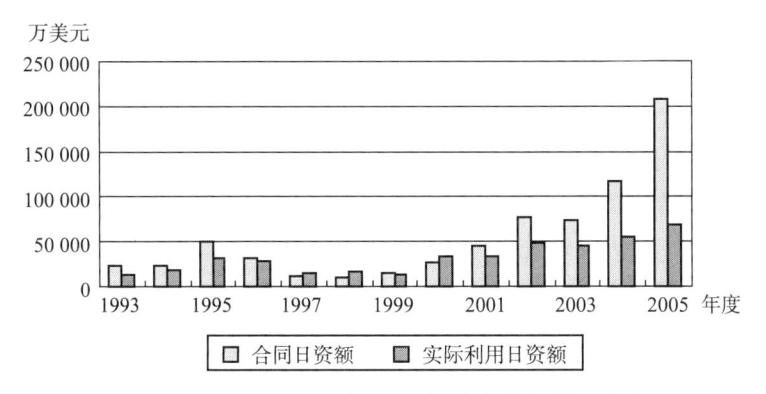

图 2-2　1992~2005 年日本对山东投资规模示意图

1. 日本在山东投资发展历程及原因

日本企业在山东的投资大体可以分为三个阶段。

第一阶段：20 世纪 80 年代到 1992 年，为日本企业在山东投资的初期阶段。

日本对山东直接投资之初，以中小企业居多。20 世纪 80 年代后期，日本的一些大商社虽然参与了对山东的直接投资，但投资仍以中小企业为多数，投资规模超过 1 亿日元以上的项目不占主导地位：1989 年为 42.6%，1990 年有较大提高，达到 58.5%，1991 年又回落到 57.7%，1992 年又略有回升。日本对山东投资结构主要是资源开发型产业、劳动密集型产业和工业生产型产业，很少涉及资本密集型、技术密集型产业，以及金融、保险、不动产等产业，1987 年对资本密集型产业的投资仅为投资总额的 15%。① 这一阶段日本在山东投资总体水平较低，处于小规模的投资试验阶段。

第二阶段：1992～2000 年，为日本企业在山东投资的发展时期，经历了一个先是大起再是大落的过程。

1992 年日本对山东投资开始大幅增长，掀起了第一轮投资高潮。1992 年起日资大幅增长的原因既有中国方面的，也有日本方面的。从日本方面来说，20 世纪 90 年代初期，日本企业海外投资的重点从北美转向东亚，并且日本企业经过 80 年代在华投资的试验，已经积累了不少经验与教训，建立了扩大对华投资规模的基础。从中国方面来说，1992 年春邓小平南巡讲话之后，中国实行全方位的改革开放政策，投资环境改善，市场容量扩大，因此，从 1992 年起，日本企业调整了对华投资战略，开始加大投资。受其影响，日本对山东投资也加大了力度。随后，在 1993 年山东迎来了日本投资项目数的高峰（349 个），1995 年达到合同外资金额高峰（50 882 万美元）和实际外资金额高峰（32 580 万美元）。然而，20 世纪 90 年代中期开始，一方面由于中国政府调整外资政策，取消了部分外商优惠措施，再加上日本国内经济的长期萧条和东南亚金融危机等原因，导致日本对华投资进入持续下降的低迷状态，日本企业在山东省的投资也一样。如表 2-2 所示：1995 年开始，日本对山东投资项目数大幅下降，由 1995 年的 247 个下降到 1998 年的 124 个；合同金额由 1995 年的 50 882 万美元下降到 1998 年的 9 827 万美元；实际外资由 1995 年的 32 580 万美元下降到 1997 年的 15 595 万美元。1999 年的投资项目和合同日资都略有增长，而实际日资却在 1998 年增长后又在 1999 年有所下降。

第三阶段：2000 年开始，日本企业在山东进入大规模投资阶段。

2001 年中国加入 WTO，承诺开放一些新的投资领域，并逐渐放宽一系列限制，跨国公司也由此看到了中国巨大的商机，许多著名跨国公司纷纷加大在华投资规模，其中日本企业比较突出，日本在山东的投资也表现

---

① 范会艳：《日本对山东的直接投资》，载《山东对外经贸》，1994 年第 4 期。

出同样的特征。2000年开始，日本对山东投资连年显著上涨，掀起了第二轮高潮。尤其是投资金额，与第二阶段相比，更是呈现出一年一个台阶大幅向上攀登的态势，说明日本企业对山东已经开始进行大规模投资。2000~2005年，日本企业对山东的投资不论是项目数、合同金额还是实际金额都持续增长，呈现出良好的发展态势。

（二）日本在山东投资特点

2006年3月，山东省对外贸易经济合作厅面向全省的重点日资企业进行了一次问卷调查，共涉及42个问题，从回收的问卷看，绝大部分日资企业均能认真对待，并能按照自己的意愿如实填写，总体情况良好。根据此次问卷调查的结果，我们可以看出日本在山东投资主要有以下几个特点。

1. 主要集中于半岛地区，潍坊呈后发优势

由于地缘、文化、经济基础等方面因素的影响，日本在山东投资主要集中于东部的青岛、烟台等沿海城市。调查结果显示，在投资区域上，选择在青岛、烟台投资的日本企业占49.28%，接近全省的一半，枣庄、菏泽等地仅为7.14%，这说明半岛地区仍是日资投向的重点区域。但选择在潍坊投资的日资企业占到23.33%，日资企业对潍坊的投资逐步增加，潍坊呈现出后发优势。潍坊地处山东半岛地区与内陆地区的交界处，东部与沿海地区的青岛交往密切，西部与内陆的淄博等地交往密切，胶济铁路和济青高速都从此经过，是连接半岛与内陆的枢纽。日资企业加大向潍坊投资，说明是要将投资的区域由沿海逐渐向内地辐射。同时也说明，日资企业集中在上述地区投资，其战略意义正是为了促成产业集群。事实上，大量日本企业的"船队型"、集群式、跟进式进入，以及日本大公司的后续一体化投资，使得日本投资在山东的上述地区逐渐形成产业集群。

2. 投资行业不断拓展，产业分布以第二产业为主

日资企业对山东的投资规模不断扩大，但仍以第二产业投资为主。调查结果显示，第二产业投资额在日本对山东投资总额中所占比重为74%，第三产业仅为16%。以青岛开发区为例，其引进的较大的日资项目有日本理光、日本伊藤忠、日本积水、日本三洋、日立、日本三菱、日本住

友、日本菱光、住友商事、日本小松、日本三井等，这些项目大多集中于第二产业，主要分布在钢铁、机械、化工、电子、纺织、建材等产业。再以烟台市为例，日本投资的大企业也比较多，主要有日本电装、矢崎总业、本田、兼松、三菱材料、三菱商事、东棉、三井物产、丰田自动织机制作所、日冷、日商岩井、伊藤忠、茌原制作所等十几家，这些日资项目主要涉及机械、化工、轻工、水产、纺织、建材、电子、五金机械、服务、房地产、医药等十几个行业。从以上事例也可以看出日资企业大多集中于山东省的第二产业。

3. 投资形式以独资为主，资本密集型企业和特大型企业较少

在经营方式上，日本对山东省投资以独资为主，但合资形式也较多。调查发现，属于独资企业的日资企业占61.72%，合资企业占32.54%，合作与其他方式企业所占比重较少；注册资本在100万美元以下的占36.84%；注册资本在100万~1 000万美元的占44.49%；注册资本1 000万~3 000万美元的占总数的11.01%；注册资本在3 000万美元以上的仅占7.66%；劳动密集型企业占55.02%，技术密集型企业占18.18%，其他类型占23.92%，而资本密集型企业仅占2.87%。

4. 对山东投资硬件设施和软件设施较为满意

硬件设施主要是土地价格、办公楼租费、生产用电、用水及生产用气等；软件基础设施是指法律体系、规章制度和金融体系等。调查结果显示，大多数日资企业认为土地价格、办公楼租费、生产用电、用水及生产用气等价格中等或比较便宜，并认为供应完全正常或者基本正常（如表2-3、表2-4），说明对山东投资硬件设施比较满意。

表2-3　　　　　日资企业对本地区硬件设施价格评价　　　　单位：%

项目＼评价	很贵	比较贵	中等	比较便宜	很便宜
土地	6.49	11.69	61.04	16.88	3.40
租用办公楼	6.14	10.53	57.90	21.05	4.39
生产用电	4.00	19.50	62.00	14.50	0
用水	3.66	20.94	55.50	16.23	3.66
生产用气	58.46	41.54	—	—	—

表2-4　　　　　日资企业对本地区硬件设施供应评价　　　　　单位：%

项目＼评价	完全正常供应	基本正常供应	供应状况一般	供应不够稳定	供应很不稳定
生产用电	49.50	41.50	4.00	4.00	1.00
用水	55.14	37.84	4.86	2.16	0
生产用气	45.16	45.16	8.06	0	1.61
本地交通状况	38.16	45.41	14.01	1.93	0.48
本地基础设施	31.03	48.77	17.73	2.46	0

对于山东的投资软件设施，大多数日资企业普遍认为"本地契约意识和诚信意识"、"中介服务质量"、"本地民众对外来投资者和外来文化的容纳度"、"本地生活服务便利程度"、"本地社会治安状况与生活安全感"和"本地政府部门工作人员的工作态度和办事效率"等方面都是比较好或者比较高的，"企业承担各种社会摊派费用"和"遭受政府官员的刁难"等方面都是比较低的（如表2-5），这说明对山东投资软件设施也比较满意。

表2-5　　　　　日资企业对山东投资软件设施的总体感受　　　　　单位：%

项目＼评价	很好	比较好	处于中等	比较差	很差
本地契约意识和诚信意识	18.05	48.78	24.88	6.34	1.95
中介服务质量	18.97	41.03	34.63	3.41	0
本地民众对外来投资者和外来文化的容纳度	25.00	50.00	20.59	3.92	0.48
本地生活服务便利程度	15.71	36.19	42.38	5.24	0.48
企业承担各种社会摊派费用	6.47	17.91	36.32	30.85	8.46
本地社会治安状况与生活安全感	25.71	44.76	24.29	4.76	0.48
遭受政府官员刁难	1.05	0.52	14.66	28.80	54.97
本地政府部门工作人员的工作态度和办事效率	31.03	42.36	24.63	1.48	0.49

5. 对山东投资环境的总体评价较好

对山东投资环境的总体感受，认为投资环境很理想和比较理想的日资企业占90%以上，同时对山东的投资前景继续看好、持乐观态度的日资企业也达到90%以上。超过九成的日资企业总体上对山东投资环境比较满意、对山东投资前景比较乐观，这说明他们对山东的选择是有原因的：选择"地理位置好"的占12.12%，选择"要素价格较低"的占

11.80%，选择"高效的政府服务"的占 11.25%（如表 2-6）。可见，首先是看好山东的地理位置，山东距离日本相对比较近，一衣带水，水运、航空交通便利；其次是要素价格低，山东省劳动力资源丰富，价格低廉等。超过九成的日资企业总体上对山东投资环境比较满意，那么哪种投资环境是最重要的呢？根据我们的问卷调查，发现认为"政府的办事效率"是最重要的，其次是"人身安全保障"和"政府的廉洁奉公"等（如表 2-7）。

表 2-6　　　　　　　日资企业选择在本地区投资的原因

在本地区投资的原因	所占比重（%）
技术基础较好	8.46
市场较大	9.13
要素价格较低	11.80
政策优惠	14.60
存在专业化的配套商	7.40
基础设施好	10.38
地理位置好	12.12
高效的政府服务	11.25
良好的治安环境	9.62
具有魅力的社会文化水平	5.19

表 2-7　　　　　　　日资企业对投资环境排序

投资环境排序	所占比重（%）
政府的办事效率	10.00
人身安全保障	9.81
政府的廉洁奉公	9.42
人力资源的可得性	9.29
交通联系的通畅	9.10
政策法规的连续性	9.03
通讯设备的完善	9.03
原料采购的便捷	8.97
金融环境优良	8.65
土地价格的合理	8.58
诚信文化的培育	8.13

（三）日本在山东投资的趋势

日本在山东投资战略调整服从于其对华战略乃至全球战略的调整，因此，在上述背景下，日本在山东投资也表现出一系列战略调整特点和趋势。

1. 从合资企业为主到独资企业为主

1992年前日本大公司在山东投资不仅数量少，而且大部分还为合资企业。1992年起日本对山东投资项目有很大增长，但直到2000年，每年的投资方式仍以合资为主。2001年是个明显的分水岭，该年起独资项目大幅增加，超过了合资项目的数量，且之后几年也均是以独资项目为主。到2000年为止一直是合资项目数居多，是因为其中有很多项目属于限制类，只有与我国政府规定的国内企业合资才允许外商投资。另外，日本投资者比较小心谨慎，他们非常注重事前的一系列风险防范，所以往往在投资初期采取合资的形式，在积累了一定经验，并对当地情况了解之后，再采取独资的形式。2001年起山东省独资超过合资的原因主要有以下几方面：一是中国加入WTO后，将取消对外资企业在注册地之外不能设立分销公司等限制，从原材料的购买到生产和销售，外资企业均可自由控制，其在劳务方面的自由度也将会提高，这有利于减少合资形式下双方在销售战略和费用负担等问题上的对立情况。二是中国尤其是山东的投资环境已有较大改善，日商不通过山东合资伙伴协助也能够顺利设立和运营企业。三是日商与山东合资伙伴之间的摩擦有所增加，解决摩擦的难度也有所加大，使得日商更倾向于独资。四是日商将在山东投资企业作为全球经营链的一环，希望能够更方便地控制技术、销售、人员等。

2. 从单个项目投资到系统化全面化投资

1993年以来，日本著名跨国公司开始在华大规模、系统化全面化投资。具体到山东而言，日本大公司是从20世纪90年代年开始呈现出系统化全面化投资倾向的。中国加入WTO后，日本大公司在山东范围内进行全面投资的迹象日益明显。例如，2002年，山东省与日本伊藤忠商事株式会社（日本大型综合商社，为最早进入中国市场的日本公司，主要涉及金融保险、金属、能源、房地产、宇航、信息、多媒体以及机械、纺织、粮油食品等行业）签署了《全面经贸合作协议》。在此协议框架之下，双方高层每年互访和工作会谈一次，此后伊藤忠在山东的各项业务得到了较快发展。截止到2006年底，伊藤忠集团公司在山东省共投资了35个项目，投资总额近4亿美元。在山东投资的项目主要涉及以下几个方面：(1) 现代物流项目。2002年9月，伊藤忠与山东丰海国际航运集团在青岛设立了爱通丰海国际物流有限公司，同时，伊藤忠物流、金融和房地产部门将在山东省开展物流系统的合作，扩大物流种类，细化物流分工。如为汽车厂家承担复杂的零部件检测和分类储运；为知名服装品牌提供多品种、小数量的配送服务；为生产性企业提供大型机械设备、厂房和仓库的长期租用及产品的运输等。(2) 盐田开发项目。伊藤忠化学事业部将和魏桥集团合作在东营开发盐田。产品将作为魏桥集团铝锭的电解原料使用，此项目预计2007年底前可以签约。(3) 焦炭出口项目。伊藤忠和兖矿集团合作建立焦炭冶炼项目，总投资22.8亿元人民币，其中兖矿集团占70%，伊藤忠占30%。2006年底已经开始生产，预计到2007年底可产焦炭250万吨。伊藤忠商事株式会社拟将焦炭出口欧美和其他国家，目前商务部正在对该项目的出口资格进行审核。(4) 猪肉加工出口项目。粮油食品事业部与龙大食品合作成立了烟台龙荣食品有限公司，计划加工猪肉类产品出口日本。日本农林水产省已经完成对该项目现场调查，出口资格尚需得到国内主管部门的认证。(5) 无公害农产品出口项目。济南丰农有限责任公司的洋葱和萝卜加工制品长期出口日本。为扩大在日本的销售量，伊藤忠食品部门将和丰农公司合作，共同开拓日本市场。(6) 扩大山东纺织品事业项目。伊藤忠纺织品事业部门在日本同行业中居第一位，在中国大陆拥有5个分公司，总公司设在上海，其中青岛分公司年营业额为1.5亿美元，占总营业额的16%。今后计划将华北、华南地区的工厂逐步转移到山东，以青岛为基地，增加男装和时尚女装面料对日和欧美的出口，并为2008年北京奥运会提供运动装和运动装面料等产品。由此可见，日本企业对山东省的投资，已经从最初的单个项目投资过渡到系统化全面化投资，不仅投资某一行业或产业的产品，而且对相关行业、产业进行投资。通过系统化全面化的投资，有助于企业内部研究与开发、咨询与服务以及生产制造的相互配合，实现生产分工的"内部化"，从而降低经营成本，提高经营效率，实现企业总体利益最大化的目标。

3. 从分散投资到产业集群

已经投资的核心大企业会不断构筑完整的产业链，吸引和带动本国和当地的大批中小配套企业，尤其是一些生产关键核心部件的企业，形成产业聚集效应。大量的相关企业在地域上相互集中在一起，可以节约生产成本，扩大生产和消费需求，并有利于相互竞争与协作，提高管理和办事效能，从而发挥规模经济效益。如受"肯定列表制度"的影响，朝日啤酒、住友化学、伊藤忠商社于2006年5月在山东联合买下了100公顷的土地，并注册了一家名为"朝日绿色"的农业公司，成为外资直接介入中国农业最下游产业链的首例。这次调整，是成本领先战略引导下的执行，在强化规模效应的基础上，充分整合各部已有的资源、技术和人才，"装配"出一个配套完善的产业集群，实现集约化生产，使整个产业链得到优化，从而缩短生产周期，提高生产效率、降低生产和销售成本。只有这样才能使资源效率最大化，其全球战略也才最能够得到贯彻和实施。

4. 从成本优势到设立研发中心

山东这个巨大的潜在市场对于日本企业具有非常强大的吸引力。以前日本企业对山东投资主要看好山东的劳动力和原材料的成本低，随着日本跨国公司全球经营战略重点从经济资源的全球配置转向技术资源的全球配置，日本企业更加看重山东的是"附加值高的生产能力"和"研究开发能力"。自2002年以来，日本公司纷纷整合资源，在山东省开始设立研发中心。如世界500强企业——日本旭硝子株式会社与山东省淄博市工陶集团于2002年9月合资成立了研发机构——淄博旭硝子技术开发中心。这是世界500强企业中第一家在山东省设立的研发机构。日本旭硝子株式会社是全球玻璃耐火材料行业的三巨头之一，其生产的浮法玻璃、电视显像管玻壳、汽车安全玻璃分别占全球生产总量的40%、35%和30%。此次成立的淄博旭硝子技术开发中心，是玻璃耐火材料行业集科研、检测、开发、生产、人才培训于一体的综合科研实体，其技术水平及设备配套均居世界一流。2006年1月，日本日清制粉集团本社与日冷株式会社在山东共同出资设立锦筑（烟台）食品研究开发有限公司。日清制粉集团是世界著名食品及制药企业，曾位居世界500强第420位，此次与日冷株式会社共同出资设立研发机构，主要从事有关食品安全、营养、微生物、食品分析等技术和生产技术的研发，特别是对自我国出口的蔬菜、肉类等食品原料进行分析、检验。研发中心成立后，将针对国外市场特别是日本市场的消费需求和进口标准，引进与研发先进技术，为本地的60多家配套食品企业与原料生产基地提供技术支持，开展技术合作与市场咨询。从中可以看出，引入跨国研发机构，从技术和标准层面应对贸易壁垒，比单纯地降价和寻找低标准市场要高明得多。

5. 从大幅度扩大投资规模到趋于放缓

21世纪以来，日本对山东投资连续5年都呈现出大规模的增长趋势。但2006年日本对华投资出现首次减少，而且预计未来一段时间，日本对华投资将进入停歇状态。由于山东吸引日资主要集中在劳动密集型产业，在此背景下，从大趋势看山东吸引日资将会受到冲击：2004年，山东实际利用日资5.62亿美元，增长21.7%；2005年，山东实际利用日资6.8亿美元，增长21%；2006年，山东实际利用日资7亿美元，增长仅仅为2.4%。这说明日本对山东投资虽然在规模上继续扩大但增速已经趋于放缓。日本企业在选择投资地点时，除考虑基础设施、劳动力成本、零部件采购的便利性等因素外，是否形成相关产业聚集地这一产业环境也是重要的因素。因此日资除继续会向已形成规模的纺织、食品加工等产业投资外，向节能环保等领域的投资将有所拓展。2007年，山东已经将节能环保、服务外包等新兴产业作为吸引日资的重点。因此预计日资对山东仍会有继续扩大投资规模的可能，但增速会更小。

（作者：卢庆华　山东社会科学院）

第三章

山东与日本投资合作的难点问题研究

日本作为世界三大经济体之一，拥有强大的经济实力和产业领先地位，尤其是汽车、化工、钢铁、造船、电子信息等产业，以其不断提升的产业研发能力、优秀忠诚的产业队伍、庞大的高科技产业群、规模化稳固的市场等综合优势成为产业潮流的引领力量。强大的产业支撑使得日本在狭小的土地上不仅建成了经济大国，也成为对外投资大国。山东与日本的投资合作有着天然的地缘优势和一定的人文优势，借助日本产业全球化布局的机遇，加快与日本产业的对接进程和投资合作步伐是山东经济国际化的既定战略目标，对于带动山东产业结构调整和整体水平提升，实现山东经济与世界经济的进一步融合具有重要意义。该课题立意就在于以全球经济发展基本态势为前提，探寻新形势下日本对外投资合作的新动向，总结山东与日本投资合作的实践，针对当前投资合作中出现的一些难点问题进行深入的分析，认清难点问题存在的主要原因，并结合山东的省情和经济发展特点，把握双方利益契合点，寻求解决问题的途径与对策，谋求新的合作思路，促进山东与日本投资合作实现新形势下新的发展。

一、日本对海外投资的特点及发展动向

鉴于经济全球化形势的不断深入和区域经济一体化的不断发展，以及日本产业自身发展的需要，积极参与国际产业新的布局和分工，实现新的产业结构升级已经成为日本经济发展的必然选择。因此，日本将一如既往地坚持对外投资政策，继续扩大和深化这一全球性经济活动，并在新的形势下表现出新的特点和新的动向。山东作为日本的近邻和重要的投资合作

伙伴，密切关注这种新变化，有针对性地调整和完善对日投资合作政策和举措，消除合作中的难点和困扰，保持合作不断地发展就具有重要的意义。

日本产业转移的特点及发展动向主要表现：

（一）产业输出步伐加快

日本经济一直推崇海外路线，有很大一部分已经实现了投资和生产的空间转移。日本只有1亿多人，可是这1亿多人就拥有全世界海外资产的一半。在经济全球化的今天，这种产业输出步伐进一步加速，无论是信息产业、造船业，还是汽车产业、化工产业，以及纺织产业，近年来都在积极调整和部署产业海外发展战略，紧锣密鼓地在全球配置资源，设立海外生产基地，从过去的单纯的市场以外，不断向生产、销售境外一体化发展，并逐渐成为日本产业发展的趋势性变化。2006年日本的对外直接投资额同比增长10.6%，达到503亿美元，为历史最高。这种变化的原因主要是日本国内劳动、资源等生产成本的逐年提升，国际市场竞争的日趋激烈，以及其他发达国家经济国际化步伐的加速和新兴经济国家的产业崛起，给予了日本产业越来越大的生存危机感。加快产业对外输出不仅来自国内巨大的推力，也来自严峻的国际竞争压力，在这双重力量作用下，日本产业输出步伐大大加快。尤其是日本制造业，通过跨国经营的产业分工，将核心技术牢牢控制在手的同时，利用国外的廉价劳动力和土地优势，进一步巩固了其在全球制造业领域中的领导地位。如日本造船业为保持产业领先地位和国际竞争力，近年来积极开展与韩国、中国等亚洲新崛起造船国家的交流与合作，尤其是与中国的投资合作，力图实现日本技术优势与国外成本优势的有机结合。目前，日本川崎重工已经在江苏南通与中远公司合资造船，其他一些造船企业也正在与中国的有关企业进行积极的接触和洽谈。再如日本的纺织业也在进一步扩大海外生产线，实行从生产到零售的一条龙海外经营，从过去的产业环节输出向产业链条输出发展。日本著名的岐阜地区纺织企业几乎都先后将其国内部分或全部业务转移到中国的上海、江苏南通以及苏州等地。

（二）产业输出重点区域仍在亚洲

为了增强日本产业竞争力，保持世界强势经济主体地位，日本加大了海外战略性开发,把生产触角向全球不断延伸,旨在制造真正意义上的"国际产品",建立以东京为主导的"产业内分工"体系。从日本海外投资的区域看,制造业主要是集中在亚洲地区,日本跨国公司已将大部分普及型、附加价值低的制造业转移到了这一地区。如果说日本投资发达国家目的在于谋求技术和市场,减少贸易摩擦的话,那么投资亚洲其原因之一在于亚洲地区国家与日本地理位置相近,有着明显的地缘优势;之二在于亚洲地区劳动力供应充足,有着明显的人工成本优势;之三在于亚洲地区作为最具活力的区域,正处于经济迅速上升势头,产业接纳需求较旺;之四在于亚洲地区作为一个庞大的市场正在开发之中,进入越早,越能抢占先机,处于主动地位;之五是要借助亚洲地区的崛起和兴盛带动日本经济的复苏,尤其是借助中国持续快速发展而带来的对日贸易和投资的极大需求,给日本经济注入活力因子。有数据显示,日本80%以上的在华投资企业都已经获利。松下、佳能、日立、三洋等厂家在中国的投资均得到了很好的回报。中国经济对日本经济复苏所起的作用,主要表现在两个方面:一是日本企业对华出口大幅增长,带动国内生产扩大。二是日在华投资企业获得丰厚回报,成为部分企业主要利润来源,增强了其设备投资能力。有关报刊报道,由于日本各主要行业景气度明显上升,2007年日本产业活动指数为107.2%,比上年提高1个百分点,为7年来最高。因此,日本对华投资经过一段时间的歇息,开始出现新一轮高潮。截至2007年10月底,日本对华投资累计项目数,达3.9万个,实际到位资金607.8亿美元,日本成为中国利用外资的第二大来源国。①

(三) 产业输出层次不断提高

如果说20世纪80年代初期,日本产业输出只限于制造业中劳动、资源密集型饱和产业的话,那么时间发展到今天,过去那种多为低层次的产业输出格局已经发生了新的变化,越来越多的技术、资金密集度较高的产业和非制造产业尤其是服务业也不断向海外输出;如果说过去产业输出的初衷只限于输出饱和产业,腾出空间发展新兴产业的话,那么今天的产业输出,就已经上升到产业全球化发展战略高度,成为日本经济整体发展战略布局不可忽视的重要组成部分;如果说过去的产业输出仅和日本"海

---

① 张意轩:《日本对华投资出现第三次高潮》,载《日中财贸》,2008年第4期。

外转移战略"有关的话,那么今天的产业输出的重要指向则是"市场开拓战略",即不仅仅是利用海外廉价资源,实现产品低成本订单加工和产品低成本国内回流,而是通过产业对外投资,占领和巩固当地市场,为日本产品开疆扩土。日本更大的期望是利用这种投资全球化带来的自由和便利,利用它的投资开发能力,不仅能积累财富,而且也能夺到广阔的市场,实现两次世界大战所不能达到的目的。因此,日本加大了对华投资的全方位化,大额投资,长产业链投资不断增多。用日本欧姆龙(中国)总经理山下利夫的描述,他们的对华投资要实现"换挡提速"战略,而索尼则提出建设"一气贯通"的业务运营体系,即不仅将中低端业务,还要将高端业务向中国转移;不仅继续扩大制造业转移,还要加快非制造业转移速度;不仅将生产环节,还要将产品的研发、设计、服务等环节向中国转移,形成从产业上游直通下游的完整产业链转移。富士(中国)总经理横田表示,到2008年底,日本富士将把全球所有的数码相机生产基地转移到中国,日本贸易振兴机构北京首席代表柴生田敦夫认为,在未来一段时间,"日本非制造业的对华投资将有一个高速增长,包括节能产业、环保产业、文化产业,以及现代服务业等"。[①] 由此可见,日本与中国的投资战略合作正在迈向新的阶段和新的高度。

(四) 产业输出更具理性和成熟

经济全球化使得全球企业得到了新的市场洗礼,无论是跨国集团还是中小企业,在对外投资过程中都显示出了更多的冷静和更多的理性。日本作为一个具有忍耐力和善于应变的民族,在产业海外输出活动中,也表现出新的战略转换和新的价值取向。诸如,从最初的产业输出主要是谋求海外资源开发和掠夺,将更多财富收归囊中,逐渐转换为一种避免国际社会视线、转移摩擦的主要战略应对手段,使更多的产品实现了原产地的转换,从而也实现了贸易纠纷有效转移;从最初的产业输出以中小企业为主要载体,逐渐转向以跨国公司为主要力量,使得产业输出成为具有规模性、谋划性和战略性行为;从最初的对劳动的直接剥夺和同世界各国品牌的正面较量,转换为隐蔽的"细节"掌控战略,即利用关键零部件和知识产权等手段制约、调控投资合作,向他国经济渗透;从最初的产业输出

---

① 张意轩:《日本对华投资出现第三次高潮》,载《日中财贸》,2008年第4期。

以合资、合作为主要方式，逐渐转向以独资企业为主要方式，以便较为放心地向这些独资企业转移附加价值更高的产品技术，并采取统一的知识产权保护措施以保护这些技术等等。以上变化使得日本对外投资表现为程序的日趋规范化、渠道的日趋多样化、利益攫取的日趋合理化、矛盾的日趋弱化，彰显出投资更理性、更成熟，其目的性更隐蔽的明显特点。

（五）产业输出与政治局势不完全和谐

日本与中国以及韩国等一些亚洲国家有着深厚的历史渊源，既有难以割舍的友好关系和密切的经济往来，也有着难以调解的政治矛盾。尤其是中日之间存在的历史问题、领土问题和台湾问题等三大政治问题不可能在短时期内得到解决。到目前，在日本仍旧存在厌华和歧视现象，尤其面对中国的崛起，更引起他们的高度警惕，而在中国，不仅是留有战争阴影的老人，即使年轻一代的反日情绪也难以磨灭；在东海地区，由于安全与能源资源问题的叠加效应，使得这一海域要成为"和平、合作、友好"之海还需双方作出坚忍不懈的努力，加之在台湾问题上的分歧，使得中日之间的"政冷经热"因问题的难以消除随之形成了常态化。① 在这种现实背景下，日本与中国的投资合作也就不可避免地会遇到政治屏障，一定程度上受到政治情绪的影响，这是日中两国在发展经济合作中都需要面对和正确处理的问题。

二、山东省与日本投资合作基本情况及难点问题分析

根据上述分析，日本对华投资正出现新的高潮，这也就意味着将会有更多的合作项目和合作机会展现，尤其是在服务产业、环保产业、文化产业领域的合作对于山东来说都是难得的发展机遇。因此，认真分析山东与日本投资合作的现状，寻找与分析存在的难点问题及其原因，有利于我们紧跟形势，抓住时机，进一步拓展和深化山东与日本的投资合作。

---

① 日本专家访谈，《中日发展前景取决于"九大变数"》，载《日中经贸动态》，2007年第4期。

(一) 山东与日本投资合作基本概况

改革开放以来，山东立足自身实际，认真分析其在对外开放中的地位与优势，将开放重点首先锁定在地缘优势明显的日韩，及时出台了承接日本产业转移，大力发展半岛制造业基地的战略举措，以期利用日资的先进性和国际化优势，带动山东经济国际化的发展。经过几十年的发展，日本已经成为山东重要的经济合作伙伴，贸易合作位居山东第四，投资合作位居山东第三，投资领域主要为纺织、化工、电子、机械、食品加工、建材等制造业。截至2007年底，已有川崎重工、日本电气（NEC）等近4 300家企业在山东投资，累计实际使用日资57.7亿美元，占全省全部实际外资额的近8%，占日本对华投资的近9%。世界500强中的三井物产、伊藤忠商事、三菱商事、丸红株式会社、住友商事、松下电器、三菱电机、三菱重工、日本电装、富士电机、三洋电机等38家著名日本企业都在山东设有投资项目。[1]

(二) 主要难点问题表现

尽管山东对日投资合作有了一个良好的开端和不断的发展，但相对于人们的期望值还有较大的距离，山东与日本之间的条件优势向合作优势的转换还远未实现，无论在合作总量上还是在合作质量上都未能达到预期的目标，相比较先进省份与地区，还存在诸多弱势与不足。

1. 投资合作总量不大

日本是山东投资合作的重要伙伴，在合作规模上一直位居前几位。但随着近年来日本经济的好转和对外投资的不断增长，山东与日本投资合作规模发展平缓，没有出现很振奋的业绩，这值得我们深思。就利用外资国别比较看，2006年，日本对外直接投资达502.9亿美元，对华直接投资为61.64亿美元，创出新的高点。[2] 而2006年山东实际使用日资7亿美元，同比增长2.36%，仅占当年山东实际使用全部直接投资的7%，位次

---

[1] 《4 000余家日企投资山东》，http://www.chq7.com/News/4735.aspx.
[2] 《加强经贸合作促进亚洲区域经济发展》，http://www.ibdaily.com.cn.

则从2005年的前三位退居为前四位。据山东国际商务网披露的2008年利用外资最新数据,山东吸引日资同比连续3个月呈负数增长。截至2006年山东实际使用日资总量为50.84亿美元,也列韩国、中国香港、美国之后居第四位。而2006年实际使用韩国投资为37亿美元,占当年山东实际使用全部直接投资的37%,累计实际使用韩资198.32,位居第一(见表3-1、表3-2)。同是山东在亚洲的比邻国家,且日本还是发达经济大国,经济总量远大于韩国,外向度也高于韩国,但双方投资合作程度上却远低于韩国。就省与省之间比较看,在全国利用日资总量的排序上,山东居江苏、辽宁之后排第三位。如果说辽宁具有利用日资的地缘优势和历史渊源条件,那么江苏则是创造性地实现了对日投资合作。由此可见,山东无论是借用现有优势还是创新合作优势上都还待作出进一步努力,才能在投资总量上实现新的增长。

表3-1　　　　主要国家与地区外商对山东直接投资合同外资额

单位:万美元

国家(地区)＼年份	2002	2003	2004	2005	2006
总计	1 130 680	1 341 413	2 028 958	2 749 500	1 624 175
韩国	370 058	456 484	821 136	1 138 566	484 242
中国香港	218 462	298 071	408 567	580 555	460 809
日本	77 373	73 316	117 801	208 257	105 639
美国	137 398	109 802	160 761	179 788	114 712
中国台湾	85 929	102 090	162 012	135 206	106 300
新加坡	33 759	34 154	45 459	47 842	44 895
澳大利亚	31 937	16 646	43 655	41 135	21 638

表3-2　　　　主要国家与地区外商对山东直接投资实际使用外资额

单位:万美元

国家(地区)＼年份	2002	2003	2004	2005	2006
总计	558 603	709 371	870 064	897 100	1 000 069
韩国	155 713	283 958	359 194	338 538	371 372
中国香港	118 841	135 273	174 250	162 391	207 913
日本	49 465	46 133	56 157	68 063	70 257
美国	60 888	55 918	64 081	60 230	76 690
中国台湾	48 370	58 297	66 045	38 557	57 906
新加坡	17 911	14 251	21 353	29 232	26 099
澳大利亚	11 219	10 805	14 281	10 412	7 845

表3-3　　　截至2006年主要国家与地区外商对山东直接投资数额

单位：万美元

国别（地区）	项目数（个）	合同外资	实际使用外资
总量	54 754	13 346 676	6 525 465
韩国	17 907	4 007 889	1 983 273
中国香港	13 652	3 459 451	1 661 308
美国	5 393	1 201 203	525 552
日本	4 193	848 094	508 400
中国台湾	5 539	966 890	471 697
新加坡	1 111	389 506	204 703
澳大利亚	910	213 724	75 885

表3-1，表3-2，表3-3资料来源：《山东省对外经济贸易年鉴（2007）》，齐鲁书社出版。

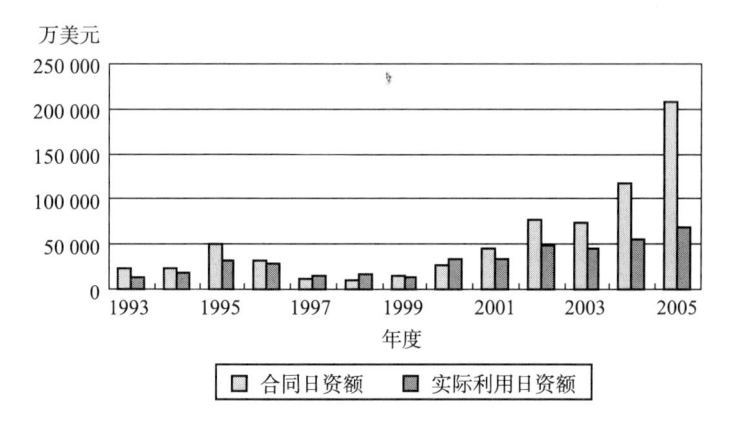

图3-1　1993~2005年日本对山东投资规模示意图

2. 投资结构有待优化

就目前来看，山东与日本投资结构仍旧保持着加工制造业过重的态势，尤其是传统的劳动密集型产业，还在其中占有较大比重。日本对山东的投资主要集中在食品、纺织、化工、机械、电子等行业。其中食品、纺织行业比重占到总投资额的20%以上，化工行业占到10%以上。就日资比较集中的青岛来看，三次产业的日资分布存在明显的不平衡状态，日商投在制造业中的资本高达80%以上，标志现代结构成分的服务业只占10%多一点，而作为农业大省的山东，第一产业利用日资的比重则不足10%，表现出了结构调适的慢速和滞后。近年来，随着日本资本输出结构的调整，服务业对外投资势头正旺，在20世纪70年代初期，日本服务业对外直接投资仅占世界对外直接投资存量的1/4,而进入2000年后,这一比重就上升至总量的60%。① 而就目前山东与日本的投资合作结构看,还远未能适应形势的变化,缺乏发展的同步性。仅就服务业软件外包来看,近年来,日本有60%以上的软件外包资本投向中国,中国整体软件外包收入的60.1%来自于日本,② 而国内日本软件外包的市场份额90%以上被辽宁、广东、北京、上海所占有,山东只占不到10%(见图3-2、图3-3)。尽管近年来山东服务外包增速较快,尤其是2007年,实现软件外包合同出口金额1 156.82万美元,同比增长26.7%,其中信息技术外包(ITO)出口1 143.15万美元,业务流程外包(BPO)出口13.67万美元。对日软件外包出口仍占据主导地位,出口额分别为814.6万美元和1 079万美元,所占比重为70.4%和68.7%。③ 但相比山东2007年外贸出口总量,外包所占比重还是很低的。

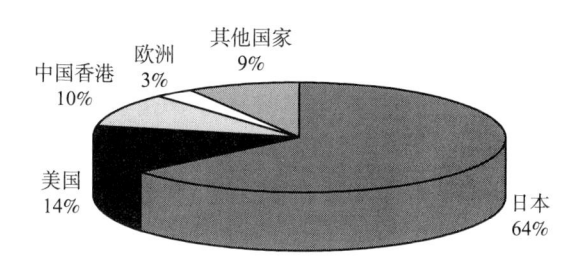

图3-2　2005年中国软件外包市场构成

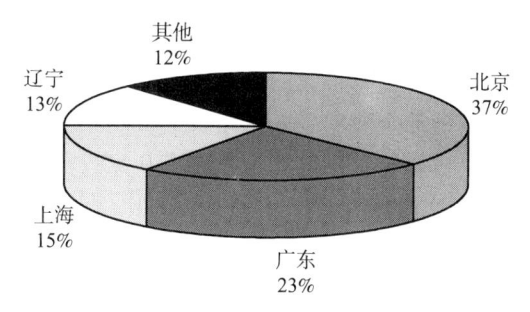

图3-3　2005年中国国内软件外包市场份额对比

---

① 崔岩、臧新:《日本服务业与制造业对外直接投资的比较和关联性分析》,载《世界经济研究》,2007年第8期。
② 王伟军:《中日软件服务外包新动向与中国的政策选择》,载《世界经济研究》,2007年第6期。
③ 科技处:《我省软件和服务外包出口进入快速发展时期》,山东国际商务网,www.shandongbusiness.gov.cn。

3. 自有品牌比重偏低

在商务部确定的四批"重点培养和发展的出口名牌"中,尽管山东入选品牌数量位居全国第三,但与山东出口总量相比仍旧有较大反差,自主品牌出口占出口总额比重一直维持在5%左右,低于全国10%的平均水平,更低于江苏、浙江15%以上的水平。山东与日本的投资合作也是一样,多是采取贴牌生产合作(OEM)生产方式,贴牌比重偏大,自主品牌较少,95%以上为代加工。尤其是食品、水产品、纺织服装产品,在日本市场上有着很强的品牌忠诚度和市场偏好,因此山东的自有品牌很难取得市场认可。加之近年来国际市场上对中国产品的妖魔化,加剧了山东自有品牌打入日本市场的难度,贴牌生产成为双方合作的主要选择。这就使得山东与日本投资合作对于外贸出口的数量增长带动性大,但效益增长带动性不明显,品牌附加值占生产值的比重很低,直接影响了投资合作的发展后劲。据最新公布的数据,山东2007年自主品牌建设取得新进展,自主品牌出口实现75亿美元,占出口总额接近10%,其中软件出口自主品牌发展较快,2007年山东软件出口1 571.68万美元,其中自主知识产权软件产品出口达到了428万美元,占27.2%。但与日本投资合作的品牌,独立产权品牌所占比重仍旧偏低。

4. 跨国公司资本引力不足

到目前为止,尽管已经有39家日本跨国公司进入山东,但与江苏、辽宁、上海等省市相比,还有很大的不足,尤其是国有企业利用日本跨国公司资本改造嫁接,带动企业实现新的增长的成功案例还不多。例如日本跨国集团住友商事株式会社,目前在山东设有9家投资企业,这与其在华投资的近170家企业总数相比,只占有5%的比例。并且出资比例也偏小,合作企业日方出资比例一般都在30%以下。成立较早的小松山推建机公司,住友出资比例占10%,而山东胜代机械有限公司住友出资比例只有5%。[①] 再如日本三井物产株式会社、三菱商事株式会社、双日株式会社、丸红株式会社等日本大的企业集团在山东也有着良好的投资业务,但总体上看,都存在合作项目偏少,出资比例偏低的问题。投资合作虽然在技术、管理,以及本土化方面使得山东企业受益匪浅,较大地改善了山

---

① 张乃丽:《日本对山东省直接投资研究》,山东人民出版社,2007年版。

东企业尤其是国有企业的经营理念和经营方式,但由于受日本跨国公司资本引力不足的局限,这种影响和带动作用还远未达到所预期的程度,也影响着日资总量的扩张和质量的优化。

5. 产业配套环境不尽完善

产业配套环境是外资权衡资本投向的重要环境因素,尤其对于大的跨国公司资本,能否有一个良好的上下游产业链条和充足便利的零部件供应,直接影响到企业的经营速度与经营效益。"企业在选择投资地点时,除了考虑基础设施、劳动力成本、零部件采购的便利性等因素之外,是否已形成相关产业的聚集地这一产业环境也是一个重要决定因素。"日本贸易振兴机构青岛代表处荒木正明先生如是说。就目前来看,虽然山东吸引了众多日资企业,实际使用日资额也逐年增长,截至2006年底,山东累计批准日商直接投资企业4 193家,累计利用日资50.9亿美元。但就产业集聚来看,尚未形成鲜明的特色和主导地位。即使是日资占据较大比重的纺织、食品加工等行业,也未能形成产业聚集地,"日资汽车产业以华南为中心,电子机械行业以华南、华东为中心已经形成投资聚集地",日本贸易振兴机构青岛代表处荒木正明先生这样认为。江苏之所以被日资所青睐,产业配套环境也是其中重要因素,像昆山、吴江等开发区,主导产业区内零部件配套率达80%以上,凸显了速度与成本优势。而在山东,由于产业整体布局不尽完善,龙头企业缺少协作配套的中小企业群,尤其缺少经营灵活的民营企业群,因此,尚未形成具有竞争力的产业链条与产业集群,即使影响力较强的家电产业,配套能力也只维持在20%左右。产业配套环境问题已成为吸引日本跨国公司资本的主要掣肘。

6. 政策频繁变化影响日资信心

近两年,随着中国经济的发展和产业结构的调整,国家出台了一系列宏观调控政策、法规,无论在资本准入政策方面还是税收优惠政策方面都发生了较大变化,使得日商对于政策环境抱有忧虑,影响着日资增资扩资的信心。在对山东日商的调查询问过程中,我们了解到日商认为目前一些政策调整直接影响到日资企业的生产经营成本和收益,使得他们的企业发展前景处于不明朗、不确定状态。如自2008年1月1日起实施的两税并轨政策的出台,使得外资企业实际税负在11%左右,而内资企业的实际税负在22%~24%之间的不平等状况被打破,内外资企业所得税统一为

25%，这一政策导致日资企业的优惠收入明显减少。再如出口退税率的调整，国家自 2007 年 7 月 1 日起对 2 821 项商品出口退税率的政策调整涉及山东的有 1 502 种，政策实施后的山东的出口退税率从过去的 12.5% 降至 10%，降低 2.4 个百分点，高于全国平均降幅。① 这其中受冲击最大的行业为钢铁、纺织、服装、鞋帽、箱包等行业，尤其是纺织行业，尽管出口退税仅下调了 2 个百分点，但对于微利行业的纺织，不异于是雪上加霜。由于日本对山东的投资很大比重投在纺织、食品、钢铁等行业，且中小企业居多，因此，出口退税率的调整对于从事这些行业的加工贸易日资企业来说，将山东单纯作为出口基地的风险增加，收益减少，在一定程度上影响了企业的投资信心和未来的投资计划。根据日本贸易振兴机构的 2006 年底的调查结果显示，有意扩大在中国的生产功能的企业与以往相比开始减少，中国已经不再是低成本生产基地，在亚洲，日本将以汽车制造业为主增加对印度等国的投资，开拓新的投资市场。这一动向无疑对山东与日本投资合作也形成一定威胁。

7. 生产要素价格变动影响日企成本

就日本对华投资的最初动机看，20 世纪 90 年代，日企来华大多都是为了利用中国廉价劳动力和充足的原材物料，以降低产品制造经营成本，提高出口竞争力，保持和增强其在国际市场的地位。进入 21 世纪后，随着中国市场逐渐开发，成熟和完善，这种投资动机也逐渐表现出多元化，以占据中国国内市场份额为主要动机的投资不断增多。但山东的日资企业分布仍旧集中在劳动密集产业，企业规模仍旧以中小企业为主，资金规模 500 万美元以下的企业居多。对于这些企业来说，投资的关注点也仍旧集中在山东的地缘优势、劳动优势，以及资源优势等方面。但随着中国经济的持续、快速发展，产业结构转型升级的步伐加快，以及劳工、环境等一系列法规政策的变化和调整，使得在中国包括山东的生产要素成本不断上涨，尤其是劳动力价格、能源价格、原材料价格、土地价格。另外，物流运输、卫生安全要求、标准化规范、环境保护等方面涉及的成本因素也不断增加，这些都势必制约着企业利润的生成，日企原来意义上的投资动力趋于弱化，带来的直接负面影响就是日资的退出和向新的区域转移。据日本中小企业综合事业团调查，仅就人力资源问题而撤出中国市场的日资比

---

① 李俊辉：《下半年全省少退税 42 亿》，载《齐鲁晚报》，2007 年 8 月 3 日。

例就达 28.6%,[①] 山东这一问题也同样突出,成为困扰山东与日本投资合作的一个难点。

8. 投资服务质量效率还有不尽如人意之处

不断完善投资环境是山东利用外资的着力点,也是始终未松懈的一项工作。但即使这样,日本外商依然对投资环境颇有微词,最介意的问题一是政策、法规变化过快,但信息传递不够迅速,由于政策变动缺少及时发布与告知,往往使得企业缺乏心理准备和调适过程,容易措手不及,从而影响到正常生产和经营。另外,对有关政策法规的理解上的差异和咨询需要,也缺少解疑释惑的便捷和权威渠道,一些困惑得不到清楚明确的回答;二是对海关通关服务效率还不十分满意,尽管山东在海关服务的改进和建设上做出了很多努力,但对于习惯于求全求精的日商来说还远不能满足他们的要求,与日本国内相比在山东通关相对时间长,手续不够简化,海关人员业务素质不够娴熟等;三是认为山东对日企的行政收费项目解释不到位,影响积极性等。据日本贸易振兴机构青岛代表处荒木正明先生讲,日本企业大都是在了解了最基本的信息的基础上,经过计算之后才决定是否投资的。所以,日商希望当地政府在他们签约前就能明确地告诉他们所应负担的行政收费,透明度不高的收费会带来误解与不满。

(三) 难点形成的原因分析

上述山东与日本投资合作中存在的难点和困扰问题,有着多方面的原因,既有客观形势的问题,也有主观认识上的问题;既有体制约束上的问题,也有环境建设上的问题;既有企业本身的问题,也有人才局限问题,以及双方在文化和认识上的不同带来的问题,等等。分析清楚问题的症结与根本所在,对于问题的克服与解决是很有必要的。

1. 客观形势问题

2000 年以来,随着经济全球化的深入和产业结构国际性战略调整,以及我国经济持续多年的快速发展,使得国际和国内经济形势发生了急剧

---

① 周林娟、唐千友:《加入 WTO 前后日本企业来华的动机及经营状况比较》,载《国际商务研究》,2007 年第 4 期。

变化，出现了一些新的特点，主要表现为世界包括日本跨国公司全球性生产经营布局出现新的调整；美国次贷危机及美元大幅度贬值导致全球经济的不确定性和风险性增大；能源市场供给趋紧；中国产业结构调整和为防经济过热的调控手段加强；国际上新贸易保护加剧；日本经济自身存在的问题等。面对新的形势，国际货币基金组织（IMF）的《世界经济展望》对日本 2008 年的经济增长速度预测从 2007 年的 2.3 调低到 1.9，[①] 也就是说，日本经济虽然已经走出了低迷的境况，但要实现较高速度的增长也面临许多困难和制约，尤其是对外出口因为日元的持续升值等因素变得比较艰难，虽然对外投资因此而增长，但为防范对外投资风险，保证投资的效益性与安全性，日本采取了一种稳健发展思路，在海外投资区域选择上作出了较大调整，尽管主要投资地区还是在亚洲，但在国别选择上更加注重对中国之外的印度等具有成本优势的亚洲国家的投资，并且对发达国家投资也有所增长。2006 年，日本对西欧的投资比前一年增加了 1 倍，投资为 147.48 亿美元，约占日本对外直接投资额的 30%。而对中国的投资增长率明显放缓。日本振兴机构青岛代表处荒木正明先生曾在访谈中说，2006 年日本对华投资占总额比重为 12.3%，比 2005 年的 14.5% 下降了 2.2 个百分点，7 年来首次出现了减少。在今后一段时间内，日本的对华投资将呈现一段时期的停歇状态。这种投资格局和发展态势的变化成为影响山东扩大同日本投资合作的因素之一。

2. 观念更新问题

在吸引日本投资问题上，山东表现出了一个开放保守意识与开放过度意识的矛盾和冲突，一方面，面对大的跨国公司资本和优质资本，我们往往在采取什么合作方式，保持什么样的资本比例，如何设置机构，如何安排位置，如何分配利益等方面不能够率性对待和快速决策，思路被瞻前顾后、忧虑迟疑、斤斤计较等狭隘意识所囿，很容易错失良机，表现为开放的保守；另一方面，对于一些产业带动力小、投资重复性明显的资本，没有明确的选资意识，认为只要能带动就业，能完成利用外资的目标任务，仍旧大开准入之门，表现为开放的过度。这两种意识的表现，归结到一点，都是缺少对利用外资前瞻性与科学性的认识，在观念更新问题上相对

[①] 钢之家：《2008 年世界经济形势分析与展望》，http://www.steelhome.cn/MessageShow.php?nid=1268572.

于当前的形势要求存在一定的滞后。因此,在如何把握利用日资的宽与松、放与收上缺乏合理与适中的度,这对利用日资结构的战略性调整,提高利用日资的效率与水平是一个主要制约因素。

3. 机制协调问题

就山东与日本投资合作中的问题分析,机制不活也是一种重要的影响因素。机制问题主要表现为一是资本准入机制还不够灵活,反映在投资合作的准入程序依旧繁杂,面对具有较强可行性和机会性的项目还显得快速反应力和果断决策力不足;二是协调互动机制不够成熟,地区与地区之间、企业与企业之间缺少经常性的沟通与协作,面对投资合作项目往往是竞争多于合作,形不成合理的区域布局与企业链接;三是市场机制还不够发达,与日本国内的市场环境差异较大,政府行为仍旧占利用外资主导,日商遇到难题难以依靠市场自身的调整来解决,对于政府的依赖明显;四是服务机制还不够完善,尽管在服务意识、服务体系、服务效率等建设上下了很大气力,但在服务内在质量上,尤其是服务的灵活性、主动性、创新性上还有一定差距,仍旧能听到一些日商的微词。这些都在一定程度上影响着日商的投资选择。

4. 人力资源问题

人力资源问题是日本对外投资的主要关注点,这是由日本多年来的人口负增长和劳动力成本高昂的社会现状所决定的。同样,日本对山东投资也在于山东有着良好的人力资源的价格与供给。而随着经济的发展,山东在人力资源问题上也显现出瓶颈状态,成为制约山东与日本投资合作发展的重要因素。表现为两大困扰,即劳动力价格上升,引资优势消失;高新技术人才短缺,影响着高端技术产业的进入。如被称为电脑加人脑的日本软件外包,尽管目前山东与日本软件外包合作以中低端项目为多,所需要的是大量的软件编程人员,即灰领人才,但即使是处于这一层次的技术人才,山东也缺少集结优势,大大影响着投资合作的产业升级。2007年日本日本电气(NEC)共有42亿日元的软件外包订单投向中国,日方原计划将其中的1/3投到山东,但因为人才约束,山东实际得到接包额只有13%,[①] 更多的项目流向人才环境较好的广东、江苏等省,这种"不缺订

---

① 任旭强:《"外包人才"山东模式初显》,载《山东经济导报》,2008年2月4日。

单缺人才，肥水流向外人田"现象不能不说是山东的遗憾。因此，正视人才问题并采取积极的对策，不仅有利于缓冲劳动力成本上升、政策优势减少带来的合作压力，也是进一步扩大山东与日本投资合作，开拓合作新局面的关键。

5. 投资载体建设问题

为了更好地利用日资发展经济，山东设立了专门承接日本产业转移的区域：日本工业园，以增强对日资的吸引力，实现日资的地域集中和产业有机链接，办成有日本特色的、有规模、有成效的经济园区。但目前就日本工业园的发展看，大多都没有实现建园的初衷。园区环境和投资氛围缺少针对性，无论从管理体制上，产业配套上，资本运行适应性上，以及外商的生活氛围和文化氛围的营造上都缺少明显的特色，进园资本杂乱，产业缺少联系性，远未能发挥出日资载体的作用。

6. 文化对接问题

现代社会中，文化对经济发展的影响越来越强，文化与经济的融合性也越来越深，在一定意义上说，文化已经成为企业制胜的法宝。同样，投资合作中的文化元素也具有重要的作用。中国与日本一衣带水，同处一个东亚文化圈，在经济交流与合作中，把握文化的共性与特性，是合作成功的重要因素。山东在与日本投资合作过程中，也注重利用文化搭台，但这种对于文化的运用往往是形式大于内容，山东作为文化大省没能很好地张扬和发挥资源优势，而我们对日本民族文化和企业的文化特色也缺少深入研究，难以形成彼此间的文化共识、对接和有机融合，使得投资合作中缺少文化纽带的连接和带动。

三、扩大山东与日本投资合作需要重点解决的问题

上述分析可以看出，山东与日本投资合作之所以面临一些难处，一方面是由于客观形势的变化，另一方面是因为我们的努力尚未到位，这也从另一个侧面展示出山东与日本投资合作还有潜力所在，关键在于我们如何面对问题，如何选择应对举措，如何用主观能动性来弱化客观影响，既要

看到问题的挑战性,更要看到山东与日本投资合作的机遇性和获利前景。为此,我们必须要密切关注日本全球投资新动向,找准合作机会和方向,转换合作思路和视角,并针对我们存在的主要问题,加大修正力度,重点做好人才与环境两篇文章,强化对日沟通能力,不断拓宽与日本投资合作渠道。

1. 加大山东与日本投资合作研究

面对山东与日本投资合作中的诸多难点问题,如何实现合作新的增长和新的突破,首先需要做的就是要加大对合作的研究,以积极的态度和科学的方法关注和分析日本产业发展动态与产业输出动向,探讨其中存在的机遇与挑战,做到知己知彼,在此基础上做出客观的、理性的分析评价和判断,为省委、省政府决策和相关职能部门工作及时提供信息和建议。为此,我们需要一是加强对日本产业发展和对外投资动向的跟踪研究,尤其是设有专门对外经济研究的部门,需要组织专门人力进行信息收集和资料分析;二是建立山东与日本投资合作信息系统,利用网络进行相关信息和数据的及时披露;三是将与日本的投资合作放到山东整个经济国际化进程中,根据产业结构调整和增长方式转变的需要,针对日本重点产业、重点企业、重点项目进行细化研究,把握其资本特点和投资意向;四是加强对国外、省外先进典型与日本投资合作的具体做法和经验的研究,做到知己知彼,掌握日资尤其是日本跨国公司资本的流向和投资地,分析其原因和动机,据此为山东借鉴和调整引资战略与方式提供积极的建议;五是针对难点问题,探索积极的解决方案,提供具有可行性、可操作性、有实效性的对策建议。

2. 不断更新对外开放观念

对外开放观念是动态的、发展的,因此,随着经济形势的不断变化,我们的开放观念也需要不断调适,不断更新,才能更好地引导山东与日本投资合作沿着正确的方向发展。为此,更新观念重点一是仍旧要继续解放思想,进一步破除认识上的习惯性和狭隘性,消除中规中矩观念,提倡标新立异思想,面对新形势下出现的新问题,始终保持一种探索和开拓精神,实现意识上的创新,为合作创造一个自由度高、束缚力少、适宜资本创造性发展的氛围;二是将科学发展观深入到对外开放理念中,尊重客观规律,以科学的态度指导合作,既要考虑利用日资量的增长和规模扩张,又要关注结构优化和环境安全，还要兼顾社会就业和文明进步目标的实现；三是要树立诚信意识和开阔的胸怀，消除短视思想，尤其是领导干部，要从大处着眼，尊重资本趋利的基本特性，要有帮助日资发展和赚钱的意识，坚持合作中的利益分享和双赢效应，不能只求眼前利益，自身利益而丧失长远利益；四是树立科学的政绩观，合理评价利用外资工作的是非好坏，建立正确的导向，同时教育外资工作者要有正确的价值观和荣辱观，将强烈的责任心和使命感溶入引资工作中，使得山东与日本投资合作能在一个开放且向上的意识形态下面健康发展，只有这样，我们才能保持利用外资的竞争力，才能进一步拓展山东与日本投资合作的广度和深度。

3. 积极消除人力资源瓶颈约束

人才是进一步发展山东与日本投资合作的关键性因素，也是进一步发展山东与日本投资合作的主要制约因素。尤其是吸引跨国公司资本和高新技术产业资本，人才是最大的瓶颈。因此，加快人才队伍建设，增强人才对于日资的吸引力是目前重要的任务。为此，我们需要从以下几方面着手，一是仍旧要进一步强化正确的人才观，找准山东存在的人才问题的主要症结所在，在人才理念、舆论导向、政策安排等方面更充分体现对人才、对知识的尊重，并在全社会形成一个自觉行为。二是进一步加快人才培养步伐。要充分利用山东的教育资源，实现常规教育与职业教育的协调发展；长期教育与短期培养相结合；企业与学校相结合，尤其对于急需人才，要加大定向培养，打短平快以解燃眉之需，如承接日本软件外包人才的匮乏，就需要有这方面培养能力的学校加大专门人才培训，以适应形势的变化对人才的需求。三是加大人才引进步伐。人才引进首先考虑的是物质待遇问题，要敢于施大手笔，花大价钱，充分认识关键人才、适用人才的价值和作用，同时又不能单纯考虑物质待遇问题，还有一个重要的方面是人才的使用问题，为人才设立最优越的用武之地和价值实现平台，消除周围存在的嫉妒人才、束缚人才、不尊重人才、盲目使用人才等现象，营造一个有利于人才开心、舒心、放心，心无旁骛干事业的环境。也就是不仅要做到待遇引人，更要做到事业留人。只有这样，山东的人才瓶颈才能得到根本缓解，吸引日本投资的主要制约因素才能得到有效的弱化。四是形成良好的人才激励与约束机制，从体制上保证人才的成长与能力的展示。五是加速共享机制建设。打破地区与地区、企业与企业、部门与部门之间的沟通障碍，促进其多方面的交流与合作，带动地区人才联盟，企业人才联盟的形成，实行人才优化组合，资源共享，尤其对于日本大额软件外包订单，要采取共同接单、人才通用方式，保证订单能留在山东。

4. 进一步优化产业配套环境

如果说人才是影响山东与日本投资合作的第一大瓶颈，那么产业配套环境可以说是第二大瓶颈，这也是跨国公司资本和大额订单流失的重要原因。因此，加快产业配套环境建设，降低日资进入的产业配套成本，也是目前我们需要致力于做的工作。优化产业配套环境一是要继续调整和完善山东产业发展布局，促进区域内产业的协调发展和区域间产业的有机对接，消除由于产业的同构发展和项目的重复建设可能带来的产能过剩和链条短断现象，提高产业布局的协调性和产业链条的延伸力，从宏观调控层面为产业配套环境的形成打好基础和框架。二是促进产业集群的发展，创新山东产业集群优势和吸引力。这就需要继续强化产业集群意识，根据产业特点确定区域主导产业；以积极的推介和良好的措施引导企业与块状经济向产业集群区域集聚；根据效率和经济原则实行合理的产业上下游细化分工，并形成良好的产业链接和有机互动；在引进产业项目时充分考虑项目与主导产业的配套程度，使项目尽快融入到主导产业网络之中而不是相互脱节；注重产业体系中的企业规模配置，切忌盲目求大，造成自相竞争大于协作，降低集群活性。三是大力发展民营企业和中小型企业，改变山东国有强、民营弱的现状和局面，从观念上、政策上、环境上为民营企业和中小型企业提供适宜的成长条件，充分发挥它们的灵活性、多样性、适应性强的特点，使它们迅速成为主导产业的最佳配角和外围力量，为能吸引更多的日本跨国公司资本和优质资本进入山东打造更为优越的产业环境。

5. 弱化客观形势带来的负面影响

面对我国宏观政策调整、人民币和生产要素持续升值的重要关口，许多投资山东的日本企业面临优惠下降，成本上升的严峻挑战和考验，竞争力较弱的中小企业甚至有可能陷入经营难以为继的危机。在这种情形下，山东要继续保持和维系与日本投资合作的良好关系，并使这种关系能继续向前发展，在我们的对策体系里，不仅要正视主观制约因素的消化，也要正视客观因素造成的困难，全方位探索解决难点问题的方法与举措，在不能改变客观形势的条件下，从发挥主观能动性上来寻求化解矛盾的出路，帮助日资企业"堤外损失堤内补",尽可能保持企业正常的盈利水平,保证日资企业在山东有一个健康、可持续的发展。为此,我们一是要进一步提高服务意识,通过服务环节的增加和服务效率的提高来减少企业经营环节和经营时间,提高企业经营效率,包括不断完善对日资企业的信息服务、通关服务、生活服务等,真正把企业经营当作自己的事情,使其感受到在山东投资既有利可图,又不乏人文关怀。二是在生产要素供给方面,要加大要素质量的强化和要素供给多样化选择,包括人才、能源、原材物料等,弱化由于国际市场生产要素尤其是石油价格持续上升的影响。尤其在人才方面,要加快培养与引进步伐,提高其整体综合素质,创新山东人才优势,以人才质量的提升带动生产成本的降低。三是在国家政策根据WTO规则和市场竞争规律逐步取消对外资的诸多优惠的同时,我们需要做的则是不断清理对外资的不合理收费和限制,为他们创造较其他国家和区域更为公平、合理、宽松和有利于资本运作的环境,而不是"开门纳客,关门打狗"。四是各级政府要完善与日资企业的沟通与交流机制,拓通更广泛的渠道了解日资企业状况和企业的想法,尤其是要对企业的生产、生活难题给予殷切的关注,使企业感受到山东与日企是站在一起的,是同呼吸,共命运的,以此增强企业战胜困难的信心,激发企业自身克服困难和挖掘经营潜力的动力,防止日资企业尤其是中小企业因经营困难而蹈韩资企业非法撤离资本的覆辙。

6. 重点关注日本跨国公司战略性投资

山东与日本投资合作已经发展了多年,日资在山东利用外资总量中也占有重要的比例。这说明双方合作已经进入平稳发展的轨道,在接下来的合作中,针对日资转移特点和山东经济发展实际需要,大力承接日本跨国公司战略性投资将成为今后鲁日投资合作的重点。日本跨国公司已将大部分普及型、附加价值低的制造业等转移完毕,为了进一步扩大海外势力,谋求更稳固的国际市场地位,他们正力图在技术研究、产品开发、无形资产等方面实现国际化。这对于我们来说应该是一个加快利用外资转型升级、进一步融入跨国公司国际化网络的良好契机。因此,我们要认真分析形势,创造和寻求与跨国公司战略性投资相对接的条件与时机,根据这一资本转移的特点设计相应的对策。着重要做的一是要了解跨国公司战略资本特性,有针对性地开展招商引资活动;二是要准备良好的投资环境,以适应战略性资本的运作特性;三是提供良好的产业配套环境,保证战略性资本对上下游产业的衔接需求；四是做好人才培养与储备，以利于跨国企业的本地化发展。

7. 努力吸引日本对山东的研发（R&D）投资

R&D 投资是近年来跨国公司发展较快的投资形式，是跨国公司在基本完成了生产全球布局情况下开始的新的全球战略布局，以期通过 R&D 国际化吸收整合全球技术人才优势以获取新的技术竞争优势，来适应世界市场的复杂性、产品的多样性以及不同国家消费偏好的差异性。对于日本跨国公司来说，R&D 投资是海外投资的一种新形式，是技术研发本土化的一种新的倾向。因此，紧跟这一新的趋势，加大对日本 R&D 投资的吸引和利用，对于山东与日本投资合作总量的扩张和结构的优化，以及山东经济发展后劲的积蓄都有着重要意义。为此，我们要针对日本 R&D 投资的需求与环境，尽快调整我们的策略，改善吸引 R&D 投资的条件，尽快转换日本在山东省的 R&D 投资机构规模比较小，投资力度不大的局面。我们首先要做的一是加大投资环境尤其是生态环境和服务环境的建设，为吸引 R&D 投资设立适合高新技术、有利于技术研发的人才工作和生活的专门区域，以生态园区、高新技术园区、研发园区的建设来吸引和承接更多的、更优质的研发机构和研发项目。二是尽快打造山东的人才优势，这是吸引 R&D 投资的最重要因素。加快教育、培训、引进体系的优化，从政策上、体制上、环境上、待遇上、培养方式等多方面做出改革与调整，尽快改变目前我们人才短板现象。三是注重知识产权的保护。有资料显示，有近 15% 的投资日本企业认为中国知识产权的保护意识不强，产权保护法律不够完善。要尽快消除投资者对于投资 R&D 技术和专利的保护的疑虑和担忧，必须加大对于知识产权保护的宣传，增强企业和市场产权保护意识，同时加快保护措施和体系建设，从制度上防止知识产权滥用造成研发成果的泄露和仿造侵权事件的发生，培育日本 R&D 投资山东的信心，以良好的信誉和有力的技术成果保障条件吸引资本进入。

8. 加快山东国有企业与日本跨国企业资本的嫁接与合作

近几年的实践已经证明，与跨国公司嫁接，是一条搞好搞活大型国有企业的战略性举措。要扩大与日本投资合作，也要盯住和利用这一方式，进一步树立"与巨人同行"、"给跨国公司打工"意识，借助其优势搞活国有企业。为此，需要做好的工作一是要选准适合的项目和企业，突出资本高现代含量；做好利益与风险的比较和评估论证，以投资合作带动国有企业全面发展。二是培育国企对接能力，进一步提升国有企业整体素质，尽快消除在日商眼中山东国企理念滞后、技术老化、机构臃肿、机制不活等不良印象，提高日资企业对嫁接合作的兴趣和期望值。三是在与日资大企业的业务对接的同时注重与其在理念、文化上的对接，实现与日资更有机的融合，利用日资企业最先进的"无形资产"激活山东国有企业的"有形资产"，实现其战略性转换与快速发展。四是非股权控制问题。谋求合作中的主动性和控制权，如果单纯利用股权控制容易限制合作的深度发展，也不符合国际惯例。因此，要设计更多的非股权控制手段，如政府的规制控制，企业的专家派进制、机构制衡制等方式对决策施加有效影响等。五是要设计良好的措施和机制妥善解决嫁接合作过程中出现的人员富余问题，不能强硬地将问题推给日方。

9. 扩大对日软件外包合作

随着跨国公司的战略调整以及系统、网络、存储等信息技术的迅猛发展，由业务流程外包（BPO）和信息技术外包（ITO）为主要形式的软件外包盛行。吸引软件外包投资也成为山东改善利用外资结构，实现经济新增长的重要途径。日本是重要的软件外包发包国，2005年外包市场的营业额达到100多亿；而山东在承接日本软件外包中也具有相当的优势，如地域及语言文化相近、产业合作关系融洽、软件产业基础良好、加工成本低廉等。正因为如此，日本成为山东发展软件外包的主要对象国，外包出口额一直占据主导地位。2007年全省服务外包合同出口金额1 156.82万美元，其中对日出口额为1 079万美元，所占比重达90%多。[①] 这说明，山东承接日本软件外包具有优势，但总量太小，接单规模不大，还未能突破亿美元大单。因此，山东应在扩大对日软件外包合作方面做出新的努力。一是要充分发挥政府引导作用，将软件外包作为扩大对日合作新的增长点，支持和促动省内软件企业面向国内外两个市场，顺应潮流，积极融入软件产业发展的主流模式，大力开展对日软件外包合作。二是针对外包特点，努力营造适合软件定单在山东落户的良好政策、人才、融资、诚信等投资环境，增强山东软件外包吸引力。三是整合软件企业资源，实现各

---

① 《我省软件和服务外包出口进入快速发展时期》，山东国际商务网，www.shandongbusiness.gov.cn.

地软件园区的联系与互动，消除内耗，打造外包整体实力。四是优化软件企业管理水平，改变短腿现象，从管理和技术两方面与日本发包企业进行有机对接。五是积极谋求高技术含量大订单，改变对日软件外包合作处于代码服务和编程加工的低端状态，争取进入业务核心流程。

10. 关注日资的文化特性

文化在经济合作中的重要作用已经被广泛认同。日本作为亚洲唯一一个发达国家，其资本也带有自身独特的文化品性。恰如其分地了解和掌握这种特性，对于更好地制定引资政策，打造适合日资生存发展的文化环境有着重要意义。因此，扩大与日本的投资合作不仅要关注日资的经营特征，还要关注日资的企业文化和民族文化特性，分析日资所携带的民族工业的文化元素，针对其推崇独创与个性的文化倾向、惯常集聚习性和团队精神的行为特长、善于学习和汲取先进东西的文化特性、理性多于冲动和含蓄多于直接的思维方式，以及注重精细化操作，强调细节决定成败等文化特性，设计具有个性化的合作互动方案，并围绕这些文化特性寻求中日两种文化的有机对接点，充分张扬和运用山东的文化特色，尤其是儒家文化，使得投资合作建立在更为融洽、和谐的人脉基础之上。

11. 打造有日本国别特色的经济园区

经济园区是吸引外资的良好载体，有利于外资的集中和发展。加快对日投资合作需要打造日资特色园区，为其创造最适宜的投资环境和资本运作环境。目前山东已经建有一些日资专门园区，方便了日资的集中引进、集中使用、集中管理、集群发展，形成了一定特色。在此基础上，应进一步扩大和加强日资特色园区建设。一是深入研究日资尤其是跨国资本的特点和习性，参照其经营、文化、民俗等特点进一步完善园区个性化和人性化设计，使其更符合日资生产、生活运行需要，缩短日资的调整适应期；二是新建日资园区要有较高的起点，要为日本跨国公司战略性资本的进入量身定造专门的载体和优良的投资区域；三是根据日资的集聚性和擅长团队作战特点，为日本不同规模、不同产业和不同发展特点的企业设定相应的环境和园区功能，便于日资企业的连带进入，成片开发，集群式发展；四是培育和增强日资核心产业吸引力，明确园区产业定位，以此带动上下游企业入园，推进园区内产业配套，形成有突出产业特色的国别园区。

12. 提高鲁日投资合作的安全性

利用外资是一把双刃剑，既有着积极的一面，也产生着一定消极影响。最直接和明显的负面效应则表现为资本的环境破坏性和市场垄断性。如果说之前日资的海外输出意在利润的攫取，那么现在获取市场份额就成为资本输出的战略性意图。目前一些迹象表明，在中国，日本跨国公司的垄断也有从隐性发展为显性的态势，而对于一些日本中小资本，像韩资一样，也在不同程度上存在负债非法撤离的风险。因此，扩大山东与日本投资合作，在关注资本的效益性的同时，也需要关注资本的流动性与安全性，充分认识资本的秉性和活动趋势，做好风险的识别，并采取有效的防范措施，将投资合作中的风险降至最低。为此，一是建立日资信息监测体系，重点跟踪分析日资的行业市场结构和行为偏好，预测和评价引进日资项目可能带来的耗能污染性和垄断性，充分估计其负面效应；二是消除引资中的多多益善思想，采用两分法、多视角来认识鲁日投资合作，切实兼顾好速度和效益、眼前利益和长远利益的关系；三是注重优化引资国别结构，形成不同国别资本的相互竞争和制衡态势，防止一家独大和滥用市场势力行为的发生；四是注重推进省内同行业企业的战略联盟和协作互动，增强内资企业决策支配力和市场支配力，利用联合的力量牵制外资垄断势力的形成；五是加快资本退出机制的完善，在我国《对外投资法》规定的资本退出条款的框架下，完善地方的配套措施，保证日资能愉快、顺利地进入，也能便捷、体面地撤离。

（作者：王爱华　山东社会科学院）

专

题

篇

第四章

日本贸易政策变化对山东与日本投资合作的影响

随着全球经济一体化进程的迅速推进,世界各国为了规避多边贸易制度的约束、保护本国就业、维持本国在国际分工和国际交换中的支配地位,逐步把新贸易保护主义提到国际贸易的大舞台上,并使之成为国际贸易中最重要的贸易保护手段。新贸易保护主义以其方便易行、隐蔽性强、见效快的特性在国际贸易中愈来愈频繁地被付诸实施,严重影响正常间的贸易往来。而山东省的主要贸易国——日本更是把新贸易保护主义用到极致,不断通过贸易政策的变化来限制山东省对日本的出口贸易。

一、近几年日本贸易政策的演变情况

进入 2000 年,随着食品安全问题日益成为日本国民极为关注的敏感话题以及日本国民对政府现行食品安全监管体制丧失信任,日本自民党卫生劳动部会"食品卫生规定研究分会"提出了全面修改《食品卫生法》的《关于确保信赖"食品安全"的改革建议》。该建议为了切实加强食品安全的风险管理,将《食品卫生法》的目的由确保食品卫生更改为确保食品安全,并明确由国家和地方政府承担食品安全的责任。在自民党的推动下,新的《食品安全基本法》颁布。随后的短短几年里,日本围绕《食品卫生法》,对农产品和食品的法规进行了多次重要的修改。

(一) 2000 年 5 月第 1 次修改

根据原来的《食品卫生法》,在进口检验检疫时,若发现有违规农产品或食品,日本政府只能对其采取废弃或退回的处理。2000年5月修改的《食品卫生法》规定,如果发现有关农产品或食品存在安全问题,并且日方认为出口国安全措施不充分,在厚生劳动大臣认为必要时,可对出口国或厂家的同类农产品或食品全部采取禁止进口措施。

(二) 2002年7月第2次修改

由于从中国等国家进口的冷冻菠菜等食品中相继发现农药残留超标问题,2002年7月31日,日本参议院通过《食品卫生法》修正案,并于同年9月开始实施。修正案对《食品卫生法》的重要修改有以下三方面内容:(1) 在进口检验检疫中发现超标可能性大并会危及健康的情况下,厚生劳动大臣认为有必要时,可以对特定国家、地区或者制造者的农产品或食品采取全面的禁止进口和销售的措施;(2) 经考察认定出口方采取了充分的防止措施后,可以解除禁令;(3) 强化对违反食品卫生法的处罚措施,即新法实施后如再发生违反食品进口规定的进口商,将被处以6个月以下有期徒刑或30万日元以下的罚款。

(三) 2002年11月第3次修改

2002年11月,日本厚生劳动省又一次提出修改《食品卫生法》。修正案规定,含有未设残留标准农药的进口农产品一律禁止流通,对危险减肥食品采取临时禁止销售措施,强化农产品的检验检疫制度等。

按照修改前的《食品卫生法》规定,日本已对13种农产品和229种农药制定了近9000个农残标准。其中,仅对蔬菜类制定的农残限量标准就达3728种。由于标准过严,外国农产品要进入日本实属不易,但毕竟还有章可循,只要严格按照标准生产,仍有可能进入日本市场。然而新修正案却增加了一些让人难以把握的不确定因素。按照规定,如果外国农产品中发现未设残留标准的农药,不管其含量多少,也不管其对人的健康有无危害,一律禁止流通。这意味着,以后向日本出口的农产品即使农残安全合乎标准也有可能被拒之门外。

(四) 2003年11月第4次修改

2003年11月,日本再一次提出修订《食品卫生法》。厚生劳动省发布通报,对《食品卫生法》的强制性规则做出补充,要求对带疫病畜禽肉类实施禁令,并于 2004 年 1 月 24 日通报评议期截止后施行。该规定主要有以下三方面内容:(1)将《动物传染性疾病控制法》中所列的疾病补充到《食品卫生法》所防范的疾病中,总共有 57 种传染病。它们不但包括国际兽医局(OIE)关于牛、羊、猪、马、禽的 B 类疫病,而且还包括牛中山病、赤羽病等 16 种其他新增疫病。(2)禁止携带以上疫病的牲畜和家禽肉进口并作为食品销售。(3)禁止一切以销售带病牲畜和家禽肉为目的的买卖、加工、使用、存储和展览活动。所谓 B 类疫病是指那些传染性相对较弱,对动物健康的影响也相对较小,其中有些传染病经无害化处理后对人体不构成危害,患有这类传染病的动物肉经处理后可以供人类食用,或作为动物饲料、工业原料使用。日本新修正案延长了滞港时间,提高了检验费用,对外国动物产品出口日本造成了重大影响。

(五) 2004 年 5 月第 5 次修改

2004 年 5 月,日本厚生劳动省发出通告,对部分食品、添加剂等的农药残留基准进行了修改。新增 11 种农药残留限量标准,修改了 4 种农药残留限量标准。新修订的食品卫生安全标准绝大部分产品从 2004 年 9 月 1 日开始执行,个别产品的残留基准从公布之日开始施行。

此次修改新增 11 种农药残留标准,共涉及到粮谷类、蔬菜等 60 种农产品的残留限量标准。这 11 种农药分别是果宝素、氯恶嗪草、双氯氰菌胺、醚肼草、抗倒酯唑酮菌、丙酰胺、恶唑禾草灵、四唑酰草胺、氟啶胺、丙炔氟草。其中对我国农产品出口影响较大的是除草剂恶唑禾草灵,该种农药在我国已有登记使用,在蔬菜类作物中的残留限量值在 0.05 ~ 0.1ppm(ppm 即百万分率)之间。其他 10 种农药在我国使用较少或没有在我国登记使用或限量值较高,对我国输日农产品没有造成较大影响。

日本还对苯硫磷、毒死蜱、唑螨酯、抑芽丹四种农药相关的残留标准做了重新修改。毒死蜱残留标准有较大的修改,如卷心菜从 1ppm 调整为 0.05ppm,新鲜豌豆从 0.1ppm 调整为 0.01ppm,哈密瓜从 0.5ppm 调整到 0.01ppm,荞麦从 0.1ppm 调整到 0.01ppm。其他产品也有一定幅度的加严,如花生从 0.5ppm 调整到 0.2ppm,萝卜从 3ppm 调整到 0.5ppm,草莓从 0.5ppm 调整到 0.2ppm,板栗从 0.5ppm 调整到 0.2ppm 等。冷冻菠菜毒死蜱残留量仍是 0.01ppm,未进行修订。

部分产品毒死蜱残留量适当放宽，如大葱从0.01ppm调整到0.2ppm，毛豆从0.1ppm调整到0.3ppm，芦笋从0.5ppm调整到5ppm，茶从3.0ppm调整到10ppm等。

日本此次对唑螨酯残留量要求也有所提高，如菠菜从2ppm调整到0.5ppm，草莓从1ppm调整到0.5ppm。

（六）2005年6月第6次修改

从2003年5月起，日本厚生劳动省就根据修改后的《食品卫生法》，准备在3年内逐步引入食品中残留农药、兽药及饲料添加剂的"肯定列表制度"。此后，日本于2003年10月和2004年8月两次公布了该制度的草案内容，并公开征求了意见，最后经过日本药事和食品卫生审议会的审议，于2005年6月公布了《食品卫生法》中《食品中残留农业化学品肯定列表制度》的最终方案。在征求各贸易伙伴和利害关系人的意见后，已于2006年5月29日正式实施。

"肯定列表"规定15种农药、兽药禁止使用，对797种农药、兽药及饲料添加剂设定了总计53 862个残留限量标准。没有设定限量标准的，将执行"一律标准"，即含量不得超过0.01毫克/千克。新制度将所有的农产品、食品中使用的全部农业化学品残留纳入其管理体系中，是体系化的技术壁垒，为今后采取限制进口措施提供了法律依据。由于对每种产品制定的限量标准众多，常常超过200种农业化学品，使日本"肯定列表制度"下的食品安全保护水平明显高于日本现有的安全保护水平，这给日本执法者留出了很大的随意性空间，可以根据需要加以运用，是悬在出口国头上的"隐形之箭"。与以往相比，该制度具有以下几方面的特点：（1）限量指标大幅增加。涉及的农业化学品由目前的240种提高到734种，暂定农用化学品（农药、兽药和添加剂）的最大残留限量标准达到5万多个。（2）限量指标更加苛刻。许多检测指标的标准比现行的标准成几倍甚至上百倍的提高，如洋葱的溴氰菊酯由原来的0.5ppm增加到0.1ppm，严格了5倍；甘蓝的毒死蜱由原来的1.0ppm变为0.05ppm，严格了20倍；草莓的抑芽丹由原来的40ppm变为0.2ppm，严格了200倍。（3）检测项目成倍增加。"肯定列表制度"涉及猪肉的检测项目达到410项，此前是25项；花生的检测项目达300余项，而此前最多只做黄曲霉毒素和丁酰肼两个项目的检测；涉及蔬菜的检测项目就更多了，如洋葱，日本原标准有87项,将新增加到340项(其中15项农残要求不得检出);大葱,原标准有77项,将新增加到339项(其中15项农残要求不得检出);甘蓝,由现行的107项,增加到344项(其中15项农残要求不得检出);胡萝卜,由现行的68项增加到325项(基中15项农残要求不得检出)。(4)覆盖面更为广泛。日本"肯定列表制度"除了规定的豁免物质(68种)、不得检出的15种农业化学品外,对未涵盖在"暂定标准"中的所有其他农业化学品或其他农产品提出了一个统一限量标准(0.01ppm)加以限制。可以说,世界上有多少种农业化学品,日本就会自动生成多少控制标准,将所有的农业化学品都纳入了日本农产品进口管理的对象中。[①]

(七) 2006年8月第7次修改

"肯定列表制度"实施后,日方又多次修订食品及其添加剂中有关兽药残留限量。2006年8月11日,日本厚生劳动省修订了《食品卫生法》项下食品及食品添加剂的标准和规范,即有关兽药残留限量的补充规定。据了解,此次对食品内的兽药恩氟沙星制定了最大限量。涉及的食品有牛(瘦肉、脂肪、肝、肾及其他可食用部分),奶,猪(瘦肉、脂肪、肝、肾及其他可食用部分),其他陆生哺乳动物(瘦肉、脂肪、肝、肾和其他可食用部分);鸡(瘦肉、脂肪、肝、肾和其他可食用部分);其他家禽(瘦肉、脂肪、肝、肾和其他可食用部分)。拟定标准将在评议期结束后批准,并将在一定宽限期后生效。同日,日本厚生劳动省还修订了《食品卫生法》项下食品及食品添加剂的标准和规范,制定叶菌唑及修订氰霜唑的最大残留限量。其所涉及的产品有:可食植物及某些根茎及块茎(商品编码:07.03、07.04、07.06、07.08、07.09及07.14);可食用水果和坚果(商品编码:08.05、08.10及08.14);茶、马黛茶及香料(商品编码:09.04、09.05、09.06、09.07、09.08、09.09及09.10);粮谷(商品编码:10.01);油籽及油果;杂谷,种子及果实(商品编码:12.07、12.11及12.12)。拟订标准将在评议期结束后批准,并将在一定宽限期后生效。

[①] 池州市商务局:《积极采取措施 应对日本农产品新政策》,http://www.ahczsw.gov.cn/articleShow.asp?ArticleID=71.

二、日本贸易政策的变化对山东出口贸易的影响

日本是山东省农产品出口的主要市场，对日农产品出口占全国农产品对日出口的1/3左右（见表4-1）。因此，对日农产品出口在山东对外贸易中具有不同寻常的意义。据统计，2005年山东省对日农产品出口26.4亿美元，占全省农产品出口的38.3%，占全国对日农产品出口的33.3%。2005年山东省出口日本的农产品主要品种有：水海产品、肉类制品、蔬菜及制品、水果及制品、谷物及制品、花生及制品等。六类产品占对日农产品出口的90.8%（见表4-2）。2005年山东省对日农产品出口的企业共有1 417家，占全省农产品出口企业数（3 355家）的42.2%，占全国对日出口企业的23.3%。出口额过100万美元的427家，出口24亿美元，占对日本出口的92%。其中，出口额在1 000万美元以上的企业有64家，出口13.1亿美元，占对日出口的49.6%。在出口额超过100万美元的企业中，日资企业（独资、合资）194家，出口额12.8亿美元，分别占45.4%、53.3%，无论从企业数量还是出口金额日资企业均占半壁江山。2006年第一季度山东省对日本农产品出口5.9亿美元，同比增长6.4%，低于全省农产品出口平均增幅8个百分点。其中，2月当月出口只有1.1亿美元、同比下降22.1%，环比下降60%，3月当月出口增幅只有5.9%，低于全省农产品出口平均增幅19个百分点，对日农产品出口增幅呈下降趋势。①

表4-1　　　　2005年我国对日本农产品出口主要地区情况　　　　单位：万美元

省市	主要品种	金额	同比（%）
山东	总计	264 036	20.35
	其中：水产品制品	62 594	24.02
	蔬菜	49 155	11.07
	肉类制品	45 768	42.24
	蔬菜水果等制品	35 886	18.99

---

① 资料来源：《山东统计年鉴》（2006~2007），中国统计出版社。

第四章 日本贸易政策变化对山东与日本投资合作的影响

续表

省市	主要品种	金额	同比（%）
浙江	总计	94 387	2.24
	其中：水产品制品	21 572	17.96
	蔬菜水果等制品	16 702	6.11
	蔬菜	14 750	4.03
	茶叶	3 359	-11.82
广东	总计	38 807	7.52
	其中：烤鳗	10 910	-16.01
	蔬菜水果等制品	4 522	82.94
	蔬菜	3 183	-23.10
	活鱼	2 746	30.89
江苏	总计	35 141	4.38
	蔬菜	10 248	7.35
	蔬菜水果等制品	4 379	10.43
全国	总计	792 376	7.18
	其中：水产品制品	159 142	8.05
	蔬菜	137 242	5.30
	蔬菜水果等制品	103 391	15.48
	肉类制品	92 937	31.00
	烤鳗	50 276	-22.05
	冻鱼、冻鱼片	50 186	8.82
	油料、药、饲料	30 671	-0.08
	粮食制食品	25 705	-12.32
	茶、咖啡、香料	19 486	-0.09
	粮食	19 107	-1.91
	杂项食品	17 277	14.2

资料来源：山东国际商务网：http://www.shandongbusiness.gov.cn.

表 4-2　　山东省主要农产品出口情况（2006 年 1~11 月）　　单位：万美元

商品名称	当月 金额	当月 同比增长（%）	累计 金额	累计 同比增长（%）
肉食品	6 468	-1.9	58 269	-0.5
水海产品	33 519	15.0	285 314	15.9
谷物及谷物粉制品	2 630	-1.5	23 046	7.7
蔬菜	17 092	30.0	151 682	28.3
鲜、干水果及坚果	5 529	29.4	32 174	32.8
水果制品	3 326	36.5	30 466	13.8
花生及制品	6 252	9.9	43 065	-8.1
蚕丝	821	-27.1	11 098	2.6
啤酒饮料	920	53.7	11 078	114.9

资料来源：山东国际商务网：http://www.shandongbusiness.gov.cn.

然而,随着日本贸易政策的不断演变,山东对日本农产品出口深受其害,由此造成的禁止进口、退货和索赔案件屡屡发生,严重影响了创汇农业的发展。2003年5月20日,日本厚生省从山东进口冷冻菠菜中查出两例毒死蜱含量超标,决定全面禁止进口中国冷冻菠菜,并将中国输日蔬菜通关检验时间由4天延长到21天。受此禁令影响,山东省的蔬菜出口损失巨大。例如,青岛大洋食品有限公司是出口冷冻菠菜的大企业,因屡次封关,使得冷冻菠菜几乎不能生产。大洋食品每年出口冷冻菠菜约20吨,只冷冻菠菜一项,每年损失约400万~500万美元。由于5月20日日本封关包括全部的菠菜出口,生产有机蔬菜的泰安亚西亚有限公司也不能幸免,公司至少因此损失人民币1 000万元,仅菠菜一项损失500万元人民币。同时,由于日本增加了检验项目,使菠菜出口的成本增加了许多,每批次的检验费由从前的5万日元上升到80万日元,冷冻蔬菜出口几乎没有什么利润可言。直到2004年6月17日,日本厚生劳动省才解除了山东27家输日冷冻菠菜生产加工企业产品的进口"自肃"措施。2005年8月10日才对其中已有贸易的24家输日冷冻菠菜生产企业的产品放宽了入境严检措施,产品入境检查的检体数由每集装箱16个减少到8个。①

2004年5月,因从一批由山东出口日本的货物(鸭子)中查出2例禽流感,日本宣布停止对中国所有肉、禽、蛋产品的进口。日本的贸易禁令导致约1万吨发往日本的鸡肉不能通关,经济损失约达人民币上千万元,对中国的直接损失达4 000万元。8月17日开关后,由于检验标准要求很高,生的禽类产品基本没有出口日本,只出口部分熟食,这对山东省的禽肉出口企业造成巨大损失。

2006年5月底,日本实施的"肯定列表制度"对山东省农产品对日出口的影响是最显而易见的。它涵盖肉类、水产品、蔬菜、水果等直接入口农产品,山东省对日本出口的农产品均涵盖在内。"肯定列表"的实施不仅增加了山东企业出口成本,也延长了通关时间,给出口企业带来巨大压力。据了解,"肯定列表制度"实施后的1个月间(5月29日~6月28日),山东蔬菜制品出口批次减少了37%,数量减少34%,货值减少22%;肉类制品批次增加了28%,数量增加了189%,货值增加了170%;水产品批次减少3.7%,数量减少5%,货值减少5.5%;花生批次减少

---

① 唐建光:《日蔬菜风波引发中国食品过敏症》,载中国《新闻周刊》,2004年10月2日。

第四章 日本贸易政策变化对山东与日本投资合作的影响

10%，数量增加5%，货值增加6%。①"肯定列表"对山东对日农产品出口的具体影响表现为：（1）限制山东部分重点农产品对日出口。首先，蔬菜出口受影响最大。"肯定列表制度"中每个蔬菜涉及检测品种达数百个，检测标准大幅提高，将影响山东省近5亿美元的蔬菜对日出口，涉及的企业超过800家。据对潍坊市的调查：5、6月份是山东省大葱、大蒜、蒜薹、菠菜等上市和集中出口季节，而大部分对日蔬菜出口企业为减少风险，不敢签5月底以后保鲜蔬菜出口订单。出口的下降，会带来上市蔬菜积压，影响种植农民的收入，对签订合同收购的生产企业造成损失。其次，花生出口不容乐观。由于产品特殊，几十年来山东省一直是日本进口花生来源地，许多企业长期从事对日花生出口。此前日方对我国进口花生最多只做黄曲霉毒素和丁酰肼两个项目的检测，"肯定列表制度"实施后花生的检测项目达300余项，将影响山东省100余家企业，8 000多万美元的对日花生出口。第三，肉类产品出口前景难测。近年来，通过提升产品结构，山东省对日出口肉类产品中熟制品的比重从2000年44%增加到2005年99.3%，大部分肉类生产原料来自饲养基地，饲养过程全程监管。但企业反映，"肯定列表制度"标准过于苛刻，难免会出现因养殖饲料添加剂、调理产品附料和添加剂等出现问题，企业难以完全控制，影响出口。第四，水果制品和谷物制品出口也受影响。果汁和谷物制品是山东省对日两大类出口农产品，近年来出口规模不断扩大，随着"肯定列表制度"的实施，日本必然会加大对此类产品的检测力度，对出口带来较大的影响。第五，水产品出口有望保持平稳。山东省对日水产品出口占全部对日本农产品出口的41.9%，其中，以深海捕捞鱼、蟹类等为原料的加工贸易出口占2/3，在一般贸易出口产品绝大多数也为内海捕捞原料加工制成品。山东省水产品生产企业需克服近期原料价格大幅上涨的困难，在捕捞、生产、加工、包装、运输等每个环节按照危害分析及关键控制点（HACCP）等操作规范严格管理，日本"肯定列表制度"就难对我水产品出口带来大的影响。（2）增加企业的出口成本。"肯定列表制度"的实施，企业会因严格的限量和过多的检测项目，造成检测费用过高。目前出口企业所具备的气相或液相色谱仪等检测设备已无法满足需要，企业要达到快速、准确、高灵敏度、一次检测多个项目的检测要求，就需购置相应

---

① 刘旭：《"肯定列表制度"实施月余 山东农产品输日数量减一成》，载《国际商报》，2006年7月7日。

的检测设备和新试剂。据山东省最大的对日禽肉制品出口企业诸城外贸集团反映,该企业为此计划购置仪器设备、试剂及前期人员培训的费用至少要投入 200 万元人民币的资金,这极大地增加了出口企业的经济负担。有关专家测算,以每种食品平均检测 200 项计算,每批出口检测费用需 4 万元人民币。同时部分日本客户还要求出口企业将每批产品或原料送到其指定的第三方检测机构进行检验,产品的重复检验更加大了出口企业的负担。(3) 延缓通关时间。"肯定列表"实施之前,对日本农产品出口已经增加较多限制。以对日出口菠菜为例,2004 年以前通关时间一般是 7~15 天,而 2004 年日本解除"进口商自肃"要求后,随着检验项目的增加,出口菠菜在日本的通关时间延长为 46 天,有的公司出口菠菜在日本的通关时间甚至长达 105 天。"肯定列表制度"实施后,根据"肯定列表制度"要求,每种食品、农产品涉及的残留限量标准平均为 200 项,有的超过 300 多项甚至更多。以花生为例,每批花生出口到日本,以前通关时间一般为 4~5 天,现在日本实施命令检查后,需要半个多月的时间。如果再加上之前企业自行检验时间,要达到 1 个月时间。成倍增加的检测项目增加了出口的风险,检测不了的项目,只好送省局或者日本指定的检测机构检测。货物抵达日本港口后,日方还要抽查检验,有的产品甚至是批批检验,致使检验周期延长,通关速度大大减慢。(4) 对农民增收带来影响。出口农产品背后是千家万户农民的利益,"肯定列表制度"的实施,必然极大地影响山东农产品出口,将对农民增收带来重大影响。(5) 给进口商造成签单压力。据山东省部分对日本出口企业的反映,日本进口客户也对"肯定列表制度"极为关注,部分日本进口商已经和泰国、越南、埃及等国出口商联系,寻找所需进口产品的替代进口国。同时,进口商对保鲜蔬菜、水果等敏感商品的进口极为谨慎,只询价、不下实单。(6) 部分中小企业生存困难。对于中小企业而言,虽然具有灵活性强、生产转型快等特点,但无力完善生产基地建设,无力加大投入购买高质量农药、原材料等,仍然有部分中小企业生存困难,甚至破产。为了符合"肯定列表制度"要求,输日农产品要经过自检、出口检验、进口商指定的第三方检验和日方进口检验等多重检测,检测项目多、费用高、时间长。生产成本不断上升,企业利润减少,中小企业生存空间减小。尤其中小企业占山东省出口企业总数 70%,从业人员上千万,如若破产,由此带来的人员失业、农民收入减少、养殖、运输、农兽药生产等相关产业等问题将对社会稳定、农民增收等带来重要影响。如潍坊东海食品有限公司和高密安康农产品有限公司出口日本的蒜薹,因为被检出嘧菌胺含量为 0.04ppm,超过 0.01ppm 的一律标准而被退回,损失达 20 余万元。日本对山东输日蒜薹及其简单加工品的抽查比例提高到 50%,造成此类中小企业生存困难,处于破产边缘。据统计,山东省对日本农产品出口企业近 1 500 家,年出口低于 100 万美元的企业近千家,随着日本"肯定列表制度"的实施,出口规模小、缺少自有生产基地的企业将退出日本市场,部分企业将出现经营困难,甚至破产倒闭。① 另据统计,截至 2006 年 10 月底,日本共检出农药兽药残留超标 271 批,我国不合格产品 93 批,占 34.3%。其中,从青岛口岸出口日本的蒜薹、花生分别被查出嘧菌胺、乙草胺超标。这对山东省的农产品出口产生了极大的负面影响,山东省的蒜薹产品已基本停止对日出口。

三、应对日本贸易政策变化的对策举措

(一) 建立和完善贸易壁垒预警及快速反应机制

成功应对贸易壁垒的关键在于能否获得并利用相关的信息,而这又有赖于预警机制的建立和完善。针对目前我省企业在贸易壁垒方面信息资源匮乏的局面,我们应采取有力的措施强化和完善贸易壁垒预警及快速反应机制。第一,完善"山东 WTO/TBT 预警信息服务网"。该网是为政府有关部门和相关企业提供预警信息服务的公共信息平台,负责技术法规、标准和合格评定方面的通报和咨询工作。其后台数据库应包括几个主要的信息库及服务管理系统:可查询 WTO 国内外草案阶段的《技术性贸易壁垒协定》(TBT) 措施和《实施动植物卫生检疫措施的协定》(SPS) 措施;了解各成员的政府、工商、经贸团体采取的贸易壁垒的细节;各国/地区技术法规、标准和合格评定程序的规定;贸易壁垒风险预警信息;各国市场准入要求;通过因特网进行咨询,及早得到其他成员制定的技术法规和合格评定的信息等。第二,继续完善《山东省技术性贸易壁垒预警通

---

① 菏泽市对外贸易经济合作局综合科:《日本"肯定列表制度"对我省农产品出口的影响及对策建议》,载《山东外经贸》,2006 年 7 月 18 日。

报》。通过加强对各国环保法规、环境标志制度的研究和信息收集,全面跟踪关注山东省产品出口国的壁垒情况,对那些能够对山东省产品出口产生重大影响的壁垒,务必第一时间编辑并免费向山东省各级政府机关、广大进出口企业以及各地市质监局、检验检疫局等单位发放,并联系有关专家对如何有效应对和规避进行培训。第三,充分发挥行业协会在预警方面的积极作用。目前山东省相关农产品(食品)专业行业协会运转不是十分有序,行业自律程度比较低,同时缺乏有效控制制约手段,造成行业协会无法真正发挥像国外的行业协会那样的作用。因此,应立足于省内市场,针对行业的生产规模、供求关系、价格水平、创新能力、技术标准、产品结构等一系列情况进行研究和对外交流,按市场规律建立起联系国外客户、省内企业、进出口商会、国家商检和标准机构、国外技术法规和标准服务机构的信息服务体系,促进国内外双方的信息交流,防止部分企业采用无序价格竞争手段的行为,从而建立起有效的行业协会预警机制。

(二) 贴近山东实际,加强农业标准化体系的建立与研究

随着经济全球化进程加快,国际市场竞争日益激烈,山东农产品出口严重受阻,形势严峻。造成山东农产品出口受阻的根本原因,是国际贸易壁垒和产品质量达不到进口国食品安全质量标准。因此,把农产品质量标准体系建设同农业标准化示范区建设有机结合,以农产品为中心,以农业操作规范为重点,以农业示范区为依托,发挥技术机构的作用,分层次地建立以国家标准、行业标准、地方标准为主,企业标准为补充,涉及农产品生产加工的产前、产中、产后的统一、权威的农产品质量标准体系是解决这一问题的根本途径。第一,在已制定的全国第一个《出口蔬菜农药残留监督管理规范》地方标准的基础上,加强标准化的研究工作,研究农业生产的基础标准和当前亟须的质量安全标准;研究农产品中有毒物质残留限量及检测分析方法标准;研究农产品优质要求的质量等级划分的科学依据和方法;研究农业标准化示范的理论和技术途径,不断提高农业标准化工作水平。第二,建立出口农产品质量安全生产良好农业操作规范(GAP)体系。GAP是欧盟针对农产品种植者制定的一种科学生产体制。它通过对影响产品安全质量各因素危害分析及关键控制点(HACCP)研究与分析,确定生产最佳操作基本要素(关键生产技术、贸易争端和可追溯性等),进而采取一系列措施对整个生产过程实施监控,从根本上解

第四章　日本贸易政策变化对山东与日本投资合作的影响

决了农产品质量问题。由于该方法科学、先进，已为美、日、韩等许多国家普遍采用。因而，我们应参照国际通行做法，针对山东省特定的生态环境，根据《国际或进口国食品安全质量标准》和国际食品法典委员会《危害分析及关键控制点体系及应用导则》进行试验、研究，从产品质量执行标准（进口国）、溯源记录与责任审核、生产管理等整个生产过程入手，制定出一系列适合山东省出口农产品生产应用、简便、易行的良好农业操作规范。第三，建立出口农产品安全质量生产技术支撑体系。为及时跟踪国外食品安全质量标准变化，随时修改、调整良好农业操作规范，需不断研究新的技术，加强技术储备，建立必要的技术支撑体系。该体系的建设，重点是根据出口农产品生产布局，在各级现有植物检疫实验室的基础上，充实、更新仪器、设备，整合全省检测资源，在农产品出口企业相对集中的青岛、烟台、威海、潍坊、日照、济宁、临沂等地，建立区域性的农产品检验中心实验室。中心实验室建设可以采取政府投资推动、大企业主导、企业联合、社会第三方建设等多种方式。因地制宜，针对各地名优特出口产品，以企业现有的实验室为依托，分别建立水产品、水果、叶类蔬菜、根茎蔬菜等专业性的检测中心，可以减少企业在实验室方面的重复建设，有效降低企业出口成本。所需资金可通过企业、政府等多方筹集解决，可以充分利用国家政策，积极争取国家有关扶持资金，同时争取省财政给予部分配套扶持资金。第四，建立出口农产品生产基地。依托现有农产品出口企业，在鲁东、鲁南、鲁北、鲁西建立四个大的出口农产品生产基地区，以县为单位，建立若干个出口农产品生产基地。重点是净化产地环境、严格生产投入品管理、推行良好农业操作规范，按国际标准进行生产。第五，建立出口农产品生产投入品质量安全保障供应网络。针对出口农产品生产所需投入品质量难保障的问题，采取连锁经营模式，选择一批信誉可靠的农资批发经销点，建立出口农产品生产投入品专供网络，严格管理，对出口农产品生产所需的农业投入品实行专供。

（三）建设质量认证服务平台，加强相关的认证工作

合格评定已成为各国制造贸易障碍的合理合法手段。国际贸易的发展产生了认证制度，认证制度也作为突破贸易壁垒的一项最有效的办法被各国采用。认证不仅是质量管理的手段，更重要的是它已成为市场准入的通行证，即产品只有获得国际间互认的质量、技术认证证书，才能在相关的

贸易成员间流通。据调研显示，山东有很多企业反映到认证的问题，通过认证对于企业出口已经成了必需的条件。然而山东省的认证机构和认证咨询机构力量薄弱，许多企业不得不委托省外机构或者国外机构进行认证。因此，山东省必须建立自己的质量咨询服务体系，为企业提供与市场交易有关的涉及标准、计量、质量等业务的技术、法律咨询服务；培养高素质、高水平的外部审核员队伍，大力普及认证的基础知识，使企业了解认证的内容、认证程序、认证机构、认证准备工作等。

在建设质量认证服务平台的同时，加强与环境有关的认证工作也是十分必要的。在积极推动企业向ISO14000接轨的基础上，相关政府部门应在中小企业中加大对绿色产品、绿色营销、清洁生产、环境标志等概念的宣传，提高企业绿色意识，使中小企业在生产经营活动中自觉兼顾经济效益、社会效益和环境效益，消除、减少产品与服务对生态环境的不良影响；鼓励中小企业自觉向ISO14000和国际相关产品环境标志的认证要求靠拢，并给予人力、物力、财力、技术和信息上的必要支持。

（四）建立协调一致的农兽药监控体系，做好农兽药的管理工作

建立健全有效的农兽药管理监控体系，对国家禁用的高毒、高残农兽药进行专项整治，普及安全使用农药、兽药。饲料添加剂等知识，推广使用高效低残农药，兽药和无污染添加剂。同时加大疏通社会监督渠道的力度，发动全社会来推动农产品安全卫生事业。对于违法企业要加大打击力度，做到违法必究，同时积极鼓励绿色农业的发展。

（五）调整农产品结构，使出口产品多样化、差别化

从山东农产品贸易结构的变化来看，传统的大宗农产品贸易相对稳定，而高值农产品及其加工制成品贸易迅速增长，如蔬菜、水果、水产品等，山东在这些产品的生产上具有比较优势，有着巨大的潜力。因而在农业产业结构方面，应将有限的资源配置到优势农产品的生产上，扩大出口，同时减少劣势产品的产量，利用丰裕的国际资源实现优势互补。

（六）加大政策扶持力度

针对当前农产品出口面临的困难，企业呼吁把扶持农产品出口企业、发展外向型农业作为社会主义新农村建设的重要组成部分，政府应加大对农产品出口企业尤其是龙头出口企业在技改、认证、商标注册、标准化建设等的扶持力度。第一，资金扶持。设立农产品出口促进资金，该项资金主要用于提高农产品质量安全水平，增强农产品的国际竞争力，如推动企业建立质量可追溯系统，检验机构和企业添置必要的检测设备，开展产品认证和生产体系认证，鼓励有机农产品、特色农产品和深加工农产品出口。设立农产品出口风险补偿专项基金，该项资金主要用于自然灾害年份或出口受困年份救济。第二，金融支持。建议各级金融机构将符合贷款条件的农产品出口龙头企业和具有广阔国际市场前景的商品列为优先扶持对象，增加贷款投放，增强企业造血功能。第三，发挥出口保险的政策性功能。建议提高出口信用保险扶持资金的补贴比例，在国家对农产品出口信用保险补贴40%的基础上，省及地方财政增补40%。第四，重点加强对中小企业的扶持。中小企业产品结构单一，技术水平不高，加之源头基地建设困难，产品原料供应分散，农药残留含量难以控制。面对日本苛刻的标准，很难在短时间内调整产品，或者增加新的设备，它们受影响巨大，出口形势严峻，甚至面临破产倒闭的境地。中小企业在增加就业，促进出口方面具有不可忽视的作用，需要引起各个方面的重视。为了有效应对国外壁垒，需要加强宣传培训，提高企业应对技术性贸易壁垒的意识，设立中小企业出口风险保障基金，提供政策支持，加强技术支持，指导企业合理使用农药，及时提供相关壁垒信息，防止因信息落后闭塞导致巨大损失。

（七）改善农产品出口环境

第一，检验检疫、海关等部门对实力强、资信好的农业产业化龙头企业可以开辟绿色通道，采取方便快捷的通关措施，并减免农产品出口相关检测费用。第二，加强生产源头管理。加大对农产品出口标准化生产建设的投入，强化农产品源头监管，提高农产品出口的竞争力。结合日本"肯定列表制度"中的有关农药、兽药等规定，加强对出口企业和农民的农药等投入品的指导和管理；加强国外适销品种的引进，鼓励发展国外（日本）适销的品种；大力推广"公司+基地"的农产品模式，支持出口企业建立自有种植基地；建立农业生产规范，推行标准化生产。第三，强化相应的技术指导。收集、整理日本贸易政策中有关具体标准、技术要求，对水产、肉类、蔬菜、花生、果汁等主要出日农产品品种及出口企业实行分类指导。帮助企业建立质量卫生监控体系，加大对外注册和认证推介力度，积极推荐山东省农产品企业对日出口注册工作。加强各级各部门检验检测手段的建设，为农产品出口企业提供优质高效服务，更好地满足农产品出口企业的需要。

（八）大力培养具有国际竞争力的自主出口品牌

要培养具有国际竞争力的自主出口品牌就要：第一，强化品牌意识。品牌意识是市场经济时代的竞争意识。企业作为创立品牌的主体，必须具有强烈的品牌意识，必须彻底扭转重创汇轻创牌的思想，增强品牌营销的紧迫感，采用品牌经营这一当今国际上通行的经营技法，在品牌建设上下苦功夫、做大动作。第二，科学规划并逐步实施品牌战略。在科学设置品牌发展组织机构的基础上，制定品牌长远发展规划，采取有力措施，逐步实现品牌控制市场战略。第三，吸纳和造就品牌发展的各项人才。品牌的开发、设计、研制需要人才，品牌的营销和管理的各个环节需要人才。为此，必须加快品牌专业人才的培养，建立真正的科学品牌管理系统，采取有效措施重点引进品牌研制专业人才。与此同时，把开发人才资源纳入企业发展战略，建立健全包括培训、使用、选拔和配套的科学的人才资源开发体系，真正做到科学育人、合理择人和用人。重视创造能力的开发，建立和完善创新机制和激励机制，充分调动全体员工的积极性和创造性，使品牌战略真正落到实处。第四，严格把好品牌质量关。名牌的基础是质量，是高质量的代名词，质量是通向名牌的第一关。为此，出口企业必须坚持不懈地狠抓质量教育，牢固树立质量意识，在品牌研发、生产和销售过程中严格把好质量关，杜绝质量问题的发生，维护企业和品牌的声誉。要采取国际先进的质量管理方法，坚持全面质量管理，努力创造符合国际规范的名牌产品。

（作者：王鹏飞　山东社会科学院）

第五章

山东国有企业加快利用日资的对策研究

国有企业利用外资进行企业改造是促使国有企业焕发青春的重要手段。自从山东省委、省政府确立"通过股份转让,引入外资、民营资金,实现投资多元化"的国有企业重组思路,并推出关于重新确定项目招商重点;上市公司国有股权向外资转让;非上市国有产权对外出让;国企产权向民营企业开放;凡规模在5亿元以上的项目,今后不搞国家单一投资,一律实行投资主体多元化,外资、民营权益不受限制等招商引资、股权对外转让的"五大措施"后,山东国有企业利用外资进行改造取得了突破性的发展。山东国企产权,包括山东上市公司的国有股权,已经向世界敞开大门。山东从此进入了企业重组从未有过的创新时期。

一、利用外资对国有企业进行改造的积极意义

国有企业利用外资进行改造主要是利用旧厂址和厂房,改造旧设备和引进新设备,调整不合理的生产布局。虽然新、旧机制的转换有一个过渡期,国有企业传统体制的弊端也很难在一夜之间消除,但国有企业嫁接改造比新建合资企业具有更重大的意义。近年来我国正在集中力量推行国有企业改制、改组、改造,其中改制就是将国有企业改制为国家控股的股份公司或中外合资企业。引进外资嫁接改造国有企业对搞好国有企业具有积极作用,是搞好国有企业的重要途径之一。它主要表现在以下六个方面:

1. 有利于直接采用世界先进技术和设备,实现企业技术创新的高起点

我国的国有企业与世界发达国家企业相比,大都技术落后,设备陈

旧。要缩短与世界先进水平的差距，引进外资的同时引进先进技术和装备，扩大产品门类，增加适销对路产品，采用跳跃式发展，跨越某些发展阶段，可以节省时间，缩短同发达国家先进技术水平差距，使老企业在技术上实现高起点。

2. 有利于吸收外资，缓解国有企业资金不足矛盾

据资料显示，西方发达国家企业负债率一般仅50%~60%，新加坡、马来西亚等国上市公司的负债率仅40%，而我国国有企业资产负债率高达75%，过去国家拨给国有企业的自有流动资金不足10%。从国际上用来测算工业化国家企业债务与资本金合理比例的经验数据看，两者比例为1:1，自有资金占到全部资金的25%~30%，企业方可保持正常运营。因此企业运营资金贫乏，无法追加投资是制约国有企业发展的阻碍之一。通过多渠道引进外资可以扩大企业的资金来源，为国有企业注入经济活力。

3. 有利于把国外先进管理技术和经营机制移植到改造的企业中

管理落后和机制不灵活上阻碍国有企业发展的两大障碍。在引进外资和设备硬件、产品的同时，可以引进管理技术和经营体制等软件，转换国有企业的经营机制，使老企业焕发青春的活力。

4. 有利于适应市场经济，加快与国际市场接轨

国外企业信息灵、观念新，经营灵活，有经营多年的国际销售网络和渠道。国有企业作为传统计划体制下的产物，受计划经济影响很大，市场观念淡薄，对国际市场不了解，合资后可以增强企业市场观念，以市场为导向，与国际市场接轨，按照国际惯例办事，利用外商的出口渠道"借船出海"，加快、加大出口。

5. 有利于建立相互促进、相互监督的机制

合资企业实现单一的国有制向混合所有制转变，新股东加入，特别是国外的投资者加入，使公司增添新的血液。国有企业法人股与外商股权混合，股东间利益和风险连在一起，可以相互促进、相互监督。

6. 有利于优化生产要素结构和调整投资方向

从我国经济发展情况看，经济结构问题相当引人注目。所谓经济结构

最主要是生产要素结构。我国作为发展中国家，国有企业目前最基本的生产要素存在一些矛盾，如劳动力多、设备利用率低、资金缺乏等。引进外资改造国有企业有利于改善我国要素结构的比例取得更好的经济效益。

由此可见，国有企业走利用外资嫁接改造之路，是一条搞活大中型国有企业的捷径，对带动和促进更多的国有企业加速改制、改组、改造发挥了重要的积极作用。在肯定成果的同时，还要看到，在引进外资嫁接改造国有老企业的工作中还存在许多问题，有待进一步分析原因，采取对策，予以完善。

二、山东省国有企业利用外资的情况及特点

截至2002年底，山东省136家国有重点企业有102家企业通过与外商合资、合作、国际贷款、境外上市等多种方式，共设立外商投资企业298家，累计实际利用外资74.79亿美元，分别占山东省外商投资企业总数和利用外资总额的0.96%和24.48%。其中，吸收外商直接投资29.26亿美元，占136户企业利用外资总额的39.12%；利用国际政府、银行等贷款、融资、赠款29.28亿美元，占39.14%；通过境外股票市场和境内B股筹资16.25亿美元，占21.73%，发行B股6只，H股5只，N股2只，S股2只，共14家公司15只股票。[①] 具体分析，山东省国有重点企业利用外资主要表现出如下几个特点：

（1）国有重点企业单项利用外资规模高于全省平均水平。截至2002年底，山东省累计批准外商投资直接投资项目30 912个，实际使用273.4亿美元，平均每个项目外方投资88.44万美元。与此对比，重点工业企业平均每个对外项目吸收外资981.88万美元，是全省企业利用外资项目平均水平的10倍。有17家国有重点企业与18家全球500强企业建立了22家合资、合作企业，外方投资3.72亿美元，平均每个项目外方投资达1 690.91万美元。

（2）国有重点企业利用国际政府、银行贷款呈递减趋势，通过外商直接投资和境外上市筹资逐步增加。一是国有重点企业利用国际政府、银

---

① 梁波、孙建波、许冰波、高群：《山东省国有企业利用外资基本情况和对策研究》，大众网：http://www.dzwww.com/caijing/cjzt/500/yjbg/200410/t20041014_154661.htm，2004年10月14日。

行等贷款、融资，主要集中在 20 世纪 80 年代后期和 90 年代初期。主要投向电力、油田、煤矿开采、建材项目等资源型产业，投资周期长，回报稳定。如山东电力邹县电厂三期扩建项目、胜利油田新区产能建设、中国石化集团公司与美国能源开发公司（EDC）合作对渤海湾的石油地质储量进行合作开发、淄博矿务局许厂、岱庄矿井项目等都是通过国际政府、银行贷款获得的。胜利油田贷款 20.42 亿美元用于油田新区产能建设，淄博矿务局许厂、岱庄矿井利用第三批日本能源贷款 1.3 亿美元，规模都在 1 亿美元以上。二是外商直接投资特别是跨国公司投资增速加快。外商直接投资主要投向电力、通讯、电子、家电、煤化工、机械等行业，更注重科技含量高的产业，追求高回报率。如山东电力与外商投资发电项目，海信与美国朗讯合资生产通讯设备，浪潮与 LG 电子、威海北洋电气集团与三星电子、三菱电机和伊藤忠商式会社建立通讯、电子等企业，海尔与三菱重工合资生产空调机，兖矿集团与日本日商岩井株式会社合作生产水煤浆项目，山推工程机械集团与日本小松、住友、丸红株式会社合资生产液压挖掘机项目，山东曲轴总厂与美国美林集团合作生产曲轴项目等都是技术含量和回报率较高的产业。三是 20 世纪 90 年代以来，随着我国宏观经济好转和政策的不断开放，通过国际资本市场筹集资金加速。如山东华能发电股份有限公司以美国托存股票（ADS）的形式直接在纽约股票交易所挂牌上市，共发行 2 337.4 万股，引进外资 3.17 亿美元。山东电力、青岛啤酒和兖矿集团、新华制药发行 H 股，分别募集资金 2.99 亿美元、1.25 亿美元、3.3 亿美元和 0.37 亿美元。在香港借壳上市的海尔中建派发了认股权证，募集资金 4.65 亿港元。轻骑集团、晨鸣股份、鲁泰公司、张裕集团发行 B 股，分别筹集资金 1.11 亿美元、6 568 万美元、1 990 万美元和 3 690 万美元。

（3）外资主要来自港澳台地区以及东南亚国家。同国有重点企业合作的 298 家外商投资企业中，76.17% 的外商来自东南亚国家和地区，外方投资额为合计为 24.46 亿美元，占外商直接投资额的 83.6%。仅有 71 家来自欧美、澳大利亚等国家，大多属试探性投资，投资规模较小。外方投资 4.61 亿美元，占外方投资额的 15.76%。500 强跨国公司与山东省国有重点企业合资、合作的 22 个项目中，日本、韩国和中国香港等地的投资商占绝大多数，仅有 6 家来自欧美。

（4）行业利用外资发展不平衡。各行业利用外资项目数量、利用外资总额和直接利用外资额的差异较大。从利用外资项目的数量看，轻工、机械、纺织分别为 56 个、40 个和 36 个,而冶金为 5 个、医药 2 个、烟草 5 个、黄金最少。从利用外资总额看,电力行业、化工行业和煤炭行业名列前三名,分别是 22.86 亿美元、21.71 亿美元和 4.86 亿美元。烟草行业、建材行业和黄金行业名列最后,最高的不到 3 000 万美元,这里面有黄金、烟草等不对外开放的政策性因素的影响。从外商直接投资额看,电力、轻工、化工是引进外资的大户,电力行业直接利用外资 6.653 亿美元,轻工行业利用外资 2.72 亿美元,化工行业利用外资 1.29 亿美元。[①]

(5) 国有重点企业建立工业园区、退城进园成为新的招商载体。海尔建立胶州国际工业园和海尔开发区国际工业园,主要面向海外招商,先后引进美国爱默生电机、日本三洋电机、意大利西玛公司的精密弹性部件项目,合同利用外资 2 700 万美元。魏桥纺织集团与外商合作,将合资项目整体迁移工业园区,拟对位于市区的老厂房进行房地产开发,取得了较好的社会和经济效益。

(6) 出现了股权转让、委托管理等新的招商引资形式,吸引外资参与山东省国有经济的重组。轻骑集团积极与印度尼西亚三林集团、韩氏集团就战略重组进行了多次谈判,签订了《委托经营管理服务合同》、《战略重组备忘录》。经过一段时间的运行,使济南轻骑止亏,轻骑铃木、商河轻骑等其他主要摩托车公司开始扭亏为盈,整个集团的经营基础有了较好的改善。收购、兼并国有企业资产存量或股权,将成为今后利用外资的一个重要的发展方向。

尽管山东省国有企业利用外资取得了一定的成绩,但与广东、上海、江苏等先进省市相比,存在着规模小、层次低、质量不高等问题,差距仍较大,远不适应山东省改革发展的需要。以 2002 年为例,2002 年山东省近 25% 的国有重点企业没有开展对外合作,而且在已经开展合作的企业中,大部分企业对外合作的规模较小、起点不高,与国际大公司的合作项目少。136 户重点工业企业经济总量接近全省的一半,而实际利用外资仅占全省的 1/5 多一点,还有 34 户企业尚未开展对外合资合作。世界 500 强和 136 户企业只有 22 个合作项目,利用外资额仅 3.72 亿美元。来山东省投资的世界 500 强仅有 95 家,投资 210 个项目,而广东、江苏、上海的合作项目分别达 250、450 和 550 多个,江苏仅投资 1 亿美元以上的大

---

① 梁波、孙建波、许冰波、高群:《山东省国有企业利用外资基本情况和对策研究》,大众网:http://www.dzwww.com/caijing/cjzt/500/yjbg/200410/t20041014_154661.htm,2004 年 10 月 14 日。

项目就有 70 个。①

更值得引起注意的是，近几年山东省在吸引日本资金改造国有企业方面存在严重不足。虽然在 2005 年山东省的外商投资的 21 000 家企业中，日资企业占 2 000 家左右，约占 10%；世界 500 强企业在鲁投资中日本有 36 个企业，兴建 103 个项目，但日资企业主要以纺织、食品加工、物流等行业为主，以独资为主，投资到国有企业的数目较少，这与山东加快承接日韩产业转移、利用日资带动国有企业发展的战略目标不相一致，也不符合整个国民经济发展的需要。②

三、日本对山东省国有企业投资少的原因分析

(一) 日本方面的原因

1. 投资政策的变化致使对我国投资减少

2001 年中国加入 WTO 之后，日本的对华投资急剧增加，2003～2005 年的平均增长率达到 16.1%。但从 2006 年开始，日本对华投资的增长率 7 年来首次出现了减少。据了解，2006 年日本的对外直接投资额同比增长 10.6%，达到 503 亿美元，为历史最高。从对外投资的区域来看，2006 年对西欧的投资大幅增长，比前一年增加了 1 倍，约占日本对外直接投资额的 30%。而对包括中国在内的亚洲地区的投资增长率仅为 6.0%。虽然 2006 年日本对亚洲的投资仍超过其对外投资总额的 30%，但增长率明显放缓。尤其是对中国的投资，虽然日本仍然保持了第三大对华投资国的地位，但投资金额同比减少了 30%。日本贸易振兴机构的 2006 年底的调查结果显示，有意扩大在中国的生产功能的企业与以往相比开始减少。出现这种状况，一是因为本轮日本对华投资的高潮已经过去。二是中国国内投资环境发生变化。中国国内劳动力成本增加、一部分商品的出口退税率降低等投资环境方面的变化直接影响日本企业对我国的资本投入。特别是对

---

① 资料来源：《中国统计年鉴（2003）》，中国统计出版社。
② 资料来源：《山东统计年鉴（2006）》，中国统计出版社。

于希望不断降低生产成本的制造业企业而言,由于我国劳动力和土地成本增加、出口退税率降低、人民币升值等方面的原因,我国正慢慢变得不再是低成本的生产基地。三是我国对待外资的政策发生了变化。我国在《第十一个五年规划》中提出了"提高利用外资的质量",由注重"量"向注重"质"转变,开始了对外资行业的选择。第十届全国人民代表大会通过了《企业所得税法》,从 2008 年起将取消对外资企业法人税的优惠政策,意味着外资企业无条件享受优惠的时代终结。四是由于 2006 年的日本对华投资项目中像汽车制造业及关联产业这样的大项目较少。五是从 2004 年 12 月开始我国放开了对外商投资企业从事批发零售业的限制,很多大商社已集中于 2005 年设立了相关商业企业,2006 年来源于这一方面的投资比较少。①

表 5-1　　　　2000~2005 年日本对华投资情况一览表

年度	项目个数			合同外资金额（万美元）			实际使用外资金额（万美元）		
	日本	全国	比重%	日本	全国	比重%	日本	全国	比重%
2000	1 614	22 347	7.22	368 051	6 237 952	5.9	291 585	4 071 481	7.16
2001	2 019	26 140	7.72	541 973	6 919 455	7.83	434 842	4 687 759	9.28
2002	2 745	34 171	8.03	529 804	8 276 833	6.4	419 009	5 274 286	7.94
2003	3 254	41 081	7.92	795 535	11 506 969	6.91	505 419	5 350 467	9.45
2004	3 454	43 664	7.91	916 205	15 347 895	5.97	545 157	6 062 998	8.99
2005	3 269	44 019	7.43	1 191 988	18 906 398	6.3	652 977	7 240 569	9.02

资料来源:《中国投资指南》,http://fdi.gov.cn/pub/FDI/default.htm。

2. 投资重点不在山东省

2005 年,我国东部地区新设立日商投资企业 3 046 家,合同外资金额 115.91 亿美元,实际投入外资金额 62.22 亿美元,在全国吸收日资总量中的比重依次为 93.18%、96.25%、93.61%。中部地区新设立日商投资企业 147 家,合同外资金额 3.95 亿美元,实际投入外资金额 3.29 亿美元,在全国吸收日资总量中的比重依次为 4.50%、3.28%、4.95%。西部地区新设立日商投资企业 76 家,合同外资金额 0.57 亿美元,实际投入外资金额 0.95 亿美元,在全国吸收日资总量中的比重依次为 2.32%、0.47%、1.43%。从东部地区的情况看,截至 2005 年底,江苏省日资投

---

① 林泓:《日本对华投资新动向与山东对策》,载《当代亚太》,2007 年第 12 期。

资合同数累计达 5 690 项,实际投资金额累计达 181.65 亿美元;上海日资投资合同数累计达 5 799 项,实际投资金额累计达 114.97 亿美元;东北老工业区(辽宁、吉林、黑龙江)日资投资合同数累计达 3 241 项,实际投资金额累计达 44.71 亿美元;山东日资投资合同数累计达 3 881 家,实际投资金额累计达 44.2 亿美元。而广东在 2003 年时实际吸引日资就达到 97.6 亿美元。从上述数据可以看出,日本来华投资目前最为集中的三地依次是,以上海为中心的长三角,以广州为中心的珠三角,以大连为中心的辽东半岛地区。山东只居第四位。①

(二) 山东省方面的原因

1. 观念落后,不思进取

山东省部分企业集团领导安于现状,还没有认识到中国入世后国内市场形势的变化和这种变化给大企业集团所带来的冲击和挑战,盲目陶醉于国内领先和省内第一的优势,"小富即安"的陈旧思想观念影响了集团领导者的判断力,使企业的利用外资工作止步不前。

2. 小农思想严重

部分国企领导认为效益好的企业不能招商,亏损企业和困难企业是向外商出让的重点,既减轻了政府负担,又解决了企业亏损。担心优势企业招商让外商赚了钱,国有资产流失。

3. 既得利益意识强

部分效益尚好的企业经营者官本位思想严重,不愿利用外资,把企业的发展押在上市融资上。上市当然会给企业发展带来资金,但无法解决企业发展最需要的先进管理和技术。这种现象的思想根源是企业的领导人担心与外商合资或被国外企业控股和兼并后失去个人原有的权利,影响自己的既得利益。

---

① 商务部:《2006 年中国外商投资报告》,上海国际海事信息与文献网,2007 年 1 月 5 日。

4. 政策不清，国家尚未出台外商购并国内企业的政策

1995 年国务院下文不允许上市公司向外商转让股份，企业对当前国家利用外资的政策不清楚，缺乏实践经验，也是影响企业利用外资的一个重要原因。同时，部分行业限制引进外资或不完全开放也是导致各行业利用外资存在巨大差异的原因所在。上述问题严重阻碍了山东省利用外资水平的提高，也制约了山东省工业的发展，必须高度重视，切实加以解决。

5. 因城市开发要求企业"拆迁"的问题

青岛是山东省日资企业最为集中的城市，但 2005 年投资青岛的日资企业的数量有所减少。这是因为 2006 年青岛市内部分区域开发，按照新的城市规划，很多企业被要求搬迁，部分日资企业也受到了影响。中国的经济正在高速发展，各地都在推进城市开发，若能事先公开城市的中长期发展规划，对吸引外资入住有百利而无一害。就是遇到因城市规划而需要搬迁时也要尽心尽力的帮助外资企业解决诸如新迁入地选址等问题。

6. 招工难

山东在沿海地区中是劳动力成本比较低的地区，这对制造业是非常有吸引力的。很多日本企业都是因为山东的劳动力成本较低而到山东投资的。而最近，有很多企业由于招不到足够的工人而面临开工不足的问题，有一部分企业更是因为劳动力成本上升、劳动力不足等问题开始考虑向内陆地区转移。

四、加快山东省国有企业吸引日资的对策

（一）加强对新兴产业招商引资的力度

就日资而言，应该在继续积极促进已成规模的纺织、食品加工、物流等中心产业聚集的同时、集中选择几个新的产业加大招商引资力度。最好是选择山东省在中国占有优势的产业，并且有希望成为全国最具优势的聚集地的产业。中国政府已经提出了"提高利用外资质量"的口号，在利

用外资时,已经开始了行业选择。山东省应该以把山东省发展成为中国最大的环保产业、医疗福利产业聚集地为目标,积极吸引这些领域的世界一流企业的投资。

(二) 加强环保产业的发展

山东省面临着严重的能源不足的问题。为了解决这方面的问题,山东省委、省政府已经提出了大力发展循环经济,要求现有企业必须大力提高资源生产率,并且规划了一大批相关项目。而外资企业在很多传统行业的投资已经很多,再加上这些行业的中国企业的发展也很迅速,竞争越来越激烈。因而,加快开展环保产业等领域的引资举措,依靠外国企业拥有先进的、促进地区经济发展所必需的技术,对双方而言都有非常好的发展前景。

环保产业涉及到各种制造业、服务业,拥有很广泛的产业链。在环保领域日本的很多企业都拥有最先进的技术和产品,一些企业也已经开了始进入中国市场的调查。例如2006年年初,一家日本大企业的环境系统部就到山东进行了市场调查,他们拜访日本贸易振兴机构青岛代表处时表示,在环保领域必须加强与中国政府的合作,他们将积极地构筑与中国政府的合作关系。另外,医疗及社会保障领域在中国将会有很大发展。山东是中国人口第二大省,应该在进入人口老龄化社会之前完成包括外资企业在内的相关产业聚集。日本随着人口出生率的不断降低,已经进入超老龄化社会,人口开始减少。相应的老年人用品、服务在日本急速发展,这些产品和技术对中国社会一定能起到重要的作用。

(三) 完善招商引资的方法

招商引资说明会成功与否的关键在于能否向日本企业有效地提供、宣传他们所需要的信息、服务。为此,需要事先调查掌握日本企业遇到的问题、面临的困难,并在此基础上,把他们所希望得到的信息加以汇总。然而,因企业的行业、规模不同,他们所需要的信息也有所不同,所以,最好举办面向一定行业的、一定规模企业的、小规模的说明会。为了更有针对性地吸引日本企业资本的流入,最好以那些已经与山东开展了贸易、商务合作的企业为主,邀请他们参加说明会,这样效果可能会更好。另外,准备的说明材料在介绍山东省的投资成本、各种基础设施状况时，一定要通过与其他地区做比较的方式通俗易懂地介绍当地的优势。

（四）解放思想，打破旧观念

以推进半岛制造业基地建设为契机，营造良好环境，加快国企利用外资步伐。加快胶东半岛制造业基地建设要以"三个代表"重要思想为指导，把发展作为第一要务，认真贯彻省委工作会议精神，学习借鉴先进省市经验，按照"三个有利于"原则，打破传统思想观念束缚，把思想统一到加大国有企业对外开放上来。

（五）大力深化改革，推进所有制结构调整

以产权制度改革为重点，深化国有企业改革，调整优化国有经济布局和结构，尽快使国有资本从一般竞争性领域退出。积极鼓励国内外各类资本参与国有经济战略性重组和国有企业改制，培育一批有自主知识产权、主业突出、核心竞争力强的大型企业集团。大力发展非公有制经济，加快所有制结构调整步伐，建立符合市场经济要求的发展机制。

（六）实施国际化战略，提高对外开放水平

以承接日韩产业转移为重点，以发展加工贸易为突破口，加大招商引资力度，推进企业与世界500强企业的战略性合作，加快工业园区建设，在积极引进国外制造业领头企业的同时，大力吸引中小型制造业配套企业落户园区，发展协作配套项目，形成特色产业集聚区。改进加工贸易深加工结转、出入境检验检疫、加工贸易审批监管等工作，推行无纸通关、联网监管、网上付税、一站式通关等现代管理方式，实现"大通关"。

（七）加大科技教育投入，增强企业技术创新能力

加快科技教育改革，建立市场化的管理体制和投融资机制。培育区域性制造技术交易市场，完善科技中介服务体系。强化企业在技术创新中的主体地位，加大技术开发投入。建立有效的人才激励机制，大力引进学科

带头人、拔尖人才和复合型人才。大力开展职业技术教育和培训,培养企业急需的高级技术工人。

(八) 提高行政效能,大力改善发展环境

进一步深化行政审批制度改革,提高服务质量和工作效率。简化土地使用审批程序,优先保证国家和省重点工程项目用地,优先保证高新技术产业用地,优先保证外资和民营企业用地。加快发展产权、上地、劳动力、技术等要素市场和各类中介组织,健全完善市场体系。积极推进税费制度改革,坚决杜绝乱收费。大力加强社会信用体系建设,营造诚实守信的社会经济环境。

(作者:王鹏飞 山东社会科学院)

第六章

胶东半岛承接日本产业转移研究

一、日本对外直接投资的产业结构与发展趋势

（一）日本产业结构发展过程

在日本经济发展和产业结构演进的过程中，主导产业起到了巨大作用。日本产业在不同时期存在着不同的主导方向，而主导产业的更替不但成为推动经济快速发展的动力，也是产业结构演进的显著标志。第二次世界大战后日本政府选择一部分有竞争优势的产业，促进其资本积累和扩大生产，使其成为政府经济政策的重点。为加速其发展，日本政府制定了一系列长期经济计划和产业政策，确立各个时期的发展方向，从融资、税收和贸易政策等方面支持主导产业的发展，使之快速增强国际竞争力；而主导产业的成熟也带动整个国民经济的发展，正是在主导产业的生产和出口迅速扩大的支持下，使得日本自第二次世界大战后五六十年代到80年代中期在经济上取得了举世瞩目的成就。

进入20世纪80年代，日本整体经济呈现空前繁荣，但随之而来的泡沫经济给其经济运行造成巨大隐忧。在泡沫经济时期，日本企业大量利用资本营运，谋求营业外收入，同时民间资产大量投入股市，股票价格一度飞涨。日本制造业巨头利用其高额利润、来自银行的超低利率贷款以及发行股票所获得的巨额资本，一直保持着较高的设备投资增长率，结果在泡沫经济崩溃后便出现严重的设备过剩，同时伴随着日本国内的消费萎缩和金融危机，日本制造业陷入困境。

泡沫经济之后的衰退使日本政府认识到，要保持日本在经济、技术方面的优势和领先地位，必须对日本的产业结构进行大调整。目前日本产业结构的问题主要表现在原本优势产业的竞争力相对减弱、原有产业结构不能保证充分就业、行业间生产水平差距拉大等方面。日本原有传统主导产业基本已趋于成熟，国内市场饱和，缺乏新的增长点，债务负担沉重；同时由于日本国内人力资本减少，生产成本增加，国内生产进一步萎缩，因而主导产业逐渐将生产基地移往海外。

（二）日本产业向外转移的发展趋势

随着世界经济一体化和区域化日益加强，各国尤其是新兴市场国家进一步开放市场，吸引外资。同时由于日本经济的逐步复苏和增长，日本对外投资将会有十分广阔的空间。未来日本对外直接投资将呈现如下发展趋势：

（1）对外投资规模将继续扩大。根据日本经济产业省的调查，[①] 在制造业领域中，运输机械行业对外扩张意愿很强，70.2%的接受调查企业有意扩大在该领域的投资，这个数字高于制造业平均水平10.3个百分点。精密机械制造业37.6%、食品制造业66.3%、化学工业63.1%的企业有意扩大投资，均高于制造业平均水平。

（2）对亚洲地区，特别是对中国的投资将会有所调整。根据日本国际协力银行2003年的调查数据，对"今后三年内事业发展最有希望的场所是哪里"的回答，选择中国的日本企业2004年占91.1%，而2005年占82.2%，2006年变为仅占77%，而选择印度、越南和泰国的比率却年年增加。2007年2月，日本贸易振兴机构发布了一份对日本企业的问卷调查。调查显示，未来三年有扩张增资计划的企业达到65.4%，而2005年是65.6%。从生产、销售、研发等环节的统计看，日本企业最看重的仍然是中国。虽然日本对华投资在制造业投资方面有所减少，但在金融、流通等方面还是继续保持良好势头。日本贸易振兴机构的有关人士称，根据中国经济的变化，日本企业在亚洲投资地点的选择将会更加灵活。新的战略要考虑不同行业体制的配置，中国未来一段时间仍将保持"日本企业亚洲投资中心"的地位不变。

---

① 日本经济产业省：《海外事业活动基本调查》，2005年版。

(3) 对外投资部门结构将有所调整。由于日本制造业大规模的对外投资，将会带动金融、不动产等非制造业对外投资规模进一步扩大，以给日本海外制造业必要的支撑。即使在制造业内部，对外投资的行业也会出现结构的变化，由于中国等发展中国家研发水平的提高，越来越多的日本企业开始倾向于与中国企业携手在中国生产高端产品，并销往包括中国在内的全球市场。

二、承接日本产业转移建设胶东半岛制造业基地的分析

（一）胶东半岛区域范围的界定

山东地处我国东部经济发达地区，是我国东部沿海尤其是环渤海湾区域的重要经济大省，包括济南、青岛 2 个副省级城市和淄博、东营、烟台、潍坊、威海、日照等 15 个地级城市，总面积 15.6 万平方公里。其中，青岛、烟台、威海被称为胶东半岛地区。胶东半岛是山东经济最发达的地区，聚集了山东省主要的优势资源和先进生产力，以占山东 19.1%的土地和 17.6%的人口，实现了山东省 31.6%的国内生产总值、62.2%的进出口贸易和 68.3%的实际利用外资，是带动山东半岛乃至全省经济超常规、高速度、跨越式发展的"龙头"区域，也是全省发展水平最高、潜力最大、活力最强的经济区域。胶东半岛拥有一大批规模大、实力强的企业，海尔、海信、三角轮胎、青岛啤酒、烟台张裕等几十个品牌驰名中外，汽车零部件和通讯产业已经形成规模，具备较好的产业基础和产业配套能力。胶东半岛也拥有较为完善的制造业体系和基础，具有承接国内外产业转移的条件。在环渤海和东北亚经济圈中占有越来越重要的地位，已成为我国北方开放程度最高、发展活力最强、最具核心竞争力的增长极之一。因此，如何抓住有利时机，实现与日本产业转移的对接，对于加速半岛制造业基地建设乃至实现山东经济又好又快的发展至关重要。

（二）胶东半岛承接日本产业转移分析

以要素密集度进行划分，日本对胶东半岛的产业转移可以划分为以下三类：第一类是日本国内处于边际劣势的劳动密集型产业；第二类是以传统技术为载体的资本密集型产业；第三类是以新能源、新材料、信息通讯和航空航天等高新技术为代表的技术密集型产业。

1. 承接日本劳动密集型产业转移的分析

日本学者小岛清的《边际产业扩张论》指出，日本在实施对外直接投资和产业转移的时候，要坚持有序的梯度转移，对外投资应从本国已经处于或即将处于比较劣势的产业依次进行。事实上，直到20世纪90年代末，日本产业的转移都是遵循着这一理论。虽然21世纪以来，日本逐渐主要由边际劣势产业的转移转向比较优势产业的部分转移，如运输机械、电气机械的转移，但边际劣势产业的转移仍是日本国内产业转移的重点，如服装、食品、家电及其零部件等领域的产业转移。同时，日本国内经济的长期不景气，更推动了边际劣势产业的转移。

对于这种以成本为主导的产业转移，客观上要求东道国首先要有大量的廉价劳动力，尤其是掌握一定初等技术的劳动力资源；其次是要有便利的交通条件。由于相当一部分劳动密集型产业所生产产品的主要销售市场仍然是日本国内，在产品处于技术标准化阶段的情况下，运输费用的高低就成为吸引产业转移的一个关键要素。

从半岛制造业基地的情况来看，承接劳动密集型产业转移是非常有优势的。首先，青岛、烟台、威海三市总人口约1 500万，其中劳动力人数均为800万左右，而且受教育的程度相对较高，最重要的是三市目前还有200余万外来人口，这部分人具备初步的劳动技术，工资要求较低，为日本的产业转移提供了要素的基础；其次，胶东半岛是我国距离日本最近的地区，而且交通极为便利，区内主要的国际口岸为：青岛港、烟台港、威海港和龙口港，无论是港口的密度还是货物的承运能力在全国都是首屈一指的。其中青岛前湾港接卸功能齐全，规模先进，已经具备全天候接卸15 000标准箱的大型集装箱船舶、30万吨级的油轮和矿石船舶的能力，与其配套的信息系统、公路铁路集疏运系统、口岸通关环境等均处于国内领先位置，目前已经成为国内第一大集装箱基地，这将大大加强半岛地区至日本主要港口的交通；再次，半岛地区是我国沿海开放的首批地区，工业基础设施先进，工业门类齐全，能够完成日本转移产业的辅助与配套任务。

2. 承接日本资本密集型产业转移的分析

从产业结构演变趋势上来看，日本国内已经出现了脱工业化趋势。脱工业化是指在一个国家经济发展的过程中，制造业或第二产业就业比重起初是上升的，但经过一段时间后开始下降，同时服务部门就业比重开始出现上升的倾向。日本早在20世纪60～70年代，就进入了脱工业化阶段，但脱工业化速度是相当缓慢的。这种情况下，日本国内都面临着经济结构的全面调整。也就是说，日本将逐步降低工业制造业在经济机构中的比重，把这一部分产业向外转移。同时，中国经济的崛起又为日本提供了一个新的商品市场和机会因此，可能成为日本产业转移的重要目标地。这部分日本产业的转移，客观上存在以下的特点：（1）投资巨大，建设周期长，因此日本企业更愿意采用收购现有企业的办法来完成市场的进入。（2）目标市场是东道国的国内市场或是其他的海外目标市场。（3）对于要素禀赋的要求相对较高，不仅要有充足的劳动力资源而且对于劳动者的素质和投资地区的技术环境有着较高的要求。因此，在承接产业转移的区位优势中应包括：（1）要有便利的交通运输条件和完善的物流设施即生产中的原材料、产品等可以便捷、廉价的进出东道国及目标国市场；（2）要有高素质的劳动力队伍，尤其是具有大量相关行业的专业技术人员；（3）东道国国内具有与转移行业相近的企业或可利用资源；（4）东道国国内具有与转移产业相配套的大量前向和后向企业，并能形成集群效应。

从半岛核心区的情况来看，优势是明显的。（1）半岛地区人员素质高，专业领域全面，劳动力供应充足，可以提供承接产业转移必备的要素基础；（2）拥有发达的公路、铁路和航空运输网，可以为驻半岛地区的日本企业产品顺利地进入国内目标市场提供顺畅的通道，半岛核心区各城市间以及半岛与腹地经济区的联系有着非常便捷的交通，高速公路和国道、省道四通八达；胶济铁路、蓝烟铁路（复线）、威海地方铁路和大莱龙铁路的建成和通车，使半岛地区的辐射力极大地延展；区内拥有青岛、烟台两个国家一级航空口岸，航线几乎覆盖了国内所有的区域性中心城市和经济发达地区；（3）拥有便利的国际交通通道，外经贸、海关、商检、外汇管理和银行等部门齐备,而且专业贸易公司和贸易人才众多,可以为日本产品的国际销售提供必要的基础和支持;(4)半岛地区的工业化底子好,经济体系完善,产业结构合理,设施完备,技术水平较为先进,并且存在大量优质的闲置资源,从而为日本企业快速而有效的进入奠定了基础。

3. 承接日本技术密集型产业转移的分析

第三类是以新能源、新材料、信息通讯和航空航天等高新技术为代表的技术密集型产业。促使日本技术密集型产业一定程度上转移的动因在于:经济的全球化要求生产的全球化,技术密集型产业也不例外,而技术密集型产业的适度转移源于研发的国际化、水平化。进入20世纪90年代以来,大型企业的研发出现了国际化、水平化的态势。出现这种趋势的原因首先是技术本身。技术作为一种生产要素,随着劳动分工的不断演进,其复杂程度不断上升,然而技术又具有可分割性,这使跨国公司在全球范围之内整合全球研发资源,进行全球技术分工成为可能。其次是世界各国政府的政策推动。各国政府主要是通过"国内科研的限制效应"和"国外科研的促进效应"来推动研发国际化的。前者指这些国家根据国内保护消费者利益的条令,规定一些产品特别是药物与食品的生产与研发必须事先得到批准,而批准手续拖沓冗长,这就导致跨国公司在海外进行相关产业的研发。后者指在当前区域集团化不断加强,贸易保护主义抬头的条件下,发达国家鼓励大企业以技术作为要素投入对外投资设厂,结合东道国的具体目标市场,就地科研,这样可以绕开东道国的关税及非关税壁垒。随着我国经济的快速增长,中国日益增大的市场成为日本企业追求的目标。面对着世界各国跨国公司的竞争,要迅速占领中国的国内市场,就有必要将技术密集型产业生产的一部分核心环节转移到中国。但是,这种新兴产业的转移对于东道国的技术条件和创新环境有着很高的要求。如果东道国拥有自身有特色的工艺和技术手段,或者东道国在该领域内已经具有某些高端技术的企业,并且集聚着大量的人才资源、科研院所,那么就更易吸引产业转移国转移更多的高端技术和更为复杂的生产环节。因此,打造创新型的环境、提高本地企业的技术水平、研发能力,以及吸引更多高端人才的流入,是推动日本新技术产业转移的关键。

从半岛制造业基地的情况看,尽管现有的条件不尽如人意,但是在某些方面,还是符合上述要求的。半岛核心区内共有普通高等院校16所,在校生总数为18万人，涉及经济管理、机械电子、光电、物理、计算机与网络、海洋工程等诸多领域，在日本实施海洋战略的过程中，半岛地区将是其重要的合作伙伴。而且从自身特色的工艺和技术手段上看，核心区由于开放较早，长期以来参与国际市场竞争和国际分工，从而在某些技术环节上具备特定的技术优势，如烟台东方电子在自动化精密仪表方面就处在国际领先的技术水平。而从高端企业来看，半岛地区在电子工业领域不输于国内的任何一个经济区，海尔、海信、澳柯玛和浪潮电子，都是国内同行业的佼佼者，在国际上也有相当的知名度，这些高端企业的存在，为与日本新兴产业的国际合作打下了坚实的基础。

（三）影响日本产业转移的因素

1. 投资成本因素

影响投资成本的因素又主要包括劳动力成本、土地成本、运输成本以及东道国政策性成本。劳动力成本和土地成本的低廉是日本对胶东半岛进行投资的重要动力，更是日本劳动密集型产业转移的最主要因素。国务院发展研究中心的调查就指出，良好的基础设施、低廉的土地价格以及劳动力资源充足、素质高、工资成本较低等方面的条件，是吸引日本投资的影响因素。日本的对外投资一方面需要从国内出口大量的原材料与中间部件，另一方面产成品还需要大量的返销国内，因此，运输成本也是影响日本对外投资的重要方面。同时，东道国的政策成本也是构成日本企业对外投资成本的重要组成部分。这种政策性成本主要由东道国的吸引外资的税收等优惠政策、生产经营中的各种收费等决定。

2. 市场环境因素

市场环境主要包括产品的市场容量、市场的发育程度以及生产中的市场配套因素，我国经济近些年来的快速增长所带来的国内巨大需求，是日本企业对华进行投资的重要动因。市场发育的完善程度也是影响日本投资的重要因素。近些年来，日本对华投资中合资、合作形式的逐渐减少，而独资形式逐渐增多，这和国内市场发育的逐步完善有很大的关系。生产中的市场配套因素也是日本企业选择对外投资地点时所考虑的重要因素。

3. 政策性环境因素

政府的办事效率及公正性、决策的透明化和持久化以及法制的完善都是影响日本企业对华投资的重要因素，而其中，知识产权的保护又最具有决定性的意义。日本企业以及各跨国公司对华投资最为担心的问题就是害怕核心技术的泄露。所以这也是许多跨国企业不愿意将研发中心迁移到中国的最主要原因。这种情况下，完善的知识产权保护制度将是吸引日本企业投资的重要因素。对于日本来说，相对于中国，它在资金、劳动力、土地等要素方面的优势都不复存在，更多的优势可能就体现在技术上。因此，它更加关心知识产权的保护问题。是否将新技术、新产业中的一部分中间环节放在中国进行，很重要的一方面也是决定于当地的知识产权保护。

4. 来自日本国内的影响因素

日资企业来华投资所面临的来自本国的压力，最为突出的问题都是税收政策和商界压力，其次为地方政府压力、对海外投资的限制性措施、融资政策或审批制度等问题。日本企业普遍认为，双重征税和国内产业界对"产业空洞化"等问题的担心，是影响企业到海外投资的十分突出因素。从日本政府的角度看，更希望于将高增值产业和工程留在国内，将其他产业和工程转移到中国，以建立两种产业关系：第一，日本拥有半成品和生产资料，只将成品组装生产线转移到中国；第二，日本专门负责研发和物流，中国负责生产过程。这也说明，政府、产业界与企业界之间可能存在某种程度的利益分歧，因为前者顾及的是国家和产业安全，而后者想得更多的则是企业生存发展。

（四）胶东半岛能够与日本成功实现对接的产业领域

1. 机械制造

包括汽车及零部件、造船及船用设备、工程机械、数控机床等汽车及零部件是青岛、烟台、威海都应该重点发展的产业，目前，青岛有一汽的生产基地，烟台有赛欧生产基地，威海有越野车项目；造船产业方面，青岛、威海和烟台也都有比较好的基础和条件，青岛有北海船厂，烟台有莱佛士船厂、蓬莱船厂，威海有威海造船厂，工程机械、数控机床项目也应当成为烟台和威海今后发展的重点,且日本企业在此已形成良好的投资合作基础。如果进一步扩大这一产业日资的引进,会进一步发挥其对机械制造业的拉动作用。

2. 电子与信息通讯产业

包括电子元器件、手机及芯片、半导体与集成电路、液晶显示器、传真机、打印机等这类日本企业在烟台和威海已形成一定的产业基础,如烟台的浪潮手机等都已经初具规模。下一步,如果日本企业进一步加强在该领域的投资,向高端产品延伸。

3. 橡胶轮胎

日本轮胎产业在世界上都具有很强的竞争力,同时,威海和青岛的轮胎产业基础也很雄厚,威海的三角、成山轮胎,青岛的黄海、华青轮胎在全国乃至全球都很有影响力。因此,青岛和威海有望借助日本的投资成为橡胶轮胎生产基地。

4. 食品与医药

在食品领域,胶东半岛一直是我国重要的水产品和农副产品加工出口基地,莱阳已初步形成农产品加工产业集群,龙大、鲁花、天府三大企业在花生油、食品饮料方面形成了很强的加工和出口能力;荣成已形成全国最大的水产品加工基地。医药领域,胶东半岛也具备良好的产业基础,拥有青岛的国风药业、烟台的荣昌制药、威海的东宝、医用高分子等一批知名企业。

三、胶东半岛建设制造业基地的战略措施

综合上述分析,在国际产业转移的背景以及胶东半岛自身优势的基础上,承接日本产业转移,打造半岛制造业基地,应采取以下战略举措:

(一) 发展产业集群

在胶东半岛发展产业集群,承接日本产业转移,建设制造业基地是培

育与提升半岛制造业竞争优势从而增强全省产业竞争力的重要途径,是推动经济增长的重要方式,也是促进全省工业化与城市化进程的重大举措。为此要做到:(1)科学制定产业集群和制造业基地的发展规划。高度重视产业集群发展和制造业基地建设,对半岛地区产业集群发展的基本情况进行摸底调查,全面掌握产业集群的发展现状和分布情况,研究制定承接日本产业转移及产业集群和制造业基地的发展规划,搞好科学布局,提出分步实施方案,避免重复建设,保证产业集群和制造业基地健康有序发展。(2)制定和调整有利于产业集群发展的相关政策。在产业集群发展的起步阶段,需要在土地、税收等方面给予一定的优惠政策,扶持和推动产业集群的健康发展和优化升级。在产业导向、项目审批、投融资体制、外贸、科技、中小企业发展等方面,制定鼓励竞争、鼓励产业集群发展的配套政策,营造良好的产业发展环境。(3)加快研发基地建设,提升制造业水平。大力引进各类科研机构、跨国公司的研发中心和大专院校,加快研发基地建设,提升制造业的技术水平和竞争能力。(4)大力发展中小企业,搞好产业配套。吸引更多的外地企业投资设厂,扩大产业规模,推进产业集聚。

(二)构建"服务型政府"

在胶东半岛承接日本制造业转移,打造半岛制造业基地的历史机遇期,地方政府应该明确"服务型政府"这样一个角色定位,实现政府自身和半岛经济的跨越式发展。胶东半岛的地方政府行及时地进行政府角色、职能定位和行为模式的转变,要做到以下几个方面:(1)合理定位有效的政府行为,实现半岛区域内主导产业的可持续发展。现代制造业基地是一种"大产业",打造半岛制造业基地,核心是积极承接日本产业转移条件下的主导产业选择。地方政府行为对主导产业的引导应以客观市场化行为为基础,并服从于市场选择,解除制约区域主导产业发展的瓶颈,为区域主导产业的持续发展提供优质的服务。半岛制造业基地要以优势企业为骨干,以产业园区为依托,重点发展汽车、造船、电子信息及家电、纺织服装、精细化工、生物制药、食品等七大产业。(2)提高行政职能,改善投资环境。进一步深化行政审批制度改革,提高服务质量和服务效率。简化土地使用审批手续,优先保证重点工程项目用地,优先保证高新技术产业用地,优先保证外资和民营企业用地。加快发展产权、土地、劳动力、技术等要素市场和各类中介组织，健全完善市场体系。积极推进税费制度改革，坚决杜绝乱收费。

（三）积极推进自由贸易区建设

打造半岛制造业基地更长远的思考在于下一步如何与日本区域性经济一体化的对接，进一步推进自由贸易区的形成。而青岛开发区内的保税区有着独特的经验和示范。重点是整合国家级保税区、经济技术开发区、出口加工区、高新区优势，超前研究保税区向自由贸易区的转型。通过"强强联合、优势互补"，积极推进港区自身建设，积极争取国家支持，着力整合港口资源，实现港区管理、功能对接、联动发展，逐步建立辐射山东半岛腹地的自由港区，在全国率先建成与日本对接的自由贸易区。一旦建成，就可将港口、保税区、保税物流园区和出口加工区四者的功能集于一体，实现三个特殊区域政策的叠加，将会成为国内层次最高、政策最优惠、功能最齐全的特殊监管区，实现港口作业区、仓储物流区和出口加工区三者合一，真正做到区港的融合，还将促进区域国际商品交易和加工贸易飞速发展，为加工贸易的发展搭建便捷的物流平台，并将有力地促进山东和日本经济的自由发展。

（四）建立自我创新机制，不断提高核心竞争力

在世界历史上，真正的制造业基地是以科技创新为基础的，制造业强势必须依托科技强势。胶东半岛制造业基地的目标是要成为世界级，就要努力培育和提高核心竞争力，以产业竞争力促进地区竞争力，进而形成国家竞争力。要引入自主创新和二次创新超越的机制，形成引进、吸收、创新、超越的良性互动态势，做到核心技术的引进与攻关并重，以创新性继承为主，将系统技术和制造技术、管理技术相结合，力争形成一种局部的创新体系。要建立健全以科研院所、大专院校、企业自身研发部门为依托的多层次、多方位的研发机构，努力打造自己的品牌，拥有自己的知识产权和核心技术。

（五）科学规划制造业基地核心区布局

以现有工业园区为基础，按照产业链产业群充分发展、行业相对分工

和级差地租充分发挥的原则,着力整合规划现有"六大产业园地"的布局规划和推介。引导配套产业围绕主导产业集聚,遵循产业规律,强化功能定位,发展生态型工业和循环经济,推动产业与城市同步协调发展,实现可持续发展。根据区域内各城市的资源禀赋特征,打破行政区划界限,深化产业分工,建立合理的制造业分工合作体系,逐步形成功能互补、联动推进、均衡发展的胶东半岛制造业结构和体系。

(六) 树立区域一体化的思想观念

树立区域一体化的思想观念,打破行政区划上的条条框框,构建一体化经济区域是加快胶东半岛制造业基地建设的前提和关键。要统一协调青岛、烟台、威海三市的政府行为,减少地方保护主义,使产业链能够在合理的经济区域内自然延伸,最大限度地发挥产业集群的聚集和辐射效应。青岛、烟台、威海三市要培育和强化一体化意识。破除各自为战、自成体系的"诸侯经济"观念,克服封闭排斥心理,树立区域发展"一盘棋"的大局意识和"协同"、"共赢"思想,打破传统的行政区划界限和部门经济束缚,以开放的心态,主动接轨,积极融入,遵循因地制宜、合理分工、发挥所长、优势互补、互惠互利、共同发展的基本原则,大力推进区域经济合作,加快区域经济的开放和重组,提高区域经济整理竞争力。青岛、烟台、威海三市都应提高思想认识,切实增强紧迫感、责任感,积极参与承接日本产业转移和半岛制造业基地的建设和发展,加快推进经济一体化进程,努力打造区域经济发展新优势,提升区域经济的总体发展水平。

(作者:卢庆华 山东社会科学院)

第七章

山东承接日本软件外包问题研究

软件外包是软件与信息服务外包的简称,是指企业将一些非核心的软件项目、信息服务、应用管理和商业流程等原本内部完成的业务,发包给企业外第三方完成,以降低成本、优化产业链、提升企业核心竞争力。软件外包在促进各国经济发展中起着越来越重要的作用。由于软件开发的成本中70%是人力资源成本,所以降低人力资源成本将有效地降低软件开发的成本。软件外包已经成为发达国家的软件公司降低成本的一种重要的手段。目前,全球软件的销售额为6 000亿美元,而其中软件外包的销售额即达到500亿~600亿美元。软件外包的大幅度增长为人力资源成本相对较低的中国带来了新的发展机会。

一、全球软件外包的发展趋势

20世纪90年代以来,世界软件产业获得了飞速发展。据互联网数据中心(Internet Data Center,IDC)统计,全球软件业的年均增长率一直保持在15%~20%之间,已经开始进入成熟期。发达国家的软件企业逐步集中力量发展核心业务,并利用全球的人力资源,将大量非核心业务向发展中国家转移,软件外包在发展呈现出以下趋势。

1. 中国将成为继印度之后新的外包产业中心

中国成为新的市场巨大的外包产业中心。根据美国情报文献中心的统计,到2009年,中国大陆的外包服务收入可以达到47亿美元。2007年在美国召开的全球的软件外包会的一个数据表明,如果美国的外包商在未来选择新合作伙伴的话,中国位列第五,印度则倒数。瑞士日内瓦霍拉西斯战略咨询公司和美国全球投资风险研究所联合推出《2005年全球业务外包研究报告》，认为在今后10年之内，中国将取代印度，成为承接高科技服务业务订单最多的国家，中国之后分别是印度、美国等国家。德国www.zdnet.de网站报道：依据全球传送指数（Global Delivery Index，GDI）测算，中国许多城市将会在2011年之前取代印度城市成为外包业务最受欢迎的目的地。中国正面临着良好的软件外包的发展机遇，并将成为最大的软件外包受惠国。

2. 外包市场集中度较高

美国国际数据集团（International Data Group，IDG）统计数据表明，全球软件外包市场规模已达到1 000亿美元。全球软件外包的发包市场主要集中在北美、西欧和日本等国家，其中美国占40%，日本占10%。外包接包市场主要是印度、爱尔兰等国家。其中，美国市场被印度垄断，印度软件业80%的收入依赖软件外包业务，印度已经成为软件外包的第一大国。而欧洲市场则被爱尔兰垄断。现在，菲律宾、巴西、俄罗斯、澳大利亚等国家也加入了世界软件外包的竞争行列。

3. 业务流程外包成为未来的主流方式

根据联合国贸发组织的研究，从1999年以来，全球业务流程外包（Business Process outsourcing，BPO）多年增长率平均为23%，成为外包服务中增长最快的业务，2008年将增长到6 825亿美元。以印度最近几年为例，印度软件业的收入以每年30%的速度增长，而业务流程外包的收入年增长率达60%。此外，研究报告表明，在2002年只有1%的美国企业愿意将业务流程外包给外国企业，2004年已经有50%多的美国公司愿意将业务流程外包给外国企业。[①]

4. 软件外包服务的动机从最初的降低成本逐步过渡到提高核心竞争力

降低成本的确是一个重要因素，但强化公司的核心业务则是最重要的因素，其他软件外包成因还包括：建立与世界级企业联系的通道、加速再造的收益、降低进入市场的时间等。调查发现，位列第一的软件外包因素是企业运行无法控制或者失去控制，第二位的因素是强化企业的核心业

---

① 赵晓雷：《产业转移与服务型制造业》，载《文汇报》，2006年6月15日。

务。而不同规模的企业对软件外包因素的考虑也有所偏重。规模最小的企业认为软件外包的首要因素是强化核心业务,其次为软件外包可以节约费用。中等企业也认为软件外包主要是强化了企业的核心业务,而不仅仅是节约费用。只有大企业把节约成本列为首要考虑因素。同时,软件外包也可以降低企业规模,使其分级减少,企业可以集中于获利、发展和激发员工创造价值上。这样,企业在管理上就会发生转变,趋于关注战略、协作及促使企业竞争成功的技术上。

5. 发包方与承接方将共同获益

由美国信息行业协会(ITAA)发起的外包市场调查得出——离岸外包不仅促进了美国 GDP 的增长,并且有助于创造包括 IT 部门在内的美国国内就业机会。研究报告称:"虽然离岸 IT 软件及服务外包已经并将继续导致美国国内 IT 软件和服务岗位流失,但由于经济活力的上升,在 IT 和非 IT 行业都创造了大量新的工作机会。"截至 2008 年,IT 离岸外包将带来 1 242 亿美元的真实 GDP 增加,并将增加 317 000 个就业机会。

麦肯锡研究表明,1 美元的美国服务活动外移,全球获益 1.47 美元,那么净收益就是 47 美分。在他们的分析中,印度获得 33 美分,美国获得剩下的 1.14 美元。这个 1.14 美元又如何分配?重新获得工作的员工拿到 47 美分,另外出口占 5 美分,股东和职位外包公司的消费者获得另外的 62 美分。[①] 也就是说,当美国工人们损失他们的利益时,美国的股东和消费者正从中获益。

二、山东承接日本软件外包的意义和必然性

据有关专家预测,中国的软件和信息服务外包将表现出较强的区域性特色。由于日本与中国语言文化类似、地域接近、发展互补性强,因此应成为中国服务输出的主要对象。相比欧美外包市场,目前国内对日软件外包增长很快,是外包市场中强有力的一支,对日软件出口额占据了软件出口总额的大部分比例。山东在中国承接日本开拓外包业务方面的优势更具

---

① 甄宇鹏:《全球外包服务发展的五大趋势》,http://www.china.com.cn/chinese/zhuanti/xxsb/876007.htm.

有优势,对山东经济发展具有重要的经济和社会意义。

1. 发展软件外包产业有助于经济增长方式的转变,提高山东经济运行质量和效益

发展软件外包业可以显著的提高经济运行的质量效益,增强综合实力。2009 年,全球软件外包市场规模将达到 800 亿美元,年复合增长率为 19.5%。2006 年中国承接的离岸服务外包业务的市场容量为 13.8 亿美元,比 2005 年增长 48.4%,未来 5 年复合平均增长率将达到 37.9%,其中,来自日本的服务外包业务占全部离岸服务外包业务的 55.8%,并且呈上升趋势。[①] 山东与日本联系密切,这为发展山东的对日软件外包奠定了基础。

2. 发展对日软件外包有助于降低对山东资源的消耗

软件外包和 IT 服务业是智力密集型产业,软件产品的"生产"基本上不消耗物质资源,而产生较高的产业附加值。统计数据表明,来料加工的增值部分最高的不会超过总规模的 5%,而软件与 IT 外包产业的增值几乎是 90% 以上,也就是说,100 亿美元的软件与 IT 外包出口,可能相当于制造业近 2 000 亿美元的来料加工出口,消耗远远低于制造业。[②] 山东是一个制造业大省,要减轻对资源的消耗,须积极发展软件外包。

3. 山东有丰富的软件外包人才

软件外包产业规模化、工厂化的运作,需不同层次、大量的软件人才。从印度软件外包业看,一个规模企业就有上万人的知识型劳动力,印度前十家软件公司的人员数量都超过万人。山东省人力资源丰富,且坚持"以人为本"的发展理念,营造使用人才和培养人才的良好环境,把人才队伍建设作为发展软件产业的重点,依托山东大学、山东师范大学、山东经济学院、济南大学、青岛大学等良好的教育资源以及齐鲁软件学院、海尔软件学院、齐鲁软件园华信培训中心、齐鲁软件园师创培训中心、海天软件工程学院、新东方网络学院等一批培训机构,为全省软件产业输送了

---

① 李慧颖、姬少亭:《日本成为中国承接离岸服务外包业务的最大转移方》,http://news.china.com/zh_cn/news100/11038989/20070911/14335492.html.

② 贾守月:《以创新精神迎接第二次产业转移》,http://www.bfjjsb.com/gn/Info.aspx?id=14150.

大量人才，在智力引进项目中，每年都安排一定比例的软件人才引进，保证了充足的人才供应，也为山东发展软件外包奠定了良好的"软件"基础。

4. 对日软件外包市场巨大

山东对日软件外包发展速度相当迅猛。据有关资料显示，目前整个中国对日软件外包业务量仅占日本整个软件外包总量的4%，其余96%的市场有待于我们中国企业去分割，这是一块巨大的蛋糕。① 就目前中国大陆对日软件外包业务来讲，上海、大连、杭州等城市已经走在前头，但山东并非没有机会。一方面日本有96%的巨大市场尚待开发；另一方面我们也拥有得天独厚的优势，比如我们的自然环境和劳动力成本，我们完全有机会在分割对日软件外包业务的过程中取得不错的业绩。在日本软件外包需求量巨大的背景下，山东软件外包从诞生之日起就与日本颇有渊源。海尔青大、浪潮、易科德中资软件外包企业无不是以对日软件外包为主。目前，又有软脑为代表的日资软件外包企业落户山东。

发展山东软件产业的发展途径是紧紧抓住全球软件产业梯次转移的重大机遇，以大力发展对日软件外包为主攻方向，以外带内，以外促内，快速做大产业规模，同时在国际竞争中站稳脚跟，在全球软件产业分工中明确定位，并在此基础上逐步实现关键产品和核心技术的突破，逐步做强。(1) 可能性。山东从事软件开发的成本较低，具有丰富的后备软件技术人才，具有大力发展软件外包的优势。从国际产业发展形势看，世界软件与信息服务业近年年均增长在15% ~ 20%之间。日本软件产业转移在今后十年的时间里将会形成更高的速度和更大的规模，为山东大力发展对日软件外包创造了重要的机遇和可能。(2) 必要性。从企业层面讲，发展外包业务解决了发展过程中的两个关键因素：第一，通过满足外包客户需求，提高企业的管理水平；第二，能得到稳定现金流和比较丰厚的利润，进而扩大企业团队。如果能够有大批公司活跃在先进的日本软件外包国际市场上，山东软件产业的整体技术水平也必然得到提高，从而才能在全球软件产业分工中占据一席之地，也才能真正占领国内市场。(3) 紧迫性。目前，中国已成为日本软件对外发包的最大基地，在目前日本软件的海外发包总额中，流向中国的比例高达约60%。大连是中国承接日本软件外

---

① 薄克国、市南：《剑指IT服务外包核心基地》，载《大众日报》，2007年9月5日。

包业务最集中的城市。2006年,大连的软件出口额超过4.5亿美元,其中出口日本的占了80%。[1] 外包业务已经成为大连市软件和信息服务业的重点方向。日本在大连投资从事对日软件开发的企业数量为国内之首,是日本相关企业在中国寻找外包目的地的首选城市。大连成为国内软件和信息服务企业开展对日外包业务的门户和基地。在此背景下,山东承接日本软件外包更需要抓住机遇,做更多的努力。

三、山东省发展对日软件外包产业的优势

2007年山东省登记软件出口合同400个,出口1571万美元,与上年同期增长51.3%。其主要特点是:出口高度集中,全部在济南、青岛、烟台三市,济南市最多,共登记合同293个,合同额1146.1万美元,占73%,增长43.3%;NEC软件(济南)有限公司出口规模较大,为547.2万美元,增长101.2%;[2] 外包主要面向日本,以中创软件为代表的部分企业开始打入欧美市场。对日软件外包行业的发展之所以如此迅速,主要有以下几个方面的原因。

1. 山东省有良好的软件产业发展的基础

山东省软件产业的增长速度高于全国平均水平,2006年其他服务业实现增加值2 415.89亿元,年均增长15.1%(注:其他服务业包括信息传输、计算机服务和软件业等),服务业对GDP增长的贡献率为30.7%,拉动GDP增长4.5个百分点。[3] 山东软件园区建设2003年以来发展得很快。山东省信息产业厅高度重视研究产业发展规律,出台了《加快建设山东电子信息产业基地的意见》,提出在"十一五"期间建成2个国家级信息产业基地、7个国家级信息产业园区、1个以胶济铁路沿线城市为主体的电子信息产业带的规划设想。山东软件园被授予国家火炬计划软件产业基地称号,山东省聚集了一大批有实力的软件企业,"2004年中国软件产业最大规模前100家企业",包括浪潮在内的山东省5家企业进入了前

---

[1] 日本新华侨网,http://www.jnocnews.jp/news/show.aspx?id=13793.
[2] 山东省国际商务网,http://www.shandongbusiness.gov.cn/index/content/sid/32865.html.
[3] 刘福军:《山东省服务业发展现状与形势展望》,载《山东经济战略研究》,2007年第5期。

30名。

2. 软件外包企业有在山东投资的经验和基础

山东软件外包发展呈增长态势。目前全省共有软件信息服务外包企业900多家，其中以离岸外包为主的企业100多家，2006年实现软件出口2.5亿美元（含嵌入式软件），其中软件外包出口5 000多万美元。世界500强企业也在山东投资比例日益增长。仅2006年，就有126家世界500强企业在山东投资了313个项目。① 这些企业随着信息化产业的发展，迫切需要软件产业提供技术支撑和手段支撑，而山东企业通过为500强企业提供信息化服务，为山东省软件外包形成了可以利用的输出渠道，也为山东的软件外包打下了厚实的基础。

3. 地缘、文化优势有利于进一步开辟日本市场

山东在地理位置上与日本相邻，语言和文化方面有很多相似之处，且承接日本产业转移是打造山东半岛制造业基地的一个重要组成部分，山东和日本临近等地理上的优势有赖于对日软件外包市场的进一步拓展。与国内其他城市相比，在与日本沟通、承揽服务外包业务方面具有得天独厚的优势。面对日本软件市场，特别是处于软件外包量第二位的日本，山东省软件产业国际化具有极大的发展潜力。目前，青岛软件园已经吸引了日本电脑软件公司、创迹、韩国福宝等专门从事软件外包及服务的企业。济南市软件企业达563家，从业人员3万余人，2006年全市软件销售收入完成125.7亿元，同比增长32%，实现税收7.02亿元，同比增长23%。软件外包和动漫游戏等新兴行业发展潜力突出，其中软件外包出口额超过3 100万美元，同比增长46.7%，占全省80%以上。②

4. 半岛制造业基地为软件外包带来商机

2003年，山东省委、省政府提出了打造半岛制造业基地的口号，在2005年省人代会的《政府工作报告》中，又重点提出要把山东建设成为制造业强省，承接国际资本和产业转移，拉长产业链条，培植具有国际竞争力的产业集群。青岛市海尔软件、朗讯科技通讯设备和拓扑信息工程专

---

① 山东省外经贸局：《我省服务业利用外资现状及发展对策建议》，青岛新闻网，2008年3月17日。
② 韩劲松：《济南市软件产业工作会议昨日召开》，济南新闻网，2007年9月5日。

修学院等12家企业和培训机构获得2007年度国家服务外包业务发展资金支持。山东省将对软件外包企业在新大学生录用、培训机构人才培训、企业开拓国际市场、取得相关国际认证、建设公共服务平台等方面予以资金支持,加快培育一批具备国际资质的软件外包企业和培训机构,促进山东省软件外包产业发展。

5. 人力资源为发展对日软件外包夯实"基础"

日本的IT业发展非常快,而人才供应短缺,而且日本国内的人力成本非常高,所以日本许多软件企业从价值链的角度考虑,自己只掌握核心价值部分的上游业务(需求分析、基本设计、详细设计被划分为上游业务)和最后的系统综合测试业务,而将相对简单的下游业务(编程、测试等被划分为下游业务)发包到海外。从全国来看,各地的制造业基地是培育软件出口基地的"沃土",山东省制造业基地已形成一定的规模,基础配套设施完善、科学教育体系完善,拥有丰富的人力资源,已经形成较为雄厚的产业基础,具备了建设软件出口基地的条件。特别是在吸引日本软件产业调整转移方面,具有更大的吸引力。

四、山东发展对日软件外包存在的问题

从上述分析可以看出,山东可以利用其地理及文化上的有利条件、已经形成的良好的产业基础,优先开展对日IT外包业务,使其成为山东经济增长的新亮点和新优势。但是还应看到,山东发展对日软件外包还存在一些问题和制约因素,主要表现为:

1. 软件外包的政策体系不完善

各地除济南市政府将出台的《关于鼓励济南软件和信息服务外包产业发展的意见》等文件外,没有完善的发展措施和优惠措施、配套服务不完善。鼓励措施可包括:软件外包骨干企业在办理软件出口合同登记、报关等手续时享受软件出口"绿色通道"服务;对于企业高级管理人才,按照本人缴纳个人所得税地方留成部分标准给予财政补贴;对当年通过CMMI评估认证和BS7799信息安全认证等国际认证的企业给予资金补贴。

2. 软件外包经验不足

服务外包是当前国际产业转移的新趋势，是利用外资的新领域、新方式。目前，商务部、信息产业部、科技部已共同认定大连、西安、成都、深圳、上海、北京、天津、南京、济南、武汉、杭州等 11 个城市作为"中国服务外包基地城市"。目前只有济南、青岛发展得比较好，其他地市经验欠缺，尤其是对日软件外包经验欠缺。

3. 软件外包专业人才匮乏

软件产业的竞争不仅是资本、技术实力的竞争，更是人才的竞争。2000 年以来，山东省软件产业保持快速发展，外包出口额复合增长率达到 50% 以上，成为全省信息产业最具发展潜力的新的经济增长点之一。然而，随着全省软件产业的快速发展，人才匮乏问题渐渐凸显，严重制约山东软件外包产业快速发展。目前，很多软件外包企业的老总都反映了这样一个问题：不缺订单，缺人才。软件（济南）有限公司总经理所说的具有代表意义："软件外包的蛋糕很大，但是现在济南还没有形成足够的消化能力。"介入门槛低，技术蓝领人才缺乏。对于软件外包企业来说，竞争点在于是否拥有大量的优质技术蓝领。在这浩如大海的软件外包市场中，加强外包人才培养则是问题的关键，中高端软件外包专业人才的缺乏和人才结构的不合理，已成为制约软件外包产业迅速发展的瓶颈。

4. 技术含量低，盈利模式单一

软件外包业务需要大量的技术蓝领编写代码，但不涉及系统设计等相对高端的层面，这对于软件企业来说，核心竞争力的提高是有限的。而从盈利模式上来说，软件外包赚取的是人力成本差价，欧美业务承揽的价格约为 3 万~4 万美元/人年，而企业支付给员工为 5 万~15 万元人民币/人年不等，其中的差价就形成了企业的利润。但赚取人力差价的盈利模式，相对还是简单。

5. 高端市场有待扩展，现有业务利润率低

从业务上区分，欧美的软件外包订单毛利超过日本软件外包，欧美的毛利率在 50% 以上，而对日业务的毛利率通常在 30%~40% 之间。虽然日本目前是我国外包市场的最大客户,但只占世界外包市场的5%。[①] 开拓更为广阔的日本软件市场,切入全球外包市场的竞争,山东软件企业还有一段距离。

6. 人民币升值,利润空间被挤压

近两年人民币不断升值,无形中抬高了该市场中企业的人力成本,而人力成本正是这类企业的最主要成本。另外,通货膨胀和工资水平上升,也直接提高了企业的经营成本。然而激烈的竞争导致行业整体对客户的报价呈现下降趋势。以上这些因素都在挤压利润空间。若这种情形持续下去,可能会使该市场从一个暴利市场沦落为微利市场。

7. 项目规模小、周期短;项目组临时性强、管理难

日方客户发包给山东软件企业的业务内容大部分都是从编程开始的下游业务;虽然有时会允许山东派员参与详细设计甚至直接将详细设计发包给山东企业,但总体来说并没有改变处于下游位置的定位。而以下游业务为主的外包项目,通常规模都不大;即使有大型的项目,日方通常也会采取分割后发包给多家不同下游企业的方法来控制风险。因此,山东企业(尤其是中小型企业)大多承接规模小、周期短的项目。项目组通常是临时性的,开发人员在项目组之间的调度非常频繁。如果合同工作量随时间波动的幅度过大,那么长期对多个小规模、临时性的项目组进行管理,无疑增加了企业管理的复杂性,也带来了经营成本和经营风险的压力。

五、发展山东对日软件外包产业的对策建议

自身优势和国际环境也为山东省软件外包产业提供了快速发展的便利。山东属于东部沿海开放省份,具有丰富的自然、人文资源,各项基础设施较为完备,具有一定的产业基础和经济基础,软件外包产业发展的平台和空间比较宽阔。

[①] 吕小萍:《软件外包三大问题亟待克服》,载《中国证券报》,2006年12月14日。

第七章 山东承接日本软件外包问题研究

1. 出台山东软件产业发展战略，完善政策法律环境

发展软件产业不仅可以抓住新一轮发展机遇，壮大一个产业，更重要的是对提升山东的产业层次，培养、形成并更大程度发挥山东新的比较优势，乃至提高山东创新能力都具有十分重大意义。为此，建议山东应将软件产业的发展提高到山东战略的层面而加以重视。尽快出台进一步鼓励软件和集成电路发展的相关政策及法律法规，重点落实软件投融资政策、装备政策，为产业发展创造更为良好的环境。在完善山东政府采购法的同时，建立和完善执法监督机制，加大政府采购法的执行监管力度。

建议省政府组织有关部门，统一规划协调软件外包发展战略，制定一系列涉及人才引进与培养、资金支持、基地建设、跨国外包公司引进等方面的扶持政策，以省政府名义尽快出台《山东省人民政府关于促进山东软件外包发展的若干意见》及其实施细则，并推动具体实施。实施中可参照大连市委托世界五大管理咨询公司之一的德国罗兰贝格咨询公司对大连软件及信息服务业进行规划的做法，聘请国际著名咨询公司，对山东省软件外包发展方向及重点进行准确定位，高起点制定山东省软件外包产业发展规划。

2. 重点扶持规模企业的发展，形成软件外包产业的龙头企业

从目前国内软件外包现状看，企业规模小是近期发展的软肋，政府需要重点扶持一批具有产业优势、规模效应和品牌形象的规模企业，通过购并、重组等资本手段，尽快形成产业的若干龙头企业，提高产业的运作能力，增强国际市场的竞争力。浪潮在近一年内先后购并了北京迈捷、日本在山东的独资公司德祺国际有限公司（DICO），同时与日本 WEB 集团（WEBGROUP）公司在日本合资建立了海外公司，壮大了规模，拓展了市场，拓宽了外包业务范围，增强了业务实力，取得了显著成效。[①]

3. 支持软件企业进行软件外包人才的培养

建立健全多层次、全方位的外包人才培训体系。以海外留学人员为重

---

① 孙丕恕：《国家应制定软件外包与工厂服务新规划》，http：//www.sina.com.cn/it/2005-3-11/1558548170.shtml。

点，大力吸引海内外具有从事服务外包经验和对国际外包市场熟悉的外包人才，特别是熟悉国际外包业务流程管理、能与国外客户进行直接业务沟通的中高级专业技术人才和管理人才，尽力帮他们改善生活环境，使他们集中力量创业。建立并完善包括高级人才培训、中层开发骨干培训和低层软件技术工人培训等在内的多层次、全方位的软件人才培训体系，多元化培育多层人次。加强与高等院校、科研院所合作，健全学校的基础人才培养体系；鼓励社会办学、特别是鼓励国内规模软件企业和高校联合办学，即二级学院或软件学院，形成人才的终身教育体系。大力推动外包人才实训基地建设，积极推动人才培养体系与管理机制和运行机制的改革，成为具有国际竞争能力的高层次实用型软件人才的培养基地；规范软件人才培训市场，加强软件人才认证和培训，积极鼓励和支持社会培训和软件企业培训，促进软件人才结构的合理化发展；积极开展与国外教学机构、国际著名软件企业和国内软件企业的联合办学，多模式、多渠道培养软件人才，逐步与国际标准接轨。

4. 创建山东软件出口基地

在软件园区建设基础上，通过政府、企业共同努力，创建山东省软件出口基地，加速软件出口，聚集软件企业，形成规模效应。建设软件外包投、融资平台，健全软件外包投融资体制。在充分发挥政府资金的引导作用基础之上，积极引导金融机构、风险投资以及民间资本加大对外包企业的投入。设立外包企业投资基金，对外包企业进行投资孵化。鼓励引导担保机构为中小软件外包企业提供资金贷款的担保。

5. 明确主攻方向，整合部门资源，集中力量发展

建议旗帜鲜明地把发展软件外包作为"十一五"时期山东省软件产业发展的重中之重。增进部门共识，统筹部门资源，按照权责明确统一、长链条管理宽领域统筹的原则，优化软件产业的行业管理体制。信息产业主管部门、商务主管部门和其他相关部门建立沟通工作机制。

继续拓展日本市场，发挥鲁日在地理位置、语言文化方面的天然优势，大力促进对日软件出口，提高出口规模和层次。促进企业与日本跨国公司建立上下游合作关系，参加跨国公司供应商选拔与竞争。建立各个层面的软件出口联盟，鼓励企业集体"出海"。

打造"以大带小、专业配套"的软件出口链条，形成以优秀企业为核心，影响并带动形成强大的企业舰队。加强在日本宣传山东软件产业及发展环境，维护市场秩序，协调同行业之间的经营行为。

6. 着力改善知识产权保护环境

针对软件外包产业发展特殊性，出台保护知识产权和个人信息安全的地方性法规，依法严惩知识产权侵权行为和违法行为。通过知识产权公共服务平台建设，为软件外包企业提供方便、快捷、专业的知识产权创造、保护、管理和运用的信息服务。

（作者：李晓鹏　山东社会科学院）

第八章

日本跨国公司在山东省直接投资的新视角分析

自从1990年日本综合商社——日商岩井开跨国公司在山东投资的先河以来,经过十几年的稳步发展,截至2006年日本在山东省投资的跨国公司500强企业包括三井物产株式会社、伊藤忠商事株式会社、三菱商事株式会社等40家大型跨国公司,超过美国的36家跨国公司,成为在山东省投资数量最多的投资国。这些日本跨国公司共在山东设立70余家外商投资企业,它们在山东的营业额仅2005年就达到23 283.5亿美元,利润额达到1 074.3亿美元。[①] 日本跨国公司已经对山东省的经济和对外贸易增长做出了巨大贡献,而且仍将会对山东省经济和对外贸易的发展起到举足轻重的作用。本章尝试从内生增长模型的角度阐述日本跨国公司对山东省经济发展的影响,以及如何规避日本跨国公司对山东省经济发展产生的负面影响,使其更好地促进山东省经济的长期发展。

一、日本跨国公司战略与投资模式分析

跨国公司是对外直接投资的主体,传统上认为对外直接投资主要有两种模式:美国模式,凭借垄断竞争优势进行的对外直接投资;日本模式,依托边际产业转移进行的对外直接投资。对山东省影响较大的是日本模式。日本学者小岛清认为,一个国家应该从已经或者即将失去比较优势、处于比较劣势的边际产业开始,依次进行对外直接投资。图8-1可以用来阐释边际产业转移理论,其中I-I线是日本的商品成本线,假定其中

---

① 资料来源:《山东省对外经济贸易年鉴(2007)》,齐鲁书社出版。

第八章 日本跨国公司在山东省直接投资的新视角分析

由 a 至 z 都是用 100 日元产生出来的日本商品的成本顺序线，II－II 虚线是对方国家商品成本由高到低的顺序线。两线相交于 m 点，这一点表示按外汇汇率计算的两国 m 商品的成本比率相等，左边的 a、b、c 产业是日本的边际产业，应该从这些产业开始进行对外投资。投资的结果是对方国家的成本可望降至 a^*、b^*、c^*。既使日本的边际产业在对方国家重获比较优势，而且还能使日本从对方国家增加进口，节约其生产成本，实现数量更多、利益更大的贸易。小岛清称这为导向顺贸易的、日本式的对外直接投资。如果与上述顺序相反，从 z'、y'、x' 等日本最具比较优势的产业开始，进行对外直接投资，那就是导向逆贸易的、美国式的对外直接投资，投资以后其成本虽然低于投资前对方国家的生产成本 z'、y'、x' 但仍高于投资国日本国内的生产成本 z、y、x。

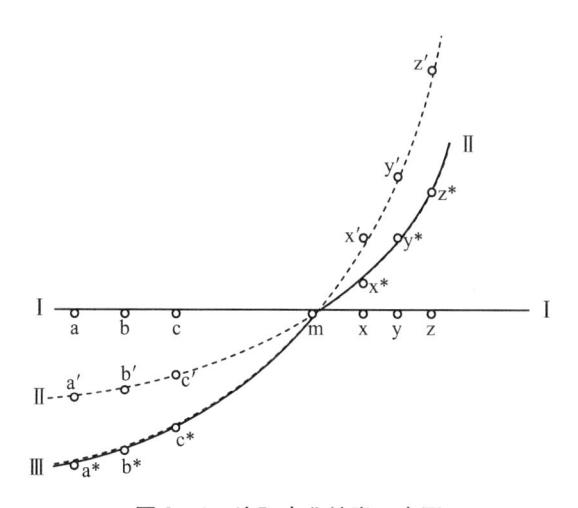

图 8－1　边际产业扩张示意图

资料来源：卢根鑫：《国际产业转移论》，上海人民出版社，1997 年版，第 8 页。

日本型海外直接投资实际上是资本、经营能力和技术知识等经营资源的转移，因而受到发展中国家的欢迎。[①] 一方面，可以对发展中国家的天然资源、农产品和初加工的农产品进行深加工；另一方面，可以将适合发展中国家的工业特别是劳动密集型工业从日本转移到发展中国家，从而对其发展产生重要的作用。日本的海外投资的主体是中小企业，这种对外直

---

① 刘昌黎：《日本对华直接投资的新发展》，载《日本学刊》，2005 年第 5 期。

接投资方式贸易创造型 FDI，对贸易的发展具有积极的促进作用。

在山东省投资的日本跨国公司也具有以上特点。在直接投资的初期阶段一般都是首先从劳动密集型产业开始。过去山东省经济实力较弱，消费能力有限，而本土企业对日本跨国公司也基本构不成竞争，这时日本跨国公司大多直接投资于劳动密集型产品的生产和加工组装，尽管总投资规模稳步上升，但是很多还都属于实验性投资，投资的目的也基本上是利用山东省廉价的资源，把山东省作为生产基地，产品则返销日本本国或销往其他国家和地区市场。这一时期的投资特点是投资规模比较小，输出的是成熟技术，属于要素导向型投资。随着山东省经济、科技和教育的不断增强，工业化程度的进展，产业结构的不断升级，以及世界 500 强企业在山东省的不断登陆，日本跨国公司对山东省的投资也开始由"生产重视型"向"生产与市场并重"的全方位投资转变，提高投资企业和项目的技术构成，即以技术换市场。进入 21 世纪以来，在市场导向的作用下，日本跨国公司对山东省直接投资开始从边际产业转向比较优势产业，投资项目的技术含量逐渐提高。日本经济产业省发表的《2002 年度日本制造业白皮书》称，日本对华投资战略将发生巨大变化：将中国单纯作为生产基地的企业大幅减少，而将中国作为生产基地和销售市场的企业将大幅增加。这些特点在山东省表现尤为突出，这说明日本传统的边际产业对外投资理论已经不符合当今日本跨国公司对山东省投资的实际情况了。①

较为极端的企业战略理论权威波特（Porter，2000），认为绝大多数日本跨国公司从未有过战略（索尼、佳能、本田除外），它们只是具备"经营有效性"，即从事相同的经营活动比竞争对手干得更好。无论是传统的边际产业对外投资，还是比较优势产业对外投资，都是由东道国的市场情况以及经济实力决定的，也就是由山东省自身经济实力和本土企业竞争力决定的。日本跨国公司来山东省进行直接投资有很多是带来了先进的技术、管理经验甚至带来了 R&D 团队，这对山东省经济的发展有极大的推动和促进作用，是本土企业学习和借鉴成功因素的大好良机，但是不可否认也有很多日本跨国公司依然遵循传统的边际产业对外投资理论。

---

① 徐平、李益：《对日本赶超经济的探求与思考》，载《日本研究》，2005 年第 3 期。

二、对跨国公司——本土企业模型的分析与探讨

（一）内生增长模型思想的探讨

出于对索罗模型依靠引入外生技术进步来实现经济增长方法的不满，罗默等经济学家致力于把技术进步内生化。罗默虽然认为经济增长的核心是技术进步，但与索罗模型有很大不同，该模型核心描述了技术进步 g_A 的内生化，从而使经济产生内生增长。也就是说与新古典模型技术进步 g_A 以一恒定速率外生增长不同，在罗默的模型中 g_A 的增长是内生的。

假设任一时点 A 产生的新创意等于试图发明新创意的人数 L_A 乘以他们发明新创意的速率 δ，即 $A = \delta L_A$。劳动力既可用于生产（L_Y）又可用于发明创意（L_A），但有约束条件：$L_A + L_Y = L$。

罗默通过假定劳动力可以自由选择在研发部门或制造部门工作，求出长期稳定状态下的增长率：①

$$g_A = \frac{\lambda n}{1-\mu} \tag{1}$$

其中，n 为研究人员数量，λ 是一个介于 0 和 1 之间的参数并且 $\mu < 1$；$\mu > 0$ 表明研究效率随着已被发现的创意存量的增加而得到提高；而 $\mu < 0$ 的情况则类似"钓鱼"的情形，在一个池塘里，鱼变得越来越难钓了；$\mu = 0$ 的情况说明前两者的作用正好抵消，即研究效率与知识存量无关。这样研究人员越多，创意就多，技术进步率 g_A 就越大，经济的长期稳定增长就更快。

领先国——追随国模型是巴罗发展出用来描述技术领先国与落后国之间可能发生的低成本技术模仿，经济体间能产生经济增长"收敛"的模型。该模型的关键问题是对创新及模仿成本的分析。假定创新国创新成本为 η，追赶国的模仿成本为 v，并假设 $v < \eta$。因为一般创新活动总是伴随着较大的投资风险和人力、物力以及资本的投入，而模仿的行为一般会有明确的目标和可借鉴经验等。同样假定不存在中间品的跨国贸易，并且最

---

① Charles I. Jones、舒元：《经济增长导论》，北京大学出版社，2002 年版。

终产品可在世界范围内按统一价销售,那么两国的生产函数为:

$$Y_i = A_i L_i^{1-\alpha} \sum_{j=1}^{N_i} X_{ij}^{\alpha} \quad (2)$$

其中,$0 < \alpha < 1$,A_i 为 i 国劳动生产率参数,L_i 为 i 国劳动投入量,X_{ij} 为 i 国第 j 种耐用品投入量。最终模型揭示了国家间经济的收敛性,有近似公式:①

$$\lambda_2 \approx \lambda_1 - \mu \log\left[\frac{N_2/N_1}{(N_2/N_1)^*}\right] \quad (3)②$$

其中,λ 为经济长期增长率,N 为一国发明的中间产品,$\mu > 0$ 决定收敛速度的大小。式(3)说明在研究人数、经济规模、生产效率等条件相同时,模仿国的经济增长率总是大于或等于创新国,并且经济增长产生收敛。但是实际上并不是这样,因为按照该模型的假定似乎一国的研究人员越多,经济增长就越快,但是实际上技术领先国和追随国研究人员素质是存在差异的。如果用公式表示可以是 $\delta_A = K\delta_B$,δ_A 和 δ_B 分别表示技术领先国和追随国研究人员的平均水平,K 为比例系数并且 $0 < k < 1$,因为一般技术领先人员的创新素质会相对较高。另外,还假设模仿与被模仿产品的质量同等或相近,显然也是与实际情况相背离的,一般说来,模仿产品质量稍差,价格稍低。

(二) 对跨国公司——本土企业模型的分析

本章在领先国——追随国模型的基础上进行改进,因为现实中大部分先进技术产品都是由跨国公司提出并研发的,所以用跨国公司替代技术领先国,而本土企业替代技术追随国,考虑到跨国公司与本土企业间研究人员的创新素质区别和产品质量差别,建立跨国公司——本土企业模型。该模型描述了跨国公司与本土企业之间可能发生低成本技术模仿的现象,并且提出本土企业在模仿的过程中可能出现经营绩效的"收敛"。

假设条件:(1)跨国公司的产品可以被本土企业模仿,但产品的质量要次于跨国公司;(2)由于在跨国公司和本土企业中从事创新研发与

---

① 舒元、谢识予等:《现代经济增长模型》,复旦大学出版社,1998年版。

② 其中 $V = \varphi(N_2/N_1)$,而 $(N_2/N_1)^* = \phi[\eta(L_2/L_1) \times (A_2/A_1)]^{1/(1-\alpha)}$,其中函数 ϕ 是函数 φ 的反函数,且 $0 < (N_2/N_1)^* < 1$。详见,舒元、谢识予等:《现代经济增长模型》,复旦大学出版社,1998年版,第300~301页。

技术模仿的两类技术人员一般流动性不强，所以研究人员分为两部分 L_{A1} 和 L_{A2}，L_{A1} 为跨国公司从事最尖端研究的研究人员，其技术增长率为 g_{A1}，L_{A2} 为本土企业从事模仿研究的人员，其增长率为 g_{A2}。(3) 平均一项创新型技术产品对企业经营绩效的贡献是一项模仿技术产品的 θ 倍（$\theta \geqslant 1$），因为新产品总有其垄断收益期，跨国公司 L_{A1} 的技术占全部技术的比例为 ρ（$1 \geqslant \rho \geqslant 0$），本土企业 L_{A2} 技术占全部技术的比例为 $1-\rho$；(4) 存在"胜者全得"行业，并且该行业不适宜模仿，那么可模仿的技术的增长将变慢。

按照罗默的个人技能增长方程模拟本土企业的模仿技术增长方程：

$$M = e^{-\psi\mu}A^{\eta}m^{1-\eta}L_{A2}^{\lambda} \qquad (4)$$

其中，μ 为本土企业技术人员平均受教育年限的增加，ψ 为某产品在 t 时刻被发明后在未来某时刻的垄断概率，$1 \geqslant \psi \geqslant 0$，$A$ 为所有适合被模仿的技术，m 为已模仿的技术，M 为模仿技术的增长，L_{A2} 为本土企业模仿研究人员数。$1 \geqslant \lambda \geqslant 0$，随着 L_{A2} 的增大 λ 应该是减小的，因为模仿人员越多，重复工作的可能性越大。对公式（4）做一下变换得到：

$$\frac{M}{m} = g_{A2} = e^{-\psi\mu}\left[\frac{A}{m}\right]^{\eta}L_{A2}^{\lambda} \qquad (5)$$

可以从公式（5）看出，相同的平均受教育年限的增加值 μ 对技术进步增长率的贡献是下降的。随着模仿人员 L_{A2} 的增多，模仿的速度加快；模仿的技术越来越接近前沿技术，模仿速度将变慢。愈尖端的技术愈难模仿，如果模仿人员及其水平不能尽快提高，在一定时间内模仿技术的增长数 M 必然会下降。

由于 L_{A1} 的增长稳定，而 L_{A2} 开始时增长较高但逐渐下降并最终趋于 0，则 g_{A1} 与 g_{A2} 必然相交于一点 Q，点 Q 也被称为"模仿陷阱"点，超过该点本土企业的经营绩效增长必将越来越慢，这时模仿其他企业还不如自己创新。由于"胜者全得"行业的存在，同时一项技术模仿企业越多，原模仿企业面对的竞争就越激烈，原有的技术收益也越小。本土企业在初期阶段由于技术模仿带来的高经济增长往往是短期的，而真正的经济长期增长是要依靠自身的技术创新获得的。

三、日本跨国公司在山东省投资的特点及其存在的问题

在山东省的经济发展过程中，不可否认，从 20 世纪 90 年代至今，日

本跨国公司的贡献是不可或缺的。其中突出表现为先进的技术和管理经验的外溢带动了山东省本地的诸多企业的发展,像海信、海尔等山东省著名企业都曾与索尼、三洋等日本跨国公司有过深入合作和交流。其次由于地缘优势,山东省的诸多高校中每年都培养了大批熟悉日语和日本文化的大学生,他们对促进日本跨国公司在山东省的本土化经营贡献巨大,不仅让日本跨国公司容易本土化生产,更重要的是使得技术溢出和学习先进的管理经验成为可能。但是在日本跨国公司不断登陆山东省的过程中也出现了一些问题和困难。

(一) 虽然日本跨国公司在山东省的直接投资规模逐步提高,但并不稳定

经过十几年时间的发展,日本跨国公司在山东省的投资规模已经有了明显的扩大,但是并不稳定,尤其是自 2006 年以来出现了一些波动。日本早稻田大学教授小林英夫认为[①]:首先,从整体意义上来说,中国市场的重要性是没有发生变化的,尤其是华东地区更是日本直接投资的重点,占总投资的 60% 左右。最近出现的一些波动主要是由于分散投资风险,目前日本也在印度、泰国、越南等其他亚洲国家建立工场,设立发展基地,来回避过度集中投资的风险。尤其是印度,占有比较大的比重。日本希望在中国和印度这两个未来的经济大国先打好基础。其次,关于人民币的走向也采取观望的态度,对于人民币升值的问题还想多观察一段时间。再次,2006 年到 2008 年上半年,中国股市的动荡也使我们不得不反思中国经济的繁荣是否稳固扎实。2010 年以后,中国经济想要保持持续发展的势头,必须要克服的一个问题就是贫富差距。如何缩小贫富差距,稳定购买需求不但是中国政府的切身问题,也是外资企业关注的一个重要点。最后,对整个的中国的宏观经济的动向也希望有更多的时间来关注。因此造成日本对山东直接投资波动的原因是多方面的,但最根本的因素还是日本希望能够规避投资风险而采取分散部分投资到亚洲其他国家。

---

① 郭翙:《日本对华投资新动向:访日本早稻田大学小林英夫教授》,载《环球财经》,2007 年 4 月 11 日。

（二）在山东省进行直接投资的日本大型跨国公司依然偏少，行业结构有待改善

和其他省市相比，大型跨国公司在山东省进行投资的项目投资依然偏少。许多日本跨国公司规模较小，受到短期利益驱使才来山东省进行投资，这类企业抗击风险能力较弱，一旦经营不利或发生"资不抵债"的情况，难免会出现管理层集体出逃的现象。近年来一些韩资企业由于其主管人员采取不正常手段集体离境，恶意逃避税务、银行贷款和工人工资等，给当地留下了诸多问题。这类现象 2007 年已经在青岛、烟台和威海等地区出现，对本地企业的正常生产经营活动产生了严重的不利影响，而且也败坏了跨国公司的声誉，影响了山东省经济的正常有序发展。而与之相对应的世界 500 强的大型跨国公司企业在山东省的投资目前偏少，大型跨国公司抗击风险能力较强而且也相对具有较好的"商誉"和信用，因此要加大对大型跨国公司的吸引力度。

另外，日本跨国公司在山东省投资的已有项目中，第二产业所占比例超过 80%，而第三产业和第一产业所占比例明显偏少，投资的"生产重视型"痕迹明显。这体现了目前在山东省投资的日本跨国公司仍有很多是利用山东省较为廉价的资源，把山东省作为生产基地来进行资源配置，技术含量较高的第三产业目前所占的比例只有 16% 左右，但增长速度较快，体现了现在日本跨国公司已经开始认识到边际产业转移的不合实际，开始将一部分高技术的优势产业对山东省进行直接投资。

（三）日本跨国公司在山东省直接投资的地区分布过于集中①

由于青岛、烟台和潍坊的区位优势明显，使得 60% 以上的日本跨国公司热衷于在山东省东部地区投资，而很少涉足作为山东省腹地的广大的中西部地区。20 世纪 70 年代凯夫斯提出，由于跨国投资在寻求当地原材料和服务供应商、确定市场机遇、管理分散设施、招募高水平劳动力等方面均具较高摸索成本，促使投资多在经济中心区、边界地区以及社会联系

---

① 曹洪军、张海峰：《大型跨国公司在山东投资的实证分析》，载《东岳论丛》，2003 年第 3 期。

密切地区，这里多为信息通畅、各类经济活动的集聚区。在此投资，可以减少因对投资地情况不了解所带来的风险和成本。这种投资格局的建立虽然方便日本跨国公司形成产业集群和信息交流，但对于竞争力相对较弱的山东省本土企业总体来说弊大于利。原因在于日本跨国公司在山东省东部地区过度集中，使得技术溢出在东部地区明显强于中西部地区，加剧了山东省内经济发展不平衡和收入差距的扩大。虽然山东省东部地区的本土企业可以较好地吸收日本跨国公司的技术溢出，促进企业发展，但是对于广大山东省其他地市的企业来说技术溢出效应不够明显。

（四）日本跨国公司在山东省的 R&D 投资比例偏少

跨国公司在东道国的 R&D 投资是以对东道国的生产性投资为基础的，是较高层次的投资形式。目前来华投资的跨国公司的研发活动大致可以分为三种：创新型研发、适用型研发和专用技术研发。创新型研发是指研发项目在母公司体系内具有创新性质，研发成果可以运用于跨国公司的全球市场。适应型研发是对母公司引进的技术按照东道国的需求水平和特点，进行改进。专用技术研发是指专门研发适应东道国市场的技术与产品。虽然越来越多的日本跨国公司不断加大和加速在山东省的 R&D 投资，但是这些跨国公司的研发机构主要是针对山东省和中国市场进行适应型、专用技术型的研发，以利于跨国公司更好的开拓山东省和中国市场。因此创新型研发的比例比较低，较少涉及核心技术和基础研究。另外，日本跨国公司对山东省和中国的研发市场尚存疑虑，在 2007 年日本经济产业省调查报告中显示，日本有 13.7% 的投资企业认为在中国对知识产权的保护法规和意识还不健全，担心企业研发成果的泄露和流出，认为有必要在扩大在华投资 R&D 的同时加强技术和专利的保护，也有部分日本跨国公司担心高端技术在中国的扩散会对本国产品产生冲击。因此日本跨国公司在山东省的 R&D 投资机构规模比较小，投资力度也不大。

（五）在山东直接投资的日本跨国公司中本土高层管理人员比例严重偏低

与美国跨国公司相比，日本跨国公司在山东省的公司体制上的差异巨大，而且主要是中高层次经理的当地化。据 2004 版中国日本商会以及

2003版中国美国商会和中国法国商会所属会员企业名单，发现日本企业中中国国籍或华人作为企业代表的有43家，仅占总数477家的9.01%，而美国和法国分别有478家和44家，分别占总数711家和167家的67.23%和26.35%。日本跨国公司为了追求"日本式经营"带来的优势，主要领导一般都是由日本人担任，在山东省的日本跨国公司中本地人所占比例严重偏低。从本国向海外派遣制度是日本大型跨国公司的一贯人事战略，但是这一战略一方面加大了公司研发成本，造成和本地员工的不和谐等问题，另一方面由于本地员工在语言、文化沟通上有一定的优势，这种情况也不利于同本地大学、研究所进行合作和开发。日本跨国公司在山东省投资逐渐向"市场获得型投资"转变，这就要求在激烈的市场竞争中确立一个能够迅速应对本地市场变化的高效率的经营管理体制，在这个体制中最为关键的是企业经营管理者的本地化问题。

（六）部分日本跨国公司直接投资威胁山东本土企业及内资产业成长

由于发展阶段的差异，山东省内部分产业仍然处于发展初期阶段，还不具备较强的市场竞争能力。以化工产业为例，一些新兴的所谓"新材料"化学品市场在国外都已是成熟的市场，都已经有成熟的技术和设备可以在国内简单复制。在某些产品在国内尚被认为是"新材料"，某一产业尚处于研发和市场开拓的萌芽阶段时，跨国企业已经凭借成熟的技术和雄厚的资本大举进入，极大压缩了山东省本土企业及内资企业的成长空间和机会。

四、对山东省吸引日本跨国公司投资的政策建议

首先，山东省经济发展自身必须保持稳定和高效。

一个经济稳定发展，购买力需求旺盛的山东才是吸引大型跨国公司来进行直接投资的基础；优良的基础设施和便利的商业环境也有助于吸引日资进入山东省进行直接投资。良好的投资环境的创建可以有效地吸引大型跨国公司在山东进行直接投资。2008年山东省可以凭借奥运的契机，一方面加大宣传力度，山东省具备雄厚的经济实力基础，地理位置优越，自

然环境良好，为吸引更多、更好的优质投资做好前期铺垫，另一方面也要通过完善金融服务体系，提高有关外资政策的透明度等工作，扎扎实实为吸引跨国公司直接投资提供便利条件。

其次，政策引导不同类型的日本跨国公司直接投资，在打造以青岛为中心的集聚产业群的同时也要考虑到广大中西部地区的经济发展。

据邓宁对英国及其他欧洲国家的实例研究，发现跨国公司对于区域激励政策的反应比起国内公司更为敏感，跨国公司在区位选择时受区域政策的影响更明显。麦康奈尔对美国外资区位和国内企业区位的比较研究表明，两者区位取向和区位变化均有不同。外资区位行为应该受制于国内已形成的工业区位格局和区位作用力的假设，在实际中很难证实。如国内制造业在20世纪60年代末70年代初就开始由传统集中区外移，而外资企业在70年代后期才出现这种趋势。

山东省可以根据目前日资跨国公司较为密集的投资在青岛、烟台和威海地区的实际情况，有针对性地根据山东省的资源要素条件形成科学的产业政策，将部分具有高科技含量、高技术附加值的日本跨国公司投资指向沿海地区，形成以青岛为中心的集聚产业群和相关产品的生产基地，以增强同跨国公司的关联效应。而对部分沿海地区已经饱和的产业，政策引导应指向广大山东省中西部地区，保持整个山东省经济发展的同步性，防止东中西经济发展脱节。对日本跨国公司的直接投资进行必要的政策干预，来吸引日商在东部地区更多地投向技术含量相对较高的产业，发展汽车零部件、家用电器以及计算机产品的生产，促进双方由"垂直分工"向"水平分工"转化。在西部地区出台一系列倾向性政策或在东部地区取消部分优惠政策，引导跨国公司战略转移，向山东省的中西部地区扩展，吸引部分劳动密集型、东部地区过剩的投资或者适合中西部地区发展的日本跨国公司投资到广大中西部地区，合理地分配"垂直分工"，这样可以为日本跨国公司在山东省的贸易的深化开辟更广阔的空间。

再次，建立与跨国公司相配套的相关产业和企业，提高企业战略现代化，注意从"工厂"到"企业"的转变。

在以往高关税壁垒下，跨国公司在华采购很难实现，中国加入世界贸易组织时，承诺将300多种高科技零部件降低到"零关税"，这使得跨国企业全球采购成为可能。山东省本土企业必须改变观念，考虑如何利用国际贸易优势来优化资源配置，通过"配套"这一捷径与跨国公司实现全面、有效的无缝连接。

第八章　日本跨国公司在山东省直接投资的新视角分析

受整体经济发展阶段制约，除少数优秀企业外，山东省内绝大部分企业仍然停留在以"制造"为核心业务的"工厂"阶段，核心竞争因素主要考虑生产成本。但从全球竞争角度考虑，产业的利润已经集中转向"研发—制造—营销"三阶段中的研发和营销首尾两端，跨国公司的竞争优势也集中在这两端。烟台万华从"工厂"到"企业"的转变为国内企业提供了最好的范例，公司在与几大跨国聚氯酯巨头二十年的竞争中逐步实现了向一个成熟国际企业的转变。越是走在国际市场竞争前列的国内企业，就更早在国际竞争中学习和建立成熟的企业竞争战略。正在走向成熟企业的上市公司还包括扬农化工，公司在与日本住友和德国拜耳十多年的竞争中熟悉了国际规则，逐渐形成了自身成熟的国际竞争战略。

最后，积极推进"科技兴鲁"战略，努力培养高精尖人才。

为了适应跨国公司研究与开发日趋国际化的趋势，吸引跨国公司在山东设立更多的研究中心和开发中心，使更多的本地人进入日本跨国公司中上管理层，需发挥山东在智力、科研及基础设施方面的综合实力和比较优势，为此积极推进"科技兴鲁"战略，加强日本跨国公司与山东省高校，尤其是"985"及"211"类高校联合培养部分具有日本留学背景的高精尖人才，下大力采取校企联合等各种形式培养各种类型的科研机构和研发基地，是新形势下吸引跨国公司投资的有力举措。

总之，山东对外开放要实现新的突破，必须有新的思路：第一，招商引资要把重点放在引进高新技术上，引进先进的管理理念、管理方法上。必须用先进技术提升山东省制造业水平，用先进的管理提升山东省企业的管理水平，山东省经济的发展才能跃上新的台阶。第二，招商引资要把重点放到吸引世界500强企业上。世界500强企业代表世界最先进的技术、最先进的管理，引进世界500强企业，将会迅速引领山东省企业利用最先进技术，走向世界市场。第三，招商引资的同时要注意培养山东省本土人才，大力加强对高校和研究机构支持力度，促进校企联合培养具有日本留学背景的本土高层人才。

（作者：徐光耀　山东大学）

第九章

日本港口建设与山东港口对日合作的思考

在第二次世界大战之后的几十年时间里,日本经济取得了飞速的发展,这与其拥有得天独厚的海运自然条件和优良的港口密切相关。而正是基于这一优势,日本通过坚持外贸立国,建立了原料进口、加工出口,市场面向海外的外向型经济,从而克服了本国资源贫乏、国内市场狭小的制约,使其一跃成为世界上仅次于美国的经济大国。山东半岛同样具有丰富的港口资源,是我国北方重要的经济发展区域,在竞争日益激烈的今天,山东半岛港口群能否得到快速发展,在很大程度上取决于这一地区能否形成以港口为依托、分工合理、优势互补、充满活力的经济格局。因此,如何借鉴日本港口发展的经验,如何在"区港联动"模式的框架下整合山东半岛的港口资源,已成为扩大山东半岛港口群影响力、振兴半岛地区经济亟待解决的首要问题。

一、日本港口发展概况

日本的港口主要集中在三湾一海,即东京湾、伊势湾、大阪湾和濑户内海地区,这里集中了千叶、横滨、川崎、东京、名古屋、四日市、大阪、神户等世界重要港口。其中,东京湾港口群是港口群整体发展的典范。下面主要介绍一下东京湾各港的发展情况。

东京港位于日本本州岛东南沿海,荒川河口和多摩尔河口之间,港湾水域面积5 453公顷,临港陆域面积1 080公顷。[①] 东京港作为首都圈地区

---

① 裘克勤:《国际贸易港口》,人民交通出版社,1996年版。

第九章　日本港口建设与山东港口对日合作的思考

与国内、海外各地运输的节点，其腹地为拥有3 000万人口的东京圈及其周边的关东北部、甲信越等广大地区。拥有海域面积5 453公顷，陆域面积1 080公顷，内外贸码头共计24个，泊位总数为181个，其中集装箱码头4个，集装箱泊位16个，集装箱码头线长4 278米。1998年东京港集装箱吞吐量达到了249.48万标准箱，超过了神户港，成为日本最大的集装箱港口。[①] 2006东京港年吞吐量为370万标准箱，比上年增长5%，连续4年增加，连续8年居日本第一。其中出口176万标准箱，增长8.5%，进口193万标准箱，增长5.7%。[②] 经过60余年的不断发展，尤其是自20世纪60年代以来大规模资金和技术投入集装箱码头建设，东京港凭借其现代化集装箱码头堆场和高科技港口设施，已经成为日本重要的国际贸易口岸。近几年东京港实施"便利港"措施，设有由管理人员、有关政府机构、民间事业者、工会等的代表组成的"东京港振兴促进协会"，实行对星期日装卸的外贸集装箱船免除进港费和码头使用费等措施，力争成为对用户便利的港口。

横滨港位于东京湾西北部，三面山地，东部临海，水深港阔，是天然良港。港湾区域面积7 315.9公顷，其中商港区面积972.9公顷，工业港区面积1 697.7公顷。横滨港的发展，得益于战后日本的外贸立国、发展外向型经济战略。在专业化码头的建设方面，横滨港一方面积极改造老化的杂货码头泊位，一方面新建吞吐能力更强的专业泊位，使专业码头比例不断增加。目前，集装箱、汽车、木材、海鲜、加工企业等专用码头都具有附加特殊功能，并且已占全港码头总数的65%以上。20世纪80年代以后，随着世界航运格局船舶大型化、航线主干线与经营联盟化，横滨港不断新建、扩建可以全天候接卸第6代集装箱船舶的专用深水泊位。截至2006年底，港口拥有各类泊位225个，其中商港区公共码头泊位96个，民间企业建设或使用的专用泊位129个；港口腹地人口总数5 515.3万人，占日本总人口的43%。[③] 2006年横滨港集装箱吞吐量达到320万标准箱，比上一年增长了11.4%，[④] 其作为经济中心港口的作用不断增强；同时，横滨港充分利用港口资源，创造国际性的交流空间，进一步扩大了横滨港的国际竞争力。21世纪，横滨港把提供高质量的服务、大幅度降低港口

---

① 黄民生：《日本的港口开放与经济发展》，载《世界地理研究》，2000年第9期。
②④ 刘菊香：《2006年世界港口集装箱吞吐量前100名排名》，载《中国港口》，2007年第11期。
③ 刘重：《借鉴日本横滨发展经验建设天津国际港口城市》，载《城市》，2007年第4期。

码头的经营成本作为其发展的首要目标,努力把横滨港建设成一个集货物运输、商业活动、文化娱乐为一体的综合性港口。

千叶港位于日本本州岛东南部,东京湾的东北隅,地处东京湾沿岸平原,港区水域面积2 480万平方米。自1965年被日本定为国家重要港口后,千叶港发展极其迅速,现已拥有泊位300多个,其中专用泊位占93%,公共泊位仅占7%,而在80多个码头中,水深9米以上的码头占80%,是日本最大的工业港口。此外,千叶港也是日本国内货物吞吐量最大级别的国际贸易港之一,2004年千叶港货物吞吐量达16 925.4万吨,仅次于名古屋港,排在横滨、东京、神户之前。[①] 目前,经由千叶港流转的货物主要包括钢铁、化工及石油产品,与其有进出口往来的国家遍布世界各地。

在东京湾附近除上述东京港、横滨港和千叶港以外,湾内还有川崎港、横须贺港、梗洋港,6港首尾相连,绵延百里,形成沿海岸的马蹄形港口群。2004年川崎港进出口贸易额达215.92亿美元,横须贺港货物吞吐量也达19 777万吨,梗洋港吞吐量也连年位于日本众多港口的前列。[②] 为提升竞争力,6港虽经营保持各自独立,但对外竞争已形成一个整体,共同揽货,整体宣传,提高整体知名度,逐步创建统一的港口品牌。同时,港口管理者与地方政府相统一,对外竞争的整体可以通过港口管理者的统一管理得以实现。

二、日本港口建设的经验

日本港口在其快速发展过程中,积累了许多宝贵的经验,这些经验对于我国乃至世界各国港口都具有良好的借鉴意义。下面就将日本港口建设中的主要经验特点作一总结。

1. 重视港口疏运基础设施建设和码头专业化建设

港口疏运依靠铁路、公路、水路的交通网络。日本三湾一海地区各大港重视疏运基础设施建设,各港口码头、仓库都有铁路、公路连接。港口

[①] 吕荣胜、张志远:《日本港口经营策略对我国环渤海港口的启示》,载《现代日本经济》,2006年第5期。

[②] 黄民生:《日本三湾一海地区港口建设》,载《中国港口》,2005年第11期。

第九章　日本港口建设与山东港口对日合作的思考

之间均有铁路相通。如东海道新干线是一条高速铁路，从东京经横滨、静冈、名古屋到达大阪；山阳新干线沿濑户内海北岸向西延伸到大关。高速公路有东名线，从东京到名古屋；名神线从名古屋到神户，从而疏通了三湾一海的大港口城市。城市之间交通也十分发达，东京有20多条铁路线呈辐射状通往各地。环形高速公路连接9条路线，呈放射形向四面八方伸展，通向全国各地。大阪也有四通八达的交通网，有现代化铁路和高速公路通过，并有多条铁路和公路线呈辐射状通往各地，市内地面公路、高架通道和地下铁路形成立体交通结构，疏通能力极强。三湾一海地区各港口均十分重视同内陆的联系，不断加强建设港口与内陆联系的公路、铁路，进一步加速疏运能力，促进港口与内陆的协调发展。

码头专业化也是提高港口效率的一个因素。多用途、综合使用的泊位一般装卸效率较低，专业化泊位机械化程度高，装卸速度也高。三湾一海地区各大港专业化码头众多，专业码头有煤码头、矿石码头、油码头、散货码头等。如神户港的六甲人工岛就细分为食品专用泊位、小轿车专用泊位、大型物资专用泊位、危险品专用泊位、多用途泊位等。横滨港主要码头有：本牧外贸集装箱码头、山下外贸码头、大栈桥客运码头、新港杂货码头、散粮码头、高岛码头、山内外贸码头、出田木材码头、水果码头、大黑人工岛外贸集装箱码头。码头专业化中，效率最高发展最快的是集装箱码头，它可以提高装卸效率、减少装卸费用、加速车船周转、减轻港口拥挤。神户、东京、横滨都是世界重要集装箱港，神户港主要有港岛、六甲岛、摩那三个重要集装箱港区，共有35个集装箱泊位，装备有50多台集装箱装卸桥，堆箱能力59 249标准箱。

2. 高效的港口管理模式

日本港口的管理方法不同于欧美和发展中国家。日本的基本理念是不仅把港口管理者看作是港口当局等独立的公共事业体（或独立核算的企业体），而且把港口当局看作像河流、道路那样向国民或当地的居民提供基本的公用基础设施的主体。日本港口政策的一个特点就是把港口定位为地区开发（或产业开发）的社会资本。日本的港口由政府、私人共同参与管理。一方面日本政府非常重视港口的社会公益性，把港口看作是国家和地区发展的核心，强调把港口开发建设纳入国家和地区经济发展的总体规划之中，明确政府在港口建设中的投资责任，确保国家对港口的所有权；强调地方政府对港口的管理权，注重以地方经济的发展来保证总体国民经济的发展水平。与此同时，日本政府又强调企业的独立经营权，港口管理机构被禁止妨碍和干涉私营企业的正常业务活动，不允许经营和私营企业相竞争的业务，港口管理机构也被禁止在设施利用、港口经营管理等方面对任意一方给予歧视性待遇，政府仅通过法律、财税等手段对港口经营企业进行宏观指导与调控。

日本的港口管理实践表明，加强对港口所有权的控制与放手港口经营权并不矛盾，私营企业经营港口比港口管理机构直接参与港口营运对提高营运效率更有好处，港口的社会效益发挥得更加充分。在投资对象上，日本实行由政府投资港口基础设施的建设、规划和维护，由私营企业投资经营性设施并经营港口，私营企业的投资一方面加大了港口投资力度，有利于港口筹集更多资金；同时，私人企业的投资促使其真正关心港口的经营状况。而政府为支持港口、航运业的发展，不要求港口通过经营来收回其基础建设费用。日本的这种港口管理模式，使政府对港口权利的控制与私人企业的经营能力高效地结合起来，使其以海运为基础的贸易立国的基本国策得到可靠保证。

3. 港口开发投资的多元化

日本的港口在快速发展的过程中，其综合开发所需的资金严重不足，于是日本政府便鼓励民营企业参与沿海开发项目。显然，港口开发的民营化有助于减少政府的预算，将灵活的商业管理模式引入港口经营中，提高服务水准和工作效率，并形成竞争意识。因此，日本于1986年5月颁布了《关于促进运用民营企业活力改进特定设施的暂行办法》（简称《民活促进法》），1987年6月又公布了《关于促进民间城市开发的特别办法》，这些法规使得许多民间参与建造、改进港口设施的事业在日本许多港口陆续涌现。1992年，为减少过多的贸易顺差而制定了《关于促进进口和便利对内投资项目的暂行办法》（简称《FAZ法》），它鼓励民营企业参与进口基础设施的改进项目。《民活促进法》和《FAZ法》都把有效期规定到1996年5月为止，但由于需要根据这些法规对一些设施不断进行改造，1995年11月其适用期被延长到2016年5月29日。同时，其适用范围几经修正也呈现出日益扩张的趋势。

1996年，北九州港乡集装箱码头就是通过引进民间资本开工建设的。乡集装箱码头由国家和北九州市负责航线、锚地、防波堤、系留设施、填海造地等基础设施的建设。民间企业负责集装箱吊机、办公楼、集装箱通

第九章　日本港口建设与山东港口对日合作的思考

过的门、变电设施、冷冻插座、操作系统等码头运营设施的建设。在全部建设费约1 000亿日元中，国家事业费520亿日元，市事业费330亿日元，民间融资事业费150亿日元。一方面减轻了政府的财政负担，另一方面通过引进民间企业的经营专利，提高了设备的运转率。①

4. 港口合并政策及港口特区制度

2003年以来，日本为了保住其枢纽港地位，正在采取港口合并策略，以改善港口基础设施的不足，减少导致资源浪费的竞争；同时，日本通过实施港口特区政策，增强沿海港口群建设规模，扩大港口周边腹地，并最终建立起具有全球竞争能力的超级大型港口。

2003年初，日本政府提出改革方案，计划合并大阪与神户两港，成立"超级港口"，以此来整合两大港口的资源优势，应对韩国釜山港的竞争。从合并前的地理位置上来说，大阪港作为日本五大国际港口之一位于日本中部大阪湾内，日本关西经济圈的中心，是日本关西经济中心、产业中心和重要的对外贸易港口。港口临近关西国际机场，空运条件十分便利。除此之外，大阪市还有密如蛛网的高速公路以及数条能与东京、横滨、名古屋等重要城市相连的新干线铁路，交通条件极其优越。从合并前的规模上来说，神户港目前拥有码头泊位227个，可同时停泊巨轮230多个，其中15米以上大型深水泊位近10个，占东北亚地区各港口深水泊位总数的1/4。近年来，神户港集装箱吞吐量一直居日本各港口前列，成为仅次于横滨港的日本第二大港口。同时，神户港作为日本第一个建造集装箱码头的港口，现已成为日本最大的集装箱运载基地，航运规模非常庞大。

大阪神户两港合并后将成立单一的港务机构，使船舶进港只需付单一进港费，船舶申请进港的手续也只需一次批准即可进入两港。同时，单一港务局行政建制的实施，既能节省港务机构的行政开支，又能降低港航企业的营运成本，这将从很大程度上提升"阪神港"的整体竞争力。大阪、神户两港的合并不仅集结了阪、神两港的区位优势及资源优势，而且引入了新的港务管理制度，从而提升了大阪、神户两港单独发展的潜力。

2003年，日本经济产业省和国土交通省出台"港口特区制度"。根据这一制度，日本政府将通过放宽土地使用限制、提供优惠税收政策等措

---

① 廖一帆：《日本港口开发事业的民营化》，载《水运管理》，2003年第3期。

施，在特定港口及其周边地区创建"港口特区"，促进港口地区经济的发展。由于日本现有港口产业的聚集度和腹地经济的发展还远远没有达到港口预期规模的要求，而后续产业还尚未成熟，传统腹地生成量不足，所以日本着力对目前的产业结构做出调整，充分发挥港口资源优势的作用，以充分利用港口人流、物流、金融流、信息流的优势来发展经济。日本出台"港口特区制度"就是想通过出台相关政策，消除沿海工业区"产业空洞化"现状，进一步扩大日本港口的国际竞争力。

日本相继出台的港口合并政策及港口特区制度，在港口的生产经营方面实施充分放权给港口经营者的基本方针，在港口建设发展方面以极其优惠的政策充分调动和发挥社会各界建设港口的积极性。日本政府对港口的大力扶植政策，促成了港口在国家经济中举足轻重的地位，使得港口业日渐成为推动国民经济发展的重要动力。

三、山东省主要港口的发展现状

山东半岛地处亚太经济圈西环带和黄海经济圈的重要部位，与日本、韩国隔海相望，经济联系密切；从国内地理环境看，山东半岛北有京津唐，南接长江三角洲，西与山西等能源基地及大西北相通，即可接受多方辐射，又有着广阔的发展腹地，区位优势十分明显。至2006年底，山东省共有沿海港口24处、332个泊位，其中万吨级以上深水泊位136个，吞吐能力近4.7亿吨。[①] 随着经济的发展，港口货运量、中转量的增加，预计"十一五"期间吞吐量将有更大的增长。同时，各港口也在加紧基础设施的建设，兴建码头、扩展岸线、延伸港区。下面简要介绍一下山东半岛几个主要港口的发展情况。

青岛港是山东省第一大港，目前已与世界上130多个国家和地区的450多个港口有贸易往来，现已开通70多条国际航线，并且拥有中国大陆规模最大的集装箱电子数据交换（EDI）系统、最大的集装箱专用泊位、最大的20万吨级原油码头和20万吨级矿石码头。青岛港现拥有8个万吨级以上集装箱深水泊位，其中前湾二期3个集装箱泊位可以靠泊第五代以上集装箱船舶，规划建设中的前湾三期工程将建7个吃水在－16米

---

① 中国港口年鉴编辑部：《中国港口年鉴（2007）》，中国港口出版社，2007年版。

以上的大型深水集装箱泊位。如此优良的天然泊位条件使得青岛港具有集装箱运输的规模优势。根据集装箱运输中的"马太效应",青岛港集装箱吞吐量在超过300万标准箱后,集装箱航线及密度所产生的吸引和辐射作用将使青岛港的集装箱运输发生质的变化,有利于在更高层次上开始规模扩张。而青岛港早在2002年集装箱吞吐量就超过340万标准箱,成为东北亚地区集装箱运输增长量最快的港口和我国北方地区国际集装箱中转量最大的港口。

日照港是在国家"六五"期间建设的新兴港口,是国家重点发展的沿海主枢纽港之一,也是国家散货运输南部大通道的主要出海口,以"煤炭、矿石、油品和集装箱运输"为主。1982年开工建设,1986年建成开港,1995年国务院三部委批复为新亚欧大陆桥东方桥头堡。2003年5月,原日照港务局与岚山港务局企业部分联合重组,成立日照港(集团)有限公司。现拥有石臼、岚山两大港区,34个生产性泊位,总资产160亿元。2003年,港口规划自然岸线由原来的9.8公里延长到24.9公里,由80个泊位、1亿吨规划能力扩大到247个泊位、6亿吨规划能力。新修订的《日照港总体规划》,于2006年9月通过了交通部和山东省政府组织的初步审查。2006年,完成货物吞吐量11 007万吨,成为全国沿海第九个、山东省第二个亿吨大港,从而也使山东省成为长江以北唯一拥有两个亿吨大港的省份,实现了日照港发展史上的历史性跨越。[①]

烟台港是我国重要的客运枢纽港,腹地经济发达;拥有烟台至大连、烟台至仁川国内和国际两条客运航线,公路、铁路运输便利,港口疏运条件优越。烟台港外向型经济发展迅速,目前已与世界70多个国家和地区的100多个港口直接通航。烟台港现有12个深水泊位,港口年设计通过能力为730万吨。随着大连—烟台火车轮渡、德烟铁路和兰烟复线的兴建,烟台港将从一个地方性城市、支线铁路的终点站和一般性港口,一跃而成为全国性铁路干线上的重要枢纽和华东对东北交通的门户,进而成为具有全国性影响的大港口。[②]

威海港位于山东半岛东端,北与辽东半岛旅顺口共轭渤海咽喉,东与韩国仁川隔海相望,是我国北方重要的海上通道之一。1984年被国务院批准为首批国家一类开放口岸。威海港水域交通方便,海港铁路专线与全

---

① 资料来源:日照港网站,http://www.rzport.com。
② 资料来源:烟台港网站,http://www.yantaiport.com。

国联网，公路与省内主要干线相连，为区域性中心港，现有泊位12个，其中万吨级以上深水泊位4个，可停靠3万吨级以下船舶。配备了GPS卫星定位仪，可全天候通航。港口设施和机械设备齐全，形成了完善的客货装卸运输服务体系。现辖新老两个港区：老港区坐落于市区中心，泊位5个，其中万吨级泊位1个，主要承担国内、国际客运和车辆滚装业务；新港区位于威海市经济（技术）开发区，港区内有泊位7个，其中万吨级通用泊位3个，主要承担散杂货和集装箱装卸业务。总投资2.18亿元的三期工程中规模为3万吨级和5万吨级的两个泊位正在兴建中，工程竣工后将大大增加新港的货运吞吐能力。[①] 表9-1列出了2001~2006年山东省主要港口的货物吞吐量情况。

表9-1　　　　2001~2006年山东沿海主要港口货物吞吐量　　　　单位：千吨

港口名称	2001年	2002年	2003年	2004年	2005年	2006年
总计	192 980	220 360	255 890	305 480	338 000	470 000
青岛港	103 981	122 130	140 900	162 650	187 000	224 100
烟台港	19 950	22 890	25 790	30 110	45 060	80 880
日照港	29 330	31 360	45 060	51 080	80 280	110 070
龙口港	6 620	6 210	7 640	11 670	16 020	20 530
蓬莱港	5 290	5 960	6 150	7 084	7 600	9 165
威海港	7 270	6 710	8 400	11 472	15 310	22 192

资料来源：山东省统计局：《山东省统计年鉴（2007）》，中国统计出版社。

尽管山东半岛港口群具有得天独厚的发展优势，但是在快速发展的过程中，也存在着制约其整体竞争力进一步提高的因素，比如港口管理体制不尽完善、临港产业没有形成集群优势、港口群内部不合理竞争等，需要借鉴先进国家港口建设的成功经验寻求改善，日本的港口建设就为我们提供了这方面的经验。

四、日本港口建设对山东省的经验借鉴

日本的港口建设经验为山东省半岛港口群的发展提供了有益的借鉴。下面就结合近年来山东省的实际情况提出一些港口发展的建议。

---

① 资料来源：威海海事局，http://www.whmsa.gov.cn。

第九章　日本港口建设与山东港口对日合作的思考

1. 加速半岛港口群整合，提升整体竞争力

随着全球经济一体化进程的不断加快，市场经济中的竞争主体不再是单独个体，而表现为群体特征，以群体为特征的竞争体无疑更加具有竞争力。日本的港口合并政策就是以群体竞争理论为依托，在港口竞争市场中引入群体竞争主体，把合并后的大阪、神户两港作为阪、神工业带的海上运输枢纽，把东京港与横滨港合并后作为东京湾工业基地的输入、输出口岸基地。这种超级港口竞争主体的引入不仅能够发展各港口自身的优势，而且带动了整个阪、神工业带及东京湾乃至整个日本经济的复苏。山东半岛港口分布密集，并且重复建设和内耗严重，因此港口群资源的整合策略需要借鉴日本港口合并政策来进行发展和完善。

半岛港口群的资源整合最终目标是形成南部以青岛港为核心，联合日照港；北部以烟台港为核心，联合威海港的两个大的港口联合体。在具体实施中，按照抓大放小、先易后难、分阶段实现的原则，按规划进行。具体包括以下几个方面：烟台港与龙口港的资源整合；威海市区域范围内的港口资源整合；继续推进日照和岚山港口整合步伐；烟台港与威海港联合重组；青岛港与日照港联合重组。

2. 借助"区港联动"，促进临港经济发展

我国"区港联动"模式的实施与日本的港口特区制度很相似，都包含放宽土地使用限制、提供优惠税收政策等措施，目的是促进港口地区经济的发展。但我国的"区港联动"模式除了上述的政策优势以外，还具有独特的区位优势，区位优势和政策优势的叠加更增强了港口的竞争优势。自2003年12月国务院批准设立我国第一个区港联动保税物流园区试点——上港外高桥保税物流园区以来，目前在全国已发展为9个保税物流园区，取得了良好的成效。

对于山东省来说，应该在现有基础上，加快青岛"区港联动"试点工作，理顺青岛港、保税区、保税物流园区的协作关系，发挥各自优势，促进功能整合，早日建成"青岛前湾保税港区"，并在适当时机把青岛机场纳入试点工作，在青岛市实现空港、海港、经济园区的无缝对接，为山东省其他地区实施"区港联动"积累经验。另外，在青岛顺利实施"区港联动"的基础上积极争取推进烟台出口加工区与烟台港的"区港联动"试点启动工作。

3. 积极吸引各方投资，集中资金建设专业化码头

日本政府在港口开发方面采取投资多元化方式，对很多港口项目引进民间资本计划，从而大大减轻了政府的财政负担，加快了港口的建设步伐。而对于目前的山东半岛港口群来说，资金投入严重不足是一个亟待解决的问题，并且随着国家对港航基础设施建设的投入逐渐减少，资金短缺的矛盾会越来越突出，这将直接影响港航业的发展后劲。因此在港口建设中广泛吸收各方资本也成为山东省的必然选择。可以通过向国际性开发银行贷款、合资合作开发等融资手段吸引外资；也可以通过鼓励内陆腹地、大货主、大航商参与码头开发吸引内资，从而使港口开发在规模上能够具备国际竞争力。

此外，日本十分重视专业化码头的建设，因为港口的专业化程度越高，效率就越高，规模就越大。目前，山东省港口开发小而全、多而杂的现象还十分普遍，这使得本来就十分有限的资金分散在众多的港口开发项目之中，于是各个单项在国际甚至是地区间只能扮演着喂给港的角色，无法真正形成一个完整的港口产业，参与国际竞争，这也需要我们重新检讨我们的港口投资政策，要集中大笔资金，建设大规模的专业化的港口和码头，真正提高港口在国际上的竞争力。

4. 扩充腹地资源，完善城际交通

日本港口重视集疏运基础设施的建设，山东半岛港口群同样需要不断完善各种交通基础设施。虽然目前山东省面临腹地资源短缺的现象，但是，山东港口毕竟是黄河流域诸省区通往大海直线距离最近的地方，胶济线作为半岛城市群的"中轴线"，对山东经济腹地的扩展起着决定性作用，必须尽快西延。同时，山东应尽快衔接通往西部诸省区的高速公路，即济青高速、日东高速同西部诸省区的延伸与对接。如果山东港口与西部诸省区之间以干道相连，其较小的运输成本具有较强的市场竞争力，完全有可能扭转西部诸省区的物流走向。这样，以青岛港为龙头的山东半岛港口群，就会成为服务于黄河流域诸省区的物流中心；山东也就将成为整个黄河流域的重要出海门户。

港口不是孤立的，它离不开集、疏过程，离不开铁路、公路的支持。在城际交通方面，要搞好本地区的铁路衔接，增强港口的辐射带动功能。在公路方面，以提高路网技术等级和通达深度为重点，加快环渤海高速公路建设。在航空方面，按照现代化国际空港的要求，搞好青岛机场的改建和扩建，完善配套烟台机场，增强客货集疏功能。另外，县级市与中心城市之间要有高速公路连接，并逐步实现通勤铁路连接；胶东半岛城市群内部县级市之间和济南、青岛两大城市圈内部县级市之间的交通，应以高速公路为主。

5. 科学规划港口，强化国际港口的文化建设

横滨港建设新港规划面积1.86万平方米，其中住宅用地8 700平方米，道路和铁路用地4 200平方米，公园绿地4 600平方米。除了建设现代化港口设施之外，还包括建设美术馆、海滨公园、国际会议中心、时装中心、国际热带木材开发机构等项目，把横滨建成一个集航运、商业、文化艺术等功能于一身的国际文化大都市。山东半岛港口群的规划目标是北方国际航运中心和国际物流中心，提升国际中转功能。同横滨港的规划相比，我们更重视的是硬件建设，而横滨港除了基础设施外，强调区域的均衡发展，更加注重国际港口的配套建设和国际港口的文化建设。这一点也值得我们借鉴。

五、山东港口对日合作分析

世界经济全球化和东北亚经济的一体化趋势将有利于扩大海上贸易量，促进东北亚地区海上集装箱运输市场的繁荣。东北亚各集装箱港口之所以全力新建与扩建深水泊位，主要是都把目标集中在中国加入WTO后庞大的集装箱货源市场上。但是，一方面，中国的集装箱生成量和运输量在一定区域内和一定时期内总是有限的；另一方面，东北亚港口仍处于分散投资、封闭管理、低效率与不协作的服务状况，各港缺乏交流与合作必然导致港口恶性竞争，盲目投资，造成资源闲置浪费。因此，加强东北亚港口间的合作与交流是促进东北亚港湾共同发展的必要途径。而在东北亚港口的合作中，山东省港口与日本港口的合作是非常重要的组成部分。

1. 港口发展战略目标的协调

在山东省港口与日本港口的合作构想中，港口发展战略目标的协调应为首要议题。所谓协调，概指合理分工，适度定位，相互配合，联袂共进。作为合作的第一步，可考虑组建一个较为松散的鲁日港口论坛，以便互通信息、交流观点、协调立场、调整部署，共同拓展国际集装箱运输市场。在信息协作方面，各港口间可以建立统一的信息平台。各港口间的船运信息、报关信息、指挥调度信息等通过统一的信息系统实现资源共享。在口岸管理方面，简化出入境手续。货物过境采用认证认检、不重复查验的一关制管理办法，加快船舶通关。

2. 以市场为导向，组建港口联盟

使成员船公司对港口的使用更加集中，从而最大限度地实现规模效益。船方从其商业利益出发，自然希望港口增加投资建设码头设施，并降低港口收费，以便有更多的选择余地并最大限度地降低物流成本。但这种做法往往使港口设施的利用率降低，导致成本上升，利润减少，甚至出现亏损。为了扭转航运联盟造成的船港地位失衡的局面，不妨考虑在同一区域的港口间建立适当的港口联盟。至于鲁日港口间的联盟合作模式，可以多种多样。例如，既可以采用东、西横向的"陆域板块"模式，也可以采取南、北纵向的"海区板块"模式。当然，这种港口联盟应以市场为导向，建立在互谅互解、互惠互利的基础上。

3. 拓展东北亚区域以外的动态腹地

鲁日诸港应在维护共同利益的基础上，拓展港口群的整体覆盖空间，增加新的动态腹地，吸引更多的货源，以营造"水涨船高"、共同得益的氛围。具体而言，可以利用该区域覆盖东亚大陆主要岸线和面临开放的太平洋水域的地理优势，一方面吸引更多的亚洲、北美货物（包括部分东南亚货物）从鲁日诸港启运或中转；另一方面，在亚洲、欧洲的货物运输中大打"欧亚大陆桥牌"，吸引更多区域内外货物假道鲁日港口，弃水登陆，通过欧亚大陆铁路干线直接运往欧洲。

（作者：刘晓宁　山东社会科学院）

第 十 章

山东省禽肉产品对日贸易优势及现状分析

我国禽肉企业起步于 20 世纪 80 年代，经过十多年的发展，到 90 年代已形成相当大的规模，到 2003 年总产量跃居世界第二，仅次于肉禽生产大国美国。山东省肉禽业也是经历从无到有，从小到大而发展了起来，家禽出栏量从 1985 年的 72.5 万吨增长到 2006 年的 2 945.6 万吨，禽肉占肉类总产量的比重也从 5.39% 增加到 18.65%。禽肉从过去只有逢年过节才有可能享用的高档食品变为大众日常食品。目前，禽肉业已经成为山东省畜牧行业中产业化经营程度最高、增长最快的产业之一。[①]

由于山东省禽肉业的快速发展，带动了出口贸易的急剧扩张，目前山东省的禽肉主要出口到日本、中国港澳地区、欧盟、中东、韩国和东南亚等国及地区。日本是我国也是山东省农产品出口的第一大市场。从 1990 年来中国出口到日本的农产品占总体农产品的出口 1/3 强。其中对日本禽肉出口在山东省禽肉出口中占的比例最高，占山东省总出口的比重一直保持在 50% 以上。2007 年由于日本"肯定列表制度"的实施，以及"纸馅包子"事件引发的日本消费者对中国制造产品产生怀疑和担心，有的日本公司甚至拒绝中国食品上架，因此下半年农产品出口到日本市场出现下降，全年对日本出口 28.5 亿美元，下降 0.6%，占山东省农产品出口的 30.8%，回落 4.7 个百分点，但日本仍是山东省农产品出口第一大市场。受上述影响，山东禽业对日出口也出现一定程度的回落，但在日本市场，山东省的禽肉的市场地位仍旧举足轻重，因此，研究日本市场对于山东禽

---

① 资料来源：历年《山东省对外经济贸易年鉴》，齐鲁书社出版；历年《中国对外经济贸易年鉴》，中国对外经济贸易出版社。

业的发展意义重大。尤其是2003年以来，山东的禽肉对日出口受"非典"、禽流感、国外竞争、技术贸易壁垒的影响，出口量和出口额都出现大幅度滑坡，市场份额从2002年之前的28%下降到2003年的9.2%，再到2006年的不足8%，而且，巴西和泰国都把日本当成重点进攻的目标，趁机而入，蚕食山东在日放入禽肉市场份额。在这种情况下，研究山东对日禽肉出口，其意义更显非同寻常。

一、山东省及其主要竞争地区对日本禽肉贸易状况

在国际贸易中分析一个产品的出口情况，不仅要看进口国的需求状况，更要分析竞争对手的竞争力。只有学人之长补己之短，不断扩大相对优势，缩小相对劣势，才能持续提高自己的核心竞争力，在国家贸易中居于有利地位。对于日本的禽肉市场而言，日本国内的需求量和生产量相对稳定，在未来一段时间内不会大幅度增加进口，而且随着禽病的不断暴发，还有可能减少禽肉的进口量。也就是说，山东要想扩大对日出口量必须要从竞争对手那里抢占市场份额。美国、中国、巴西以及泰国不仅是世界主要的禽肉生产国，四国禽肉年产量占世界总产量的一多半，也是日本的主要禽肉进口国。目前，泰国、巴西、美国和山东合计占了日本禽肉进口总量的90%以上。因此本章将分析这四个互为竞争对手禽肉的生产贸易状况。

（一）山东省对日禽肉贸易情况

日本历来是我国禽肉的重要出口市场，自1998年以来，由于受到泰国和巴西强有力的竞争，再加上禽流感的影响，我国对日出口大幅下降。从高峰时2000年的24.53万吨下降到2004年的9.23万吨，下降了60%。同时，山东省禽肉对日出口绝对数量与相对数量也随之下降，相对数量从1998年占山东省禽肉总出口的86.07%下降到2004年的52.56%。2006年由于受禽流感和"肯定列表制度"的影响，出口额同比减少了50%，

第十章 山东省禽肉产品对日贸易优势及现状分析

从2005年出口额的3 120万美元下降到1 560万美元。[①]

虽然日本在我国禽肉总出口中的比例有所下降,但是对日禽肉出口仍占我国禽肉出口的半壁江山,日本市场对于我国禽肉出口极为重要。

(二) 巴西对日禽肉出口情况

巴西作为世界第三大禽肉生产国,禽肉生产从1995~2004年一直保持快速增长的趋势。从1995年的415万吨增长到2004年的890万吨。十年增长了1倍多,年均增长速度近9%。在巴西的禽肉生产中,鸡肉的生产占禽肉总产量的97%以上,其次是鸭肉和火鸡肉的生产,鸭肉的生产在2000年之后有所下降,而火鸡肉的生产则持续增长,从1995年的9万吨增长到2004年的22万吨。

巴西自1995年禽肉出口增长迅速,2004年一跃成为世界最大的禽肉出口国,引起了各方的关注。

巴西的禽肉出口从1998年开始快速增长,特别是在2000年之后,禽肉出口年均增长速度超过20%,从1998年的63.63万吨增加到2003年的207.17万吨。出口额也从1998年的7.90亿美元增加到2003年的19.53亿美元。在巴西的禽肉出口对象国中,从巴西进口禽肉超过100万美元的国家从37个增加到76个。

巴西对日出口主要是冻鸡块及杂碎,其次是冷冻的整鸡。日本是巴西冻鸡块及杂碎的最大出口目的国,对日出口从1998年的1.18亿美元增长到2003年的2.31亿美元。[②]

(三) 泰国对日禽肉贸易情况

泰国的禽肉生产,在出口的拉动下,禽肉产量从1995年以来迅速增长。从1995年的101万吨增加到2002年的141万吨,2003~2004年受禽流感的影响,禽肉生产下降,2004年仅96万吨,又跌落到了1995年的水平。泰国的禽肉生产主要是鸡肉和鸭肉的生产,鸡肉占总产量的90%

[①] 资料来源:山东国际商务网:http://www.shandongbusiness.gov.cn/zz/index/zz/mfc/itemid/217;hettp//www.shandongbusiness.gov.cn/zz/index/zz/mfc/itemid/612。

[②] 资料来源:ABEF(巴西鸡肉出口商及生产商协会)商务网:http://www.abef.com.br/noticias_portal/exibenoticia.php?notcodigo=161。

左右，鸭肉占到 10% 左右。

泰国的禽肉出口在从 1995 年保持了持续快速增长势头。从 1995 年的 18 万吨，增长到 2003 年的 55 万吨，增长了 2 倍多。特别是在 1996 年中国的动物源性食品遭遇欧盟技术贸易壁垒之后，泰国乘虚而入，抢占了原来中国在欧盟的市场份额。出口额也从 1995 年的 6.33 亿美元增长到 2003 年的 11.44 亿美元。生肉和熟肉的出口都快速增长，其中生肉的出口从 421 万美元增加到 639 万美元，熟肉的出口从 212 万美元增加到 505 万美元，特别是熟肉的出口占总出口的比重从 33% 上升到 44%。在熟肉出口方面，泰国是中国最大的对手。

从出口的国家来看，泰国的主要禽肉出口国是日本、英国、德国、荷兰、韩国和新加坡。其中日本的出口额最大，2003 年泰国对日本出口 5.86 亿美元，而紧随其后的是英国和德国，分别为 1.48 亿美元和 1.42 亿美元。日本是泰国最重要的出口市场，对日出口额占总出口额的一半以上。泰国鸡肉产品的出口分布均衡合理，日本人喜欢腿肉，泰国就将腿肉出口到日本，同时又向喜欢鸡肉的欧盟出口胸肉，而在相对比较穷困的亚洲地区，销售鸡翅等其他价格比较低廉的产品。[①]

（四）美国对日禽肉贸易情况

美国作为世界第一大禽肉生产国，出口量位居世界第一，2003 年就已达 274.53 万吨。美国的禽肉出口在 2001 年之前一直都在平稳增长，从 1995 年的 203 万吨增长到 2001 年的 312 万吨。在 2001 年，美国的禽肉第一出口大国俄罗斯对美国禽肉出口实施技术贸易壁垒，导致对俄出口锐减。而且随着巴西的崛起以及泰国强有力的竞争，导致美国的禽肉出口开始滑坡。

日本在 2001 年是还是美国的第五大出口国，后来由于日本市场上中国、巴西和泰国强有力的角逐，使美国在日本市场上的市场份额越来越少，2003 年仅对日出口 2 900 万美元，按出口额排名，在美国的禽肉出口国中列第十位。美国向日本出口的禽肉主要是冻鸡块及杂碎、其他方法制作保存的鸡肉及杂碎以及鲜冻的其他鸡块。由于美国在日本市场上不具有

---

① 资料来源：联合国粮农组织（FAO）网站：http://faostat.fao.org/site/342/default.aspx.

第十章 山东省禽肉产品对日贸易优势及现状分析

优势,市场份额逐年减少。①

综合来看,从 1998~2003 年,日本一直是巴西的第二大禽肉出口国。2003 年与巴西的最大禽肉出口国沙特阿拉伯仅差 1 000 万美元。巴西对日禽肉出口额占其总出口的 13%,出口量占其总产量的 26%,出口量与消费量的比为 0.35。

中国和泰国的第一大出口市场都是日本,而且两者出口的品种结构很相似,二者的劳动力成本又都相对低廉。泰国是中国在日本市场上最大的竞争对手。泰国对日出口额占其总出口的 51.22%,出口量占其总产量的 42.72%,出口量与消费量的比为 0.75。

美国是日本火鸡的主要供应国,我们可以试着改变这一格局,发展火鸡的生产与出口。美国禽肉出口量占其总产量的 15.86%,出口量与消费量的比为 0.19。美国由于其劳动力成本比较高,在分割鸡方面不占优势,在分割鸡出口方面有所下降。

二、山东省在日禽肉市场贸易优势分析

(一) 贸易优势的概念及内涵

比较优势理论是传统国际贸易理论的一大支柱,从古典贸易模型到新古典贸易模型已形成较为完善的体系。该理论认为,各个国家按照各自比较优势开展贸易,可以提高资源利用率,满足消费者的需求,提高国际贸易盈利性和经济效益,从而增加所有国家的福利。可以说比较优势是决定国家间贸易结构和规模最基本的因素。

关于贸易优势的概念,是指由主导产业决定并构成一国出口主体的某些商品类别集合,这种商品集合在国际贸易中具有优越势能或优胜趋向(孙伟,2005)。本章所研究的贸易优势主要是山东省的禽肉在对日出口过程中同竞争对手相比所具有的优越势能。本章贸易优势研究的重点在于用定量的方法描述我国的禽肉在日本市场上所具有的综合竞争力。

---

① 资料来源:http://www.maff.go.jp/e/annual_report/pdf/fy2006_rep.pdf;http://www.maff.go.jp/e/annual_report/pdf/fy2005_rep.pdf;http://www.maff.go.jp/e/annual_report/past.html。

(二) 贸易优势的测算

1. 常见的贸易优势测算方法

比较优势理论及测算方法是研究贸易优势的基础和主要工具,本文将选用比较合适的比较优势数学模型来研究贸易优势,常见的测算方法主要以下几种。

(1) 市场占有率。市场占有率主要有三个指数:国际市场占有率、进口国市场占有率和本国国内市场占有率。而其中国际市场占有率(A_{ij}),运用较为广泛,该指标反映了一国某产业或某产品在国际市场上所占份额,这种指标较为简单直观。其计算公式为:

$$A_{ij} = X_{ij}/X_j$$

式中,i 表示国别,j 表示某种商品类型,X_{ij} 为 i 国 j 商品的出口贸易额,X_j 为 j 商品的世界出口贸易额。该指数越大,说明 i 国 j 商品的国际竞争力越强。

(2) 成本比较法。成本比较法包括直接成本比较和相对成本比较。直接成本法假设有甲乙两个国家同时生产 a、b 两种产品,甲国生产一个单位 a 和 b 的成本分别为 a_1 和 b_1,乙国生产一个单位 a 和 b 成本分别是 a_2 和 b_2。如果甲国产品成本低于乙国,即 $a_1 < a_2$,则甲国在产品生产上有优势如果乙国产品成本低于甲国,即 $a_1 > a_2$,则甲国在产品 a 生产上有优势。对于产品 b 有同样的定义。

(3) 价格比较法。价格比较法包括直接价格比较和相对价格比较。直接价格比较是指利用两个国家同一时点农产品价格或同一时期价格指数,衡量两个国家的农产品比较优势水平或变动趋势。价格越高,比较优势水平越低;反之,价格越低,比较优势水平越高。设有两个国家甲和乙,其同种农产品的价格分析为 $P_甲$ 和 $P_乙$,如果 $P_甲 > P_乙$,则认为与乙国相比,甲国在该产品生产上不具有比较优势。

(4) 显示性比较优势法。显示比较优势法由美国经济学家贝拉·巴拉萨于1965年提出的一个具有较高经济学分析价值的比较优势测度指标,被世界银行等国际组织广泛采用。它是指一个国家某种商品占出口总值的份额与世界该类商品占世界出口份额的比例。用公式表示为:

第十章 山东省禽肉产品对日贸易优势及现状分析

$$RCA_{ij} = \frac{X_{ij}/X_{it}}{X_{wj}/X_{wt}}$$

式中，RCA_{ij}为i国第j种商品的显示比较优势指数；X_{ij}为i国第j种商品的出口额；X_{it}为i国所有商品的出口总额；X_{wj}为世界第j种商品的出口总额；X_{wt}为世界所有商品的出口总额。当$RCA_{ij}>1$则说明该国在此类商品出口具有显示比较优势；$RCA_{ij}<1$则说明该国在此类商品出口有显示比较劣势；$RCA_{ij}=1$则说明该国在此类商品出口既无显示比较优势，又无显示比较劣势。

（5）相对贸易优势系数。相对贸易优势（RTA）是用于分析两个不同国家某一产品生产的比较优势方法，也是通过对进出口贸易实绩分析，衡量比较优势的一种方式。RTA指标最初由Scott和Vollrath（1992）提出，用以修正以RCA指标的不足。该指标以一国的整体产出为考虑范围，将进出口结合起来，在计算一国出口优势的同时，也考虑了本国的进口需求结构，充分表现了以一国所有资源利用为主的比较优势，而且避免了RCA的重复计算。

其数学表达式为：

$$RTA = \frac{\frac{X_{ia}}{X_{ra}}}{\frac{X_{in}}{X_{rn}}} - \frac{\frac{M_{ia}}{M_{ra}}}{\frac{M_{in}}{M_{rn}}}$$

式中，X_{ia}代表i地区a产品的出口额；X_{ra}代表i地区之外a产品出口额；X_{in}代表i地区除a产品之外的其他商品出口额；X_{rn}代表i地区之外其他商品出口总额；M_{ia}代表i国a产品的进口额；M_{ra}代表i地区之外a产品进口额；M_{in}代表i地区除a产品之外的其他商品进口额；M_{rn}代表i地区之外的其他商品进口价值。如果RTA为正值，表示i地区a产品相对于j地区a产品具有比较优势，值越大表明优势越明显；如果RTA为负值表示不具有优势，值越小优势越不明显。

（三）测算方法的比较

从上面常见的五种测算方法来看，市场占有率法比较直观的体现出不同竞争对手对于市场占有的比率，可以直观地看出表面的优劣势，但是由于国际贸易是一个比较大宗的贸易，对于种类细分比较复杂产品而言不具备说明性。

成本比较法和价格比较法对于各个国家和地区而言也不具备直接的比较性，因为禽肉产品分类比较细，不同的国家侧重也不一样，对于成本而言收集数据比较困难，同样价格也是没有办法进行统一，所以针对日本这个第三方市场测算不同国家和地区的成本和价格是没有办法说明各个地区的比较优势的。

显示性比较优势测量法是测量比较优势时常用的方法，但是巴拉萨指数法对比较优势的测量是指一个国家的某一产品相对于整个世界的比较优势，而本章需要测量的是一个国家相对于另一个国家在第三国市场上的比较优势，测量结果与现实偏差也比较大。测算出山东省、日本、美国、巴西和泰国禽肉的 RCA 值如表 10-1。

表 10-1　　　　山东省、日本、美国、巴西和泰国禽肉的
显性比较优势（RCA）值

年份 国家或 地区	2000	2001	2002	2003	2004
山东省	1.27	1.38	1.01	1.05	0.82
日本	0.01	0.01	0.01	0.01	0.01
美国	1.63	1.68	1.48	1.57	1.95
巴西	10.72	13.40	14.77	15.68	19.52
泰国	7.16	7.89	8.96	8.36	8.95

数据来源：根据 FAO 统计数据：www.gtis.com/gta；中国商务部外资司（http://www.mofcom.gov.cn/）、山东国际商务网（http://www.shandongbusiness.gov.cn/）计算所得。

从山东省的对日禽肉出口的实际业绩来看，山东省对日禽肉出口在整体上相对于美国和巴西具有比较优势，但相对于泰国具有一定的劣势。但实际的测算结果是山东省相对于这三个国家都具有比较劣势，与现实不符合。这主要是因为在测算过程中将某一地区出口的某种产品与该地区出口的所有其他商品相比较。由于山东省经济的快速增长，其他商品的出口增长也比较快，甚至超过了禽肉出口的增长速度。这样如果用该结果来表示山东省禽肉在日本市场上的比较优势的话，山东省的比较优势就被缩小了。

第十章 山东省禽肉产品对日贸易优势及现状分析

(四) 基于第三方市场的贸易优势的测算

相对贸易优势 (RTA) 是用于分析两个不同国家某一产品生产的比较优势方法，为了更好地测算出不同两个地区在第三方市场的优势，针对 RTA 测算做一下改动，就是把两个地区对于第三方市场产品进行比较。其数学表达式为：

$$RTA = \frac{\frac{X_{ia}}{X_{ira}}}{\frac{X_{ja}}{X_{jm}}} - \frac{\frac{M_{ia}}{M_{ira}}}{\frac{M_{jn}}{M_{jm}}}$$

式中：X_{ia} 代表 i 地区针对第三方 K 市场 a 产品的出口额；X_{ira} 代表 i 地区针对第三方 K 市场除了 a 产品之外的出口总额；X_{ja} 代表 j 地区针对第三方 K 市场 a 产品出口额；X_{ira} 代表 j 地区针对第三方 K 市场除 a 产品之外的出口总额；M_{ia} 代表 i 地区从第三方 K 市场 a 产品的进口额；M_{ira} 代表 i 地区从第三方 K 市场除了 a 产品进口额；M_{ja} 代表 j 地区从第三方 K 市场 a 产品进口额；M_{jra} 代表 j 地区从第三方 K 市场除 a 产品之外的进口额。如果 $RTA > 1$，表示 i 地区 a 产品相对于 j 地区 a 产品在第三方市场具有比较优势，值越大表明优势越明显；如果 $RTA < 1$，则表示 i 地区 a 产品相对于 j 地区 a 产品在第三方市场不具有比较优势。

应用新建的模型，测算山东省相对于美国、巴西、泰国在日本禽肉进口市场上的值，结果见表 10-2。

表 10-2 山东省相对于美国、巴西、泰国在日本禽肉进口市场上的值

	1998 年	1999 年	2000 年	2001 年	2002 年	2003 年	2004 年
山东/美国	20.15	22.45	38.51	36.52	85.52	98.21	50.12
山东/巴西	14.25	10.23	15.26	14.41	5.25	4.61	3.21
山东/泰国	1.21	1.52	1.36	1.02	0.995	0.85	0.53

数据来源：根据 FAO 统计数据：www.gtis.com/gta；中国商务部外资司 (http://wzs.mofcom.gov.cn/)；山东国际商务网 (http://www.shandongbusiness.gov.cn/) 计算所得。

从表 10-2 可以看出，山东省在对日禽肉出口方面相对于泰国处于比较劣势，而相对于巴西和美国则具有优势，尤其是对美国优势最大。山东

省从 2000 年以来相对于美国在日本市场上的优势增长较快,这主要是由于中国、泰国和巴西强有力的竞争使美国禽肉在日本市场上日益萎缩。山东省相对于巴西在日本市场上的比较优势在减弱,这是由于巴西目前比较重视禽肉的出口加工,特别看好日本市场,日本已经成为巴西第二大禽肉贸易伙伴。山东省相对于泰国在日本市场上从 2002 年开始处于比较劣势。从 1998 年开始,山东省相对于泰国就没有很大的比较优势,这与泰国非常重视日本市场有关,尤其从 2000 年以来禽肉对日出口的快速增长。

从山东省相对于日本禽肉市场的贸易竞争优势看,相对于发展中国家泰国和巴西,山东的贸易竞争优势呈逐渐减退趋势,甚至丧失自己的优势,变成了相对劣势,尤其在 2003 年来受"非典"影响,中国的整个农产品出口都受到影响,同样也影响了对日的禽肉产品出口。

三、山东省对日禽肉贸易影响因素及与竞争对手差距分析

(一) 各个地区之间的贸易规模竞争

从上面分析可以看出,巴西、泰国和美国的竞争是影响我国禽肉出口最重要的因素,尤其进入 21 世纪之后,很多发展中国家开始对农业出口贸易提高了重视程度,这样无形中影响了山东省对日的禽肉贸易。

同时,不同国家和地区产业规模效益的不同会影响生产成本,这样也会影响其竞争对手的出口贸易。一个产业的竞争力是该行业中每个企业和组成部分的竞争力构成。只有企业达到一定的规模才能形成规模效应,如果一个国家该行业的企业规模组成比较合理,规模效应较好,那么该国在该行业会形成竞争优势。

泰国为了保持禽肉行业成长与获利,不断扩大企业规模。2003 年,泰国 8 家最大企业每月的肉鸡屠宰量合计达到 4 200 万只,相当于泰国总产量的 90%。8 家主要的鸡肉出口企业生产的高附加值的深加工产品占泰国总产量的 60% 强(孙荣华,2004)。

巴西在禽肉生产加工方面,主要集中在巴西南部的 4 个州,这 4 个州的产量在年时占整个巴西总产量的 69%,出口量占全国总出口量的 97%,

巴西禽肉生产的规模效应非常明显。在加工出口方面，巴西几个主要出口企业集中了全国绝大部分的禽肉出口。

巴西禽肉生产加工出口已经形成一个高效的生产、加工、出口协作系统，有利于其降低交易成本和运输成本，提高禽肉的国际竞争力。除此之外，还便于对生产技术、质量、卫生和生产过程进行统一控制。

美国的肉鸡产业化经营主要采取联营合同制。公司和养鸡户签订生产合同，养殖户负责投资建场及设备和劳动力，由掌握加工和销售环节的专业公司以合同形式将养殖户纳入其组织系统，公司负责提供鸡雏、饲料和药品、疫苗和技术服务，养鸡户从事饲养管理和生产经营。

而从整个中国来看，最大的39家鸡肉生产企业生产量占全国总生产量不足40%，集中度不高，小规模的出口加工企业数量众多。这些小企业往往为了争取出口机会相互压价，恶性竞争，不仅降低了企业利润，也损害了我国肉鸡行业的整体竞争力。如中国冻鸡的出口平均价格一路下滑，由1996年的2 109美元/吨下降到2003年的1 125美元/吨，不但影响了企业和农户的利益，甚至还受到主要进口国的反倾销制裁（朱其太，2004）。再看山东，2007年，山东省3 882家企业具有农产品出口业绩，比上年增加272家。其中，出口过百万美元的1 447家，比上年增加168家；出口过千万美元的220家企业，比上年增加43家；出口过亿美元的企业由上年的1家增加为2家，即：山东锦宜纺织有限公司出口14 294万美元、烟台北方安德利果汁股份有限公司出口12 848万美元。同样，山东省的出口前十位的企业禽肉产量和出口额也不足产量和出口总额的20%。[1]

通过以上比较我们可以看出，山东省的禽肉生产企业同国外竞争对手相比，存在规模偏小，产业集中度不高，不能产生规模效益的问题。因此，山东禽肉产业出口贸易的发展必须要有规模效应来支撑。大力扶持禽肉加工企业，扩大企业规模，而且要加强企业之间的合作，提高肉禽行业的整体竞争力就成为摆在我们面前的重要任务。

（二）各个地区的政策因素影响

肉禽业虽然是农业领域中效益比较好的一个产业，但是由于肉禽养殖业存在动物疫病、运输、研发周期长等因素的影响，其比较利益还是低于

---

[1] 资料来源：国际商务网：http://www.shandongbusiness.gov.cn.

非农产业的，资本和劳动力外流的风险性也比较大，这就需要政府进行宏观调控来克服市场失灵问题。因此可以说，政策因素也是影响各国和地区禽肉出口竞争力的一个重要因素。

在山东省的主要三个竞争对手中，泰国是最重视肉禽产品出口的，在饲料、质量控制、家禽防疫、市场拓展等方面都有相应的政策。泰国起初在1995年为了保护本国的玉米、黄豆和鱼粉等饲料业，对于进口用于生产动物饲料的原粮征收高附加税，使肉鸡的生产成本增加，出口下降。但随后商务部降低了饲料原粮玉米和黄豆的进口税以提高肉鸡出口的竞争力，并从1997年开始逐步放开了饲料市场（张庆丽，2005）。另外，泰国政府非常重视食品安全，严格遵守进口国制定的技术和质量标准。为了获得欧盟的进出口权，针对欧盟的标准，制定相应的指导原则，要求企业严格按照欧盟标准从管理到生产严格控制，包括药物残留、饲料中的药物使用规范、农场药物使用规范，以及肉类产品药残监测等。同样，国家的政策对于山东省的禽肉出口贸易也会产生非常大的影响。

（三）日本新贸易壁垒体系影响

从总体来看，日本市场规模大，消费水平高，对商品质量要求高，市场日趋开放，进口的制成品比重提高；日本的制造业已基本完全放开，农业、流通及建筑市场尚没有完全放开，在这些环节上还存在着技术贸易措施。日本的技术壁垒体系主要包括技术法规和标准，产品质量认证制度与合格评定程序，绿色技术壁垒等。日本新贸易壁垒体系的特点是法规体系复杂，多重标准设限，报检报验手续繁杂等。

另外，日本采取的措施经常是高出国际标准，有的以设备难检出的最低限为准，明显缺少科学依据。有的专门针对中国产品，贸易保护主义色彩浓厚。"肯定列表制度"的颁布对于山东的蔬菜的出口影响很大，同时对出口的检验力度有明显加大。这些都会对山东的禽肉出口产生很大的影响。

（四）禽流感等禽类疾病的影响

禽流感是禽类流行性感冒的简称，是由禽类流行性感冒病毒引起的一种禽类（家禽和野禽）传染病。自1995年以来，我国禽肉出口一直呈上升趋势，由1990年的2万多吨发展到2004年的26.5万吨，我国的禽肉对日出口占我国禽肉总出口的50%以上，但受高致病性禽流感的影响，我国禽肉的对日出口从2000年的35.15万吨下降到2004年的13.93万吨。①

2003年5月12日，日本从山东出口的一批鸭肉中查出两例禽流感病毒，突然宣布停止进口中国所有的禽肉蛋产品。

2004年1月27日，我国农业部公布广西、湖南、湖北发生高致病性禽流感疫情，日本、韩国、巴西、南非等国家宣布停止从我国进口禽肉及其制品。

禽流感对我国禽肉出口的影响主要有以下三个方面：

第一，禽肉出口量大幅度下降。第二，出口市场丢失，市场份额减少。巴西利用中国暴发禽流感的机会，抢占了中国在日本的市场。巴西在日本禽肉市场上的份额大幅度上升。第三，禽肉生产企业受到较大挫伤。

（五）"毒饺子"和"纸馅包子"事件的影响

"毒饺子"事件和"纸馅包子"对山东输日农产品影响严重，事件引发日本消费者对中国制造产生怀疑和担心，有的日本公司拒绝中国食品上架。一是打击了山东农产品在日本消费者中的信心。经媒体大肆渲染，日本民众特别是家庭主妇对中国食品的恐惧心理短期内难以消除。据调查，近期不考虑购买中国食品的日本消费者比例高达75.9%，而此前中国食品的消费者比例为57.9%。二是中国食品出现滞销，被撤下超市货架。威海的好当家、泰祥、海都等企业的产品均在此列。日本客户估计，包馅食品和冷冻调理食品的销售量只有2007年同期的一半。三是订单数量大幅减少，由此导致生产开工不足。部分企业2008年春节后第一周发货量约为上年同期的1/9，大部分客户处于观望状态。四是为确保出口农产品质量安全，检验检疫部门每批必检，企业产品检验成本增加，产品出口周期延长。

---

① 资料来源：《中国海关统计年鉴》（1996~2006），中国海关出版社。

（六）中国整个饲料行业的发展水平

肉禽业的发展离不开饲料工业的发展。我国的肉禽业起步于20世纪80年代，肉禽业的增长在很大程度上得益于肉禽饲料业的发展。我国的饲料工业从20世纪70年代开始迅速发展，到2005年达到了1.03亿吨，是世界第二大饲料生产国。与此同时，我国的肉禽饲料的增长也比较快，从1991年的602万吨增加到了2003年的1 932万吨，增长了2.04倍。[1]

在我国饲料业产量迅速增长的同时，我国饲料生产企业的生产规模和生产水平也有了很大的提高。2004年全国排名前10位的饲料生产企业的产量达到了1 850万吨，占全国饲料总产量的21%，2004年我国饲料产品合格率达到了95.06%。但是，我国在饲料科技方面与发达国家仍然有很大差距。从饲料转化率来看，我国同国际先进水平相比还存在很大差距。在肉鸡转化率方面来看，国际先进水平是1.6∶1，国内先进水平为1.9∶1，国内平均水平为2.2∶1；从蛋鸡转化率来看，国内先进水平比国际先进水平低了0.4，为2.7∶1，平均水平仅为3.0∶1。从这方面来看，中国和山东省与世界先进水平相比有着不小的差距。[2]

从目前的情况来看，饲料仍是我国肉禽产业发展的一个障碍因素。首先是饲料安全问题，我国对商品饲料的检验，一直是个薄弱环节，缺乏对饲料进行严格的检测，导致我国的禽肉质量不能满足出口的需要。其次，是我国的饲料资源短缺问题，从长期来看，饲料资源短缺问题，将是制约我国饲料产业发展的主要因素，也成为禽肉业发展的掣肘。

另外，从紧的货币政策、人民币升值、企业生产主要原材料价格、劳动力价格上涨等状况短时难以改变，也会影响禽肉产品的出口贸易。

四、应对举措及政策建议

（1）认真研究形势，为扩大禽肉出口献计献策。在促进禽肉出口方面，应采取一些有效措施，广泛宣传，认真做好农产品出口贸易培训工

---

[1] 资料来源：《中国畜牧业年鉴》（1995～2006），中国农业出版社。
[2] 同上。

第十章 山东省禽肉产品对日贸易优势及现状分析

作。组织专门人员对日本的外贸制度和进出口规则进行详细的研究，比如对日本的"肯定列表制度"进行系统研究，形成可查资料，供检验检疫和企业人员使用。同时加大以生产企业、外经贸和检验检疫人员为对象的食品安全培训，提高这些从事生产和外贸的人员的综合素质，为山东禽肉及农产品的出口提供人才保障。

（2）建立预警机制，积极应对禽流感。针对禽流感带来的不利影响，应该进一步完善"禽流感预警机制"，及时发布最新疫情报告和国际市场动态。加强禽流感的预防和救治，政府给予一定政策扶持，建立和健全以市行政区域为中心的兽医防疫区域化管理体系。

（3）积极推行检验检疫监管模式改革，强化山东省出口商品环境标识认证工作。实施绿卡行动，确保出口农产品质量安全。在加强源头管理和全过程控制的同时，对出口禽肉等产品实施驻厂兽医制度，积极推行电子执法工程，对出口农产品实施电子监管，降低企业的出口成本，加快出口放行速度。加强出口产品的检疫、检验工作，限制不符合检疫检测标准的产品出口。因此，有必要建立与国际接轨的中国出入境检验检疫（CIQ）安全卫生产品检查认证制度。搞好"质量监督保证体系"试点，尽快做好推广工作。同时，执法机关的检验检测机构，应加强业务培训和队伍建设，提高检测能力和技术水平，保证执法的公正性。尽快建成一批在人才、技术、设备和管理方面与国际接轨的国家级、省级质量卫生安全检验中心。

（4）树立自有品牌，增强国际市场营销力度。政府应采取措施引导禽肉企业和外贸公司加大肉禽产品的国际市场营销力度，树立自有品牌，只有这样才能提高我们在价值链环节中的附加值，增强抵御国际风险的能力，提高禽肉产品利润，使农民和企业共同受益。因此，要使企业树立浓厚的品牌意识，激发他们营销创牌的热情，形成肉禽产业品牌与生产的良性循环，从而带动山东整个肉禽产业的出口贸易的发展，增强贸易优势竞争力。

（5）积极吸引外资，引进国外先进的管理经验。缺少资金是不少企业发展的瓶颈，尤其在风险较大的农业领域。吸引外资是发展壮大禽肉产业的重要途径之一。自1997年以来，山东省已成为日韩投资的热点地区，禽肉产品加工业吸引了越来越多的资本，各级政府应进一步优化投资环境，积极引进外来投资，利用国外先进的禽肉生产管理经验，学习其严格的生产加工技术和工艺流程，提高山东禽肉业的生产质量和水平，尽快弥补山东禽肉业起步晚、技术水准低、经验不足的缺陷，以产品质量的提升带动山东禽肉产品出口的扩大。

（6）强化服务，做好禽肉贸易促进工作。充分发挥对外贸易服务中介机构的作用，组织企业深入日本、欧盟、东盟等主要出口国，对其禽肉生产、加工、流通环节及市场情况进行考察，了解当地市场需求偏好和产品技术标准，有针对性地发展山东省禽肉生产与出口。同时组织企业积极参与国际展会，对山东禽肉产品的质量、特点、优势进行广泛的推介与展销。

（7）加大禽肉生产基地建设的力度，尽快成立行业协会。相对于其他竞争对手而言，山东省的禽肉生产规模效益较低。为了扩大规模效益，加强禽肉出口，应重视禽肉生产基地建设。对出口禽肉产品实行规模化、标准化、绿色化生产，并积极推进原产地认证工作，尽快扩大生产规模，提高禽肉产品质量，并尽快形成自有基地品牌和产品品牌，提高山东禽肉产品竞争能力。同时成立行业协会，对禽肉产品出口进行协调，避免恶意竞争和遭遇反倾销。

（8）加大对禽肉生产企业信贷支持的力度。资金的短缺是山东省家禽产业做大做强的一个瓶颈。家禽饲养是一个前期投入大，生产周期较长，见效比较慢的产业，对于这些企业来说资金压力往往非常大，同时，在对外贸易过程中资金积压现象也比较普遍，如果加大对这些企业的信贷支持，将非常有利于山东省禽肉业的生产和对外出口。

(作者：李巍　山东师范大学)

第十一章

日本对山东省直接投资及对山东省产业结构的影响

一、问题的提出

20世纪80年代以来,我国实行对外开放政策,积极引进外资,发展对外贸易,加快对外经济技术合作步伐,与世界经济的融合程度迅速提高,取得了举世瞩目的成就。同时,我国的产业结构正发生着阶段性的转折,进入了新一轮产业结构的调整和升级,因此,进一步扩大对外开放,更好地引进国外直接投资,带动山东产业结构转型升级,在我们面前既有市场新的机遇,也面临严峻的挑战和压力。因此,研究国外直接投资之于山东产业结构的相关性,分析探索利用对外直接投资(FDI)促进产业结构优化的方法和路径,提高其对于产业调整的贡献率,就具有重要的现实意义。

产业结构调整和升级的必要条件是技术不断提升和投资。技术、资本和产业结构相辅相成:技术、资本促进产业结构的调整与升级,产业结构的优化带动投资的增长与技术的升级换代,从而促进经济的持续健康稳定增长甚至飞跃。引进FDI不仅能通过资本供给推动经济增长,更重要的是,FDI能带动一国的技术进步和机制转换,促进产业升级,从根本上给一国的经济注入活力与动力。引进的FDI为我国在开放经济条件下利用先进技术和国际资金以推动产业结构的调整与优化,促进我国经济的健康发展提供了一个有力的支撑。

近年来,中日两国的经济关系迅速发展,彼此间的依赖性和互补性越来越强。日本已连续12年成为中国最大的贸易伙伴,而中国在成为日本最大进口国和第二大贸易伙伴之后,更显示出将在几年内超过美国成为日本第一大贸易伙伴的趋势。与此同时，中日两国间的直接投资也快速增长。尤其是日本对中国的直接投资，在短短的二十年内增长了22倍，其增幅在世界国际投资中居于首位。这不仅给中国经济带来了巨大的推动力，而且这种投资和中日贸易一起对日本的产业结构带来了深刻的积极的影响。这就像学术界越来越一致的论断一样，中日经济关系的发展对两国来说都是机遇。

山东省位于中国东部沿海，是全国的人口大省和经济大省，在中国整体发展中具有举足轻重的地位。凭借优越的自然人文条件、有利的外部环境，20世纪90年代以来，山东经济的快速发展成为全国区域经济格局中一个显著的亮点。日本对山东省在山东吸引外资中一直居于十分重要的位置，特别是进入21世纪以来，仅次于中国香港和韩国居于第三位。据日本三菱综合研究所2004年7月的统计，日本对华直接投资主要集中在以上海为中心的长江三角洲地区，其次是广东、北京、辽宁和山东。

同时，由于经验的欠缺，我们没有能完全规范利用FDI的政策，在利用日资的过程中不可避免地出现了不利于山东省产业结构调整的一些负面影响。因此，及时总结我国利用外资的经验，特别是分析日本对山东直接投资对山东省产业结构调整和升级的影响，对于调整和优化山东省的产业政策，充分发挥日本对华投资的有利影响，限制其不利方面，无疑具有重要的现实经济意义。

截至2007年，针对日本对山东投资的表现、日本对山东省投资对山东省产业结构调整的影响和贡献等问题，国内的研究还不是很充分，希望本章能够为这一领域的研究提供一个参考思路。

本章将在重点分析与比较日本对山东省直接投资对山东省三次产业间和内部分布与影响的基础上，研究日本对山东省直接投资对山东省产业结构的影响及其作用机制，为山东省扩大利用日本直接投资，合理投资产业布局提供政策建议。

二、外国直接投资与东道国产业结构优化的关系

（一）国际直接投资主要理论

一国产业结构的顺序演进是自我维持、自我推动的力量沿着比较优势

第十一章　日本对山东省直接投资及对山东省产业结构的影响

的路径,伴随一国生产要素及技术禀赋状况的变化而发生的产业渐进式演化。生产要素的供给、资本的积累和技术进步都必须经历一个长期的培育过程。对于封闭的经济体而言,产业结构的升级是一个缓慢而不可逾越的过程,而通过外商直接投资,发展中东道国可以引入本国缺乏的先进技术和资本,利用国际流动资源帮助本国产业跨越要素供给的瓶颈,大大缩短产业自然演变这一过程,加速本国产业结构升级。为了研究外商在直接投资与东道国产业结构升级之间的理论联系,有必要对不同学派关于外商直接投资对东道国产业结构升级的作用做一下回顾。

1. 维农的产品生命周期理论[①]

美国经济学家维农的产品生命周期是第一个试图对跨国投资行为解释动态化的理论。该理论即着重研究投资国的技术优势和东道国的区位优势的动态变化过程在一个国家的企业的对外投资活动中的影响。

该理论认为,产品的生命周期大致可以被分为三个阶段,即新产品阶段、成熟产品阶段和标准化产品阶段。当新产品开发成功后,产品进入其生命周期中的新产品阶段。新产品的市场价格弹性一般比较低,因此此时生产成本对企业并不重要。企业选择在母国进行生产并通过出口的方式向国外提供自己的产品。

随着产品不断的改进,产品逐渐进入成熟阶段。此时,产品已经基本定型,国外市场对产品的需求增大,同时该产品的替代品也开始出现,企业间的竞争加剧,因此占领市场成为企业经营中的关键因素,同时,生产成本的重要性也开始显现。此时,企业会选择与母国收入水平相同,消费者偏好等各个方面比较相似的国家进行投资。

最后,产品进入其生命周期中的最后一个阶段,即标准化阶段。此时,产品的生产技术已经完全成熟,并且该技术也开始在国际范围内扩散。这就使得生产技术在生产过程中的重要性降低,生产成本特别是劳动力成本成为最重要的因素。结果,企业可能选择那些低劳动力成本的发展中国家进行投资并将生产的产品返销回母国。

维农的产品生命周期理论分析的重点是跨国公司在决定对外投资时所面临的商品生产配置问题。但同时指出,发展中国家可以通过引进国际直

---

① Vemon, R, International Investment and International Trade in the Product Cycie, *Quartely Journal of Economics*, 1996, Vol (1).80, pp. 190 – 207.

接投资来建立国内尚未建立的产业,或生产国内市场没有的产品。只不过在这样的过程中,通过国际直接投资转移到东道国产业的相对梯度、产业的技术密集程度和价值构成也有局限性。

2. 小岛清的边际产业转移理论①

边际产业转移理论是日本经济学家小岛清于20世纪70年代中期提出来的,他的代表著作是1978年出版的《对外直接投资跨国经营的日本模型》一书。该理论从国际分工合理化的宏观经济分析角度出发来解释跨国公司对外直接投资的决定因素,一反垄断优势是对外直接投资决定因素的传统主流观点,认为跨国公司进行对外直接投资的决定因素是比较优势。边际产业转移理论的核心是对外投资应该从本国已经处于或即将处于比较劣势的产业亦可成为边际产业依次进行。小岛清认为,国家之间的劳动与经营资源的比率存在差异,结果将导致比较成本的差异,凡是具有比较成本优势的行业其比较利润率较高,因此应当根据比较成本和比较利润率来分析一国的对外直接投资。小岛清指出日本的对外直接投资符合国际分工和比较利益的原则,日本一般都是将在国内已失去比较优势的部门的生产基地迁移到国外,国内集中发展具有比较优势的产业,还包括某些劳动力密集的生产过程。这样不仅促进了东道国劳动密集型产业的发展,还促进了本国及东道国的产业结构调整,而且由于这些边际产业正好是东道国现实或潜在的比较优势产业,故而从边际产业开始投资可以使东道国因为缺少资本、技术、经营技能等而未能显现或未能充分显现出来的比较优势显现出来或增强起来,产生东道国产业升级的预期效果。小岛清的边际产业转移理论从一国的经济结构和产业结构调整的角度出发,利用比较优势原则,采用动态分析的方法解释发达国家对发展中国家的以垂直分工为基础的对外直接投资,该理论在产品生命周期理论的基础上,还揭示出转移到发展中国家产业结构的高度不仅取决于跨国公司自身产业的结构高度,而且还取决于专业产业的比较优劣程度。

3. 日本经济学家赤松的"雁阵"理论②

赤松提出的雁行模式(Flying-Geese Paradigm)指出,一个国家或地

---

① 小岛清:《对外贸易论》,南开大学出版社,1987年版,第32页。
② 杨先明:《发展阶段与国际直接投资》,商务印书馆,2000年版,第25~35页。

第十一章 日本对山东省直接投资及对山东省产业结构的影响

区产业成长经历了进口产品、进口替代、出口导向等几个阶段，产业结构优化依次分别为劳动和资源密集、技术密集、资本密集三个梯级。开放经济的国家或地区产业优化的动力和空间，是由雁阵中各国或地区的产业转移所决定的：雁阵中的成员可以利用或通过技术转移、贸易，尤其是直接投资，使各成员之间发生的因经济交换而引起的外部收益和关联效应最大化，投资地在雁阵产业转移中接受投资方的比较劣势产业。这一过程典型的转移程序为：从纺织业到化学工业、钢铁工业，再到汽车、电子工业。"雁行模式"的实质是东亚地区先行国家与后起国家之间一种梯级的产业传递和吸纳的动态过程，这种动态过程形成了该地区一定时期内的产业循环和连锁型变化机制，促成了各国和地区结构的依次调整和向更高层次的转换。在整个演化过程中，"领头雁"的产业升级是一种跳跃式增长，经济中先期的一些竞争性的产业变为相对不太具有优势的产业，从而能够把没有优势的产业移植到尾随国经济中。而这种产业结构的顺序推移就成为次一级尾随国产业成长的重要源泉和产业发展空间。这样一次循环，尾随国自己也将积极赶超领头国产业重构的努力，最终把这种互补优势转化为本国产业成长的原动力，而随着本国某一产业的衰落，又可以把这一产业转移到再次一级的尾随国。该理论假说客观地描述了后起国内部产业发展的顺序和走向高度化的具体途径和过程。

（二）我国对 FDI 与产业结构理论的研究

改革开放以来，FDI 对我国经济增长的推进作用有目共睹，然而，国内理论界对于 FDI 对我国产业结构升级的效应却存在颇多争议。

王小强在一系列文章中对跨国公司对中国工业发展的影响做了大量的研究后，强调应及早由政府干预，组建大型本国企业集团以对抗跨国公司对关键行业市场的占领甚至垄断。

王志乐在《跨国公司投资对中国经济的正负效应》一文中也提到 FDI，尤其是跨国公司的投资抑制了我国幼稚产业的成长，加深了我国三次产业结构的偏差。

不过，对外国直接投资对我国产业结构的影响，更多的是归于肯定。

赵晋平的《利用外资与中国经济增长》及郑京平的《中国利用外资的现状及前景：外商直接投资与国内工业化的关系》，分别从不同角度对我国改革开放以来利用外资与中国经济增长关系作了系统而完备的实证分析，对 FDI 促进我国产业结构升级的作用进行了肯定。

王岳平在《外商直接投资与中国工业发展的研究》中，特别分析了 FDI 的产业特点及其变化和 FDI 对中国工业绩效的影响。

陈国宏就我国工业利用 FDI 与技术进步关系进行了大量翔实的实证研究，得出结论：FDI 确实推进了我国的产业技术进步。

江小涓认为，外资经济的贡献体现在对 GDP 增长、技术进步和产业结构升级、扩大出口和提升出口商品结构、增强研究与发展能力的贡献等许多重要的方面，外资经济不仅推动着中国经济的持续增长，而且改变着中国经济增长的方式，提高了中国经济增长的质量。

林毅夫认为 FDI 直接创造就业，或者通过使用本地的中间投入品而间接地创造就业。

赵晋平在《利用外资与产业结构调整》中得出我国利用外资两个结论，一是"十五"时期新增 FDI 总量增长对经济增长的贡献率与前 20 年相比将有所下降；二是为了保持利用外资增长对经济增长的拉动效果，必须通过优化产业分布结构来提高经济整体的产出效率，弥补总量增长趋缓的不利影响。这实际上指出吸引 FDI 推动经济增长的发展战略，必须由注重总量增长效应向注重结构升级效应转变，充分利用 FDI 促进我国产业结构升级。

总的来说，我国的 FDI 理论主要围绕三个方面展开：一个是研究我国是否从 FDI 中受益；一个是如何平衡 FDI 方与我国之间的利益分配；一个是我国应该制定何种政策来对 FDI 加以引导。

对于第一个方面，目前的观点基本保持一致，即普遍认同 FDI 对我国经济发展所带来的裨益。首先就是通过资本流动所带动的技术、管理经验的传播；其次是出口创汇，满足了我国不断增长的外汇需求。此外，还有不断提升我国的就业水平等等。

对于第二个方面，近年来，我国学者经过不断的研究探索，开始更多的从我国地区与行业的分布结构来研究 FDI 与我国经济发展的特点。认为我国同 FDI 方应该对投资关系进行重新界定，利用我国现有的人力、市场等优势加大我国的谈判筹码。同时应该研究如何从 FDI 中获取更大的利润，如何利用或者制定适当的政策、法规进一步鼓励，以促进我国经济的可持续发展。

在充分认识到这两方面的基础上，结合我国国民经济特点，从产业结

第十一章 日本对山东省直接投资及对山东省产业结构的影响

构的角度去深层次发掘我国在吸引、利用 FDI 方面的潜力、优势，才能够制定具有中国特色的，适应我国经济环境的 FDI 政策，在适当的历史时期抓住机遇，提高利用 FDI 的能力，提高我国在吸引 FDI 方面的国际竞争力。

三、日本对山东省直接投资总量的变化

从 1988 年日本开始大规模对山东省投资以来，日本对山东省的直接投资发生了显著的变化，这引起了国际社会的广泛关注。这种关注首要的原因在于对投资总量变化的认识，因而本章的研究也从对投资总量变化的衡量开始。接下来的问题是，我们应该采用什么样的衡量方法。在此，必须明确本章进行投资总量变化衡量的一个基本观点，它是衡量方法选择的原则和依据，即本章在反映日本对山东省直接投资真实状况的基础上强调对长期趋势的研究。因此，本章认为，任何单一的方法都不能实现对投资总量变化的充分认识，因为它们都不可避免的忽略一些并不直观的因素。本章既强调投资总量的绝对变化，又强调投资总量的相对变化，因而采用三个指标对日本投资总量的变化给以衡量，即日本对山东直接投资资金总额的变化、日本占山东外来直接投资总额比重的变化、山东占日本对外直接投资总额比重的变化。

（一）日本对山东省直接投资总额的变化

在谈到总量变化的时候，人们最为关注的是不同时期的具体数字，联系到本章就是不同年份的投资金额，所以本章也将日本对中国直接投资的具体金额作为总量衡量的第一个对象。在本章中，投资金额的体现为两个指标，即合同投资金额和实际投资金额。但不同的是，本章并不像通常的做法那样更多的关注实际投资金额，而是给合同投资金额同样的关注。本章认为，合同投资金额体现了投资者的真实投资愿望，它消除了从合同到实际之间一些不确定因素的影响，对投资者的未来投资具有同等重要的解释力，因而对它的衡量同等重要。

下面是日本对中国直接投资两个指标的具体数据（见表 11 - 1），需要说明的是，这些数据的起止年份分别是 1988 年和 2006 年。我们知

道，第二次世界大战之后严格意义上的日本对中国直接投资是从1979年中国实行改革开放的基本国策开始的，而此前的邓小平访日对这种投资活动起到了关键的影响。但从1979~1983年，由于没有实施具体的相对完善的确保投资安全的措施，很多日本投资者都抱以观望态度，因而投资无论是项目数、合同金额还是实际金额都很少。1984年，在经过几年的我国改善投资环境和日本投资者探索投资经验的基础上，沿海经济特区和开放城市的设立成为新的契机，使日本对中国的直接投资大大增加，因此这一年也成为日本对中国投资蓬勃发展的开始。从山东省的情况来看，1988年前的日本投资额非常小，因此本章数据从1988年开始。

表11-1　　　　　日本对山东省投资（1988~2006年）　　单位：个、万美元

年度	项目数	合同投资金额	实际投资金额
1988	22	2 185	381
1989	25	1 257	1 389
1990	31	2 551	1 057
1991	49	4 156	1 899
1992	186	27 244	6 533
1993	349	23 072	12 683
1994	257	23 516	19 066
1995	247	50 882	32 580
1996	167	31 394	28 532
1997	130	11 684	15 595
1998	124	9 827	16 616
1999	156	14 947	14 071
2000	250	27 644	33 382
2001	265	46 114	34 305
2002	370	77 373	49 465
2003	443	73 316	46 133
2004	455	117 801	56 157
2005	470	208 257	68 063
2006	312	105 639	70 275

资料来源：《山东省统计年鉴》（1988~2006），中国统计出版社。

通过表11-1我们看到，1988年日本对山东省投资的合同金额和实际金额分别为2 185万美元和381万美元，而到2006年时上述两个数据则变化为105 639万美元和70 725万美元，增长倍数分别为48.34倍和185.6倍，平均每年的增长都在两倍以上。其中从1988~1990年之间充

第十一章 日本对山东省直接投资及对山东省产业结构的影响

满了调整的迹象。1988年实际投资额为381万美元,1989年增为1 389万美元,但是1990年下降为1 057万美元。1990~1995年是增长最快的阶段,无论合同投资金额还是实际投资金额都实现了大幅度的增长,增长幅度平均在两倍左右。1995~2000年明显是一个调整期,合同投资金额连续下滑,直到1999年才有所增长,而实际投资金额变化趋势极为相似,在连续下滑后在2000年才有所增长。这一阶段与日本对中国投资变化趋势一致,分析原因主要是由于1997年的亚洲金融危机。而在2000年以后,两方面数据都又进入了稳定的上升阶段。所以,总的看来,日本对山东省投资无论是合同金额还是实际投资金额都体现出一个长期增长的趋势。

为了直观地体现上述趋势,我们将表11-1中的数据绘制在图中(见图11-1)。从图11-1中可以看出,除了将自1979~1988年作为第一阶段外,日本对山东投资的发展还可以分为四个阶段。这四个阶段如下:第二阶段,1988~1990年,平稳发展阶段;第三阶段,1990~1995年,高速发展阶段;第四阶段,1995~2000年,下滑调整阶段;第五阶段,2000~2006年,再次飞跃阶段。再加上1979~1983年作为第一阶段即观望试探阶段,共计六个阶段。由此我们可以看到,日本对山东直接投资一直在积极地进行,这种努力贯彻始终而且十分明显,出现了一个加强、调整、再加强、再调整的良好态势,表现了长期发展的趋势。

图11-1 日本对山东投资变化图

资料来源:根据表11-1的数据编制而成。

为了更明显和全面地表现这种长期趋势,下面将表11-1的数据进行适当的处理。采用移动平均法,依次将连续五年的数据加总平均(见图11-2)。通过图11-2,我们可以更清楚地看到上述趋势,两条曲线都趋于平坦,尤其是实际投资金额的变化,它表现为一条连续相右上方倾斜的平滑线,这进一步证明,日本对山东省直接投资的长期趋势是稳定而高速的增长(见表11-2)。

表11-2　　　　日本对山东省直接投资五年移动平均数据　　　单位:万美元

年度	合同投资金额五年平均额	实际投资金额五年平均额
1988~1992	7 478.6	2 251.8
1989~1993	11 656	4 712.2
1990~1994	16 107.8	8 247.6
1991~1995	25 774	14 552.2
1992~1996	31 221.6	19 878.8
1993~1997	28 109.6	21 691.2
1994~1998	25 460.6	22 477.8
1995~1999	23 746.8	21 478.8
1996~2000	19 099.2	21 639.2
1997~2001	22 043.2	22 793.8
1998~2002	35 181	29 567.8
1999~2003	47 878.8	35 471.2
2000~2004	68 449.6	43 888.4
2001~2005	104 572.2	50 824.6
2002~2006	116 477.2	58 018.6

资料来源:根据表11-1数据制作而成。

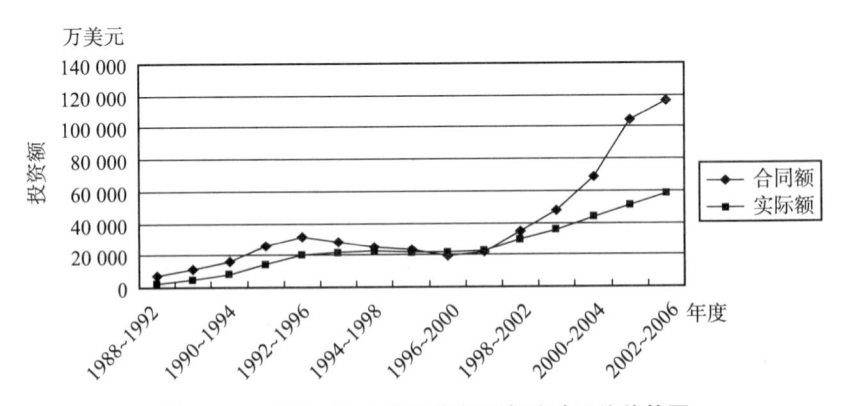

图11-2　日本对山东省投资额五年移动平均趋势图

第十一章 日本对山东省直接投资及对山东省产业结构的影响

(二) 山东占日本对华投资总额比重的变化

日本对山东直接投资占日本对华直接投资总额比重的变化是第二个重要的总量衡量对象。可以认为，一个国家对外直接投资的总额是其对外总体愿望的真实显示，而对某个地区省份的投资额所占的比重则显示了对这个省份进行投资的愿望程度，同时这一比重的变化则表明前一国家对该省份投资的长期趋势。对此进行衡量的最大优点是，它消除了来自整个世界的和投资国自身的一些影响。具体到当前的问题来说，如果日本对山东的投资在某年减少，但与此同时，它对整个中国的投资也减少了，就可以认为日本对山东的投资并没有出现消极状况，这一点只有通过上述比重的衡量才能看到。

为了更全面地表明上述比重的变化，以及更为清楚地反映长期的投资趋势，我们仍然从数据的统计开始（见表11-3），表11-3给出了不同年度日本对山东投资额和日本对整个中国的投资额，并相应的给出了两者的比值。值得注意的是，为了避免不必要的误解，下面数据均来自国内的统计数据。

表11-3　　　　日本对山东和对中国投资额及两者比值　　　单位：万美元

年度	日本对中国投资额	日本对山东投资额	比重
1990	50 338	1 057	2.09
1991	53 250	1 899	3.56
1992	70 983	6 533	9.20
1993	132 410	12 683	9.57
1994	207 529	19 066	9.18
1995	310 846	32 580	10.4
1996	367 935	28 532	7.75
1997	432 647	15 595	3.60
1998	340 036	16 616	4.88
1999	297 308	14 071	4.73
2000	291 585	33 382	11.44
2001	434 842	34 305	7.88
2002	419 009	49 465	11.80
2003	505 419	46 133	9.12
2004	545 200	56 157	10.30
2005	652 977	68 063	10.42
2006	459 806	70 275	15.28

资料来源：中国商务部外资司：http://wzs.mofcom.gov.cn/；《山东省统计年鉴》（1990~2006），中国统计出版社。

表 11-3 显示了山东占日本对中国投资比重的良好态势。从 1990 年的 2.09% 到 2006 年的 15.28%，山东占日本对中国投资的比重增加了 7.31 倍。整个过程出现了一次明显的调整，而且巧合的是，在这次调整前后的最高值都是 8.71%，并且在每一个增长的阶段中，增长都保持了很好的连续性。①

同样地，为了更直观和更清楚地反映山东占日本对中国投资比重的上述变化趋势，我们还是将其绘入变化图中（见图 11-3）。通过图 11-3，我们可以清楚地看到，从 1990~2004 年，上述比重的变化呈现出非常清晰的三个阶段，即 1990~1995 年的上升阶段、1995~2000 年的下滑阶段以及 2000~2006 年的再次上升阶段。之所以说这三个阶段非常清晰，是因为它们无论上升还是下降都保持了连续性。纵观三个阶段的变化，我们同样看到一个加强、调整和再加强的良好态势。

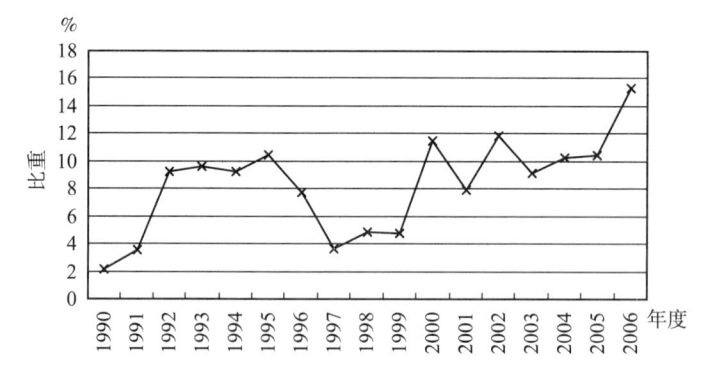

图 11-3　山东占日本对中国投资比重变化图

资料来源：根据表 11-3 数据绘制而成。

（三）日本占山东外来直接投资总额比重的变化

严格来讲，一国对某东道国投资占该东道国外来投资总额的比重变化是不能作为衡量该国对该东道国的投资趋势的对象的，因为单纯的衡量这一比重意义不大。原因很简单，就是即使该国对东道国的投资发生了极大的增长，其投资金额的比重也可能会因为更多的国家加入对该东道国的投

---

① 杨宏恩：《日本对中国投资长期趋势的三种衡量方式》，载《日本问题研究》，2006 年第 2 期。

第十一章 日本对山东省直接投资及对山东省产业结构的影响

资而不变甚至下降。但在一定条件下,上述比重又可以作为衡量的对象。这一条件就是和其他投资国进行对比。具体到现在讨论的问题,我们选择了美国、韩国和中国香港作为比较的对象。这三个国家和地区对山东的投资一直处于中国外来投资的前列,表11-4是日本和上述三个国家和地区比较的数据。

表11-4　　各主要国家和地区占山东省外来投资比较

单位:万美元、%

年度	日本 投资额	日本 比重	美国 投资额	美国 比重	韩国 投资额	韩国 比重	中国香港 投资额	中国香港 比重
1988	381	2.68	429	5.37	—	—	2 974	20.89
1989	1 389	4.41	439	10.8	357	1.13	9 307	29.54
1990	1 057	3.39	1 704	5.48	785	2.52	8 099	26.02
1991	1 899	4.06	2 270	4.85	1 573	3.36	8 853	18.92
1992	6 533	4.75	7 184	5.22	6 028	4.37	62 259	45.21
1993	12 683	5.61	14 216	6.29	13 765	6.08	103 804	45.92
1994	19 066	5.60	19 082	5.61	28 504	8.38	115 545	33.97
1995	32 580	9.97	21 781	6.67	39 996	12.24	102 529	31.38
1996	28 532	8.40	27 626	8.14	48 428	14.26	92 525	27.26
1997	15 595	4.35	15 906	4.43	77 292	21.56	61 069	17.04
1998	16 616	4.60	14 056	3.89	59 806	16.56	64 492	17.86
1999	14 071	3.76	19 833	5.29	52 794	14.09	66 323	17.71
2000	33 382	8.76	30 635	8.04	56 744	14.88	69 010	18.10
2001	34 305	8.07	32 158	7.57	88 426	20.81	89 300	21.021
2002	49 465	7.59	60 888	9.34	155 713	23.87	118 841	18.22
2003	46 133	4.09	55 918	4.96	283 958	25.21	135 273	12.01
2004	56 157	5.71	64 081	6.52	359 194	36.57	174 250	17.74
2005	68 063	6.18	60 230	5.47	338 538	30.73	162 391	14.74
2006	70 725	6.93	76 690	7.51	371 372	36.37	207 913	20.362

资料来源:根据历年《山东省统计年鉴》编制。

山东与日本投资贸易合作的热点难点问题研究

从图 11-4 可以看出，中国香港的比重变化的斜率最大，其次是韩国，如果再仔细看可以看出，日本的曲线最为平缓，因而日本是山东前几大投资国中长期最为稳定的，并且日本在对山东的投资国家和地区中一直处于前列。为了给上面分析以补充，我们需要进一步考察，考察上述国家和地区的资金到位率。

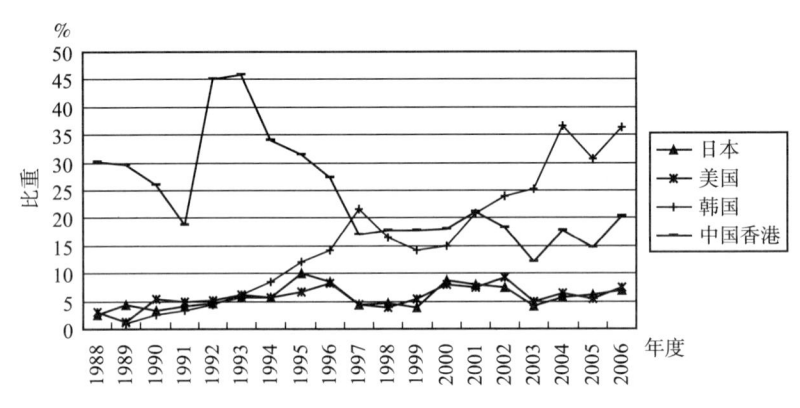

图 11-4 各主要国家和地区占山东外资总额比重变化图

所谓资金到位率是指实际投资额对合同投资额的比值。它反映了投资活动从签订合同到实际投资的差异，说明了投资者的投资愿望的真实性和强烈程度。从表 11-5 可以看出，从 1988~2006 年，日本的平均资金到位率远远超过另外三个国家和地区；日本的平均资金到位率为 69.18%，而其他三个国家和地区分别为：中国香港 53.26%，美国 41.45%，韩国 63.56%。由此可以得出，日本对中国长期直接投资的趋势良好。

表 11-5　　　　　　　　　　资金到位率比较　　　　　　　　　　单位：%

年度	日本	美国	韩国	中国香港
1988	17.43	56.15	—	15.82
1989	110.50	12.88	60.50	102.22
1990	41.43	75.73	35.56	93.63
1991	45.69	26.38	33.10	27.44
1992	23.97	13.28	45.50	28.42
1993	54.97	23.96	21.35	28.96
1994	81.07	39.81	54.08	57.61
1995	64.03	34.54	60.68735	71.47
1996	90.88	63.79	31.06031	67.42

第十一章　日本对山东省直接投资及对山东省产业结构的影响

续表

年度	日本	美国	韩国	中国香港
1997	133.47	77.83	240.1566	57.08
1998	169.08	49.76	204.0743	112.03
1999	94.13	34.68	115.9009	74.12
2000	120.75	37.00	58.04775	48.12
2001	74.39	46.21	47.35881	63.78
2002	63.93	44.31	42.078	54.39
2003	62.92	50.92	62.20547	45.38
2004	47.67	39.86	43.74355	42.64
2005	32.68	33.50	29.73372	27.97
2006	66.52	66.85	76.69141	51.10
合计	1 314.44	787.63	1 207.74817	1 011.99
平均	69.18	41.45	63.56	53.26

四、日本对山东投资结构的变化

(一) 日本对山东直接投资产业结构的变化

投资的产业结构指的是对各种产业的投资额在总额中所占的比重及其对比关系，由于不言而喻的重要性及由此形成的惯例，它总是成为对投资结构考察的首要对象。由于没有日本对山东省投资按产业分类的资料，这里我们先来看一下日本对中国投资的产业结构变化，因为日本对华投资主要集中在东部沿海，因此日本对华投资产业结构的变化可以侧面反映日本对山东投资的产业结构变化。在可供比较的16 150家日资（含与日合资）企业中分布在上海的企业是最多的，达到了6 126家，所占比例37.9%，也就是说，近2/5的日资企业选择了上海。[①]

排在第二位的不是北京，也不是广东，而是辽宁，日企有2 142家，占可比数据总数的13.3%。辽宁的地理位置与日本相对较近，辽宁又是我国的工业重地，在东北三省中又最为发达。投资辽宁应该是一个很好的选择。

---

① 资料来源：《日本企业在华投资分布分析》，http://finance.qq.com。

山东与日本投资贸易合作的热点难点问题研究

排在第三的是山东,日企在山东有很长的投资历史,与日本地理位置也相对较近,在山东的日资企业为1 678家,所占比例为10.39%。排在第四的是江苏,江苏与上海地理位置很近,经贸关系十分密切,而物价水平相对较低。在此的日资企业有1 515家,所占比例为9.38%。其中又有1/10的企业在苏州昆山市。

在日资企业在华地域分布排名中,北京排在第六,882家,低于排在第五的天津(949家)。而广东的排名较为靠后,486家,其中深圳199家,广州72家,珠海52家。①

本章将对日本对华直接投资按第一、二、三产业进行划分,这里不同于日本国内的统计的分类,据日本大藏省《国别·地域别对外直接投资实绩》的分类,日本国内将日本对华直接投资分为制造业与非制造业,这与日本对华投资中第一产业所占比例很小有关。为了数据方便起见,我们将按照制造业与非制造业的分类进行分析,下面将主要对日本对华直接投资的产业结构变化分为五个阶段给以描述。

1979~1983年,是日本对中国投资的观望阶段。在这一阶段,日本对中国投资的主要对象是非制造业。按日方统计,非制造业投资额为0.53亿美元,制造业投资额仅为0.11亿美元,分别占总投资额的72.6%和15.1%,相比之下,前者是后者的近5倍。在对非制造业的投资中,投资最多的行业为服务业,投资额为0.32亿美元,占该类投资总额的43.6%;其次是矿业投资0.05亿美元,投资额比重为6.5%;接下来依次是商业投资0.02亿美元,占2.4%;运输业投资0.01亿美元,占1.8%;其他非制造业投资0.14亿美元,占18.7%。对制造业投资主要以化学工业为主,投资额为0.07亿美元,占该类投资总额的63.6%;接下来依次为木材和造纸工业投资0.02亿美元,占16.2%;电气机械工业投资0.01亿美元,占11.7%;其他制造业投资为0.01亿美元,占9.7%。可以看出,在这一时期,日本对中国投资不仅规模小,而且投资的产业领域也较少,更加偏重于风险小、回收期短的投资对象,因而投资集中在非制造业。这对应了在此阶段日本投资者观望和试探的心态。②

1984~1990年,随着日本对中国投资总量的增加,其结构也相应发生了变化。在这一阶段,按日方统计,制造业的投资额为7.05亿美元,

---

① 资料来源:《日本企业在华投资分布分析》,http://finance.qq.com。
② 资料来源:根据日本大藏省2004年《国别·地域别对外直接投资实绩》编制,http://www.mof.go.jp/1c008.htm。

第十一章 日本对山东省直接投资及对山东省产业结构的影响

比重上升至25.6%,同时非制造业的投资额为19.86亿美元,比重下降至72.3%,但投资于非制造业的倾向没有改变。在非制造业中,服务业投资额仍高居首位,为9.96亿美元,占投资总额的25.6%;接下来是不动产业投资1.06亿美元,占3.9%;商业投资0.52亿美元,占1.9%;渔水产业投资0.46亿美元,占1.7%;矿业投资0.25亿美元,占0.9%;金融保险业投资0.14亿美元,占0.5%;建筑业投资0.14亿美元,占0.5%;农林业投资0.08亿美元,占0.3%;其他产业投资为10.01亿美元,占36.1%。在制造业投资中,各类机械工业投资共计为4.45亿美元,占投资总额的13.7%,在该类投资中占据首位;接下来各种产业的投资额和比重依次为:食品工业0.6亿美元,占2.2%;纤维工业0.55亿美元,占2.0%;化学工业46亿美元,占1.7%;钢铁和有色金属工业0.44亿美元,占1.6%;木材和造纸工业0.09亿美元,占0.3%;其他制造业投资为1.15亿美元,占总投资的4.2%。可以看出,在这一阶段,日本对中国的投资在对象上已有相当程度的拓展,产业规模也有相应的提升,但相对于第一阶段来说仍未发生质的变化。[①]

1990年或者说1991年是整个投资结构变化中最重要的转折点,在1990年,非制造业投资额仍保持对制造业的优势,而在1991年,制造业投资额首次超过非制造业,而且这种状况一直保持至今。在1990年,制造业和非制造业的投资额分别为237亿日元和270亿日元,分别占当年总投资额的46.38%和52.84%;而在1991年,制造业和非制造业的投资额分别为420亿日元和311亿日元,分别占当年总投资额的53.37%和39.52%,显示了制造业对非制造业在投资产业结构中的逆转。[②]

下面我们分析1991~1995年即第三阶段投资结构的变化情况。在上面分析总量变化的时候我们谈到,这一阶段是日本对中国投资的高速发展阶段,而与此同时,它也是日本对中国投资结构急剧变化的时期,表现为制造业投资额所占比重的急剧增加。1991年日本对中国制造业投资金额为420亿日元,占当年总投资额的53.37%;1992年制造业投资金额变化为838亿日元,占当年总额的比重变化为60.68%;以下三年这两个数据的变化分别为1993年1 587亿日元,占81.22%,1994年1 943亿日元,占72.42%,1995年3 368亿日元,占77.98%。而且,在制造业的投资

---

① 资料来源:根据日本大藏省2004年《国别·地域别对外直接投资实绩》,http://www.mof.go.jp/1c008.htm.

② 同上。

中，增长最快的三项为运输机械、一般机械和电气机械，1991 年与 1995 年相比，这三项增长的倍数分别为 30.83、11.87 和 5.55。① 因此可以说，在这五年内，日本对中国的制造业投资得到了空前的发展，也可以说，在此期间的投资总量的增加更多的得益于制造业投资的贡献。联想到中国当时的实际，制造业投资恰恰是我们的需要，因而日本对中国投资结构的这种变化无疑是一种好的趋势。同时，这种现象也表明日本投资者对中国投资的疑虑心理的彻底消除。换句话说，对以后的投资变化的解释将不再以心理因素作为主要影响因素。

1996 年以后是日本对中国直接投资产业结构变化的第四和第五阶段，因为保持了近似的状况，在此一起给以说明。继第三阶段对制造业的投资达到一个空前高度后，从 1996 年起投资产业结构开始了又一次调整。正像在对第三阶段的分析中看到的那样，投资总量的变化已经更多的由制造业投资的变化决定，所以，1996 年开始的投资总量的减少主要是因为制造业投资的减少。② 不过我们要再次提请注意当时中国的现实，在 1991～1995 年间，日本对中国进行大量制造业投资的同时，世界上有很多国家也进行了同样的投资，在这种条件下，进行与制造业相关的非制造业投资显得越来越重要。③ 因此，尽管我们更多的需要制造业投资，但制造业比重的降低不能认为是不好的态势，况且比重的降低并不意味着绝对量的降低。事实上，在 1996 年以后制造业投资比重虽经微小调整但仍占有绝对优势。只是到了 2002 年以来，日本对中国服务业投资再次凸现出来，才使非制造业的投资比重进一步提升。《2004 年世界投资报告》以超过一半的篇幅分析了全球服务业外国直接投资的增长，并且指出，在 2003 年全球吸引外资最多的中国，外资大量涌向服务业将成为必然趋势。

其实，一个国家吸引外来投资的过程总是表现出这样的规律：先是非制造业投资占很大比重，然后制造业投资比重增加而超过非制造业投资，然后再是服务业投资比重的增加。服务业投资增加会对所有的外来投资活动产生极大的推动作用。冼国明（2004）指出，日本和欧盟近年来异军突起成为服务业对外直接投资的主要来源，主要手段为跨国并购，而发达国家服务业吸收的外国直接投资存量大约占 72%，发展中经济体占 25%。

---

① 资料来源：根据日本大藏省 2004 年《国别·地域别对外直接投资实绩》编制，http://www.mof.go.jp/1c008.htm.
② 制造业投资减少在这里是指的合同投资额减少。
③ 这一方面因为是我国经济自身发展的要求，另一方面则是因为投资者自身继续投资的要求。

所以，日本对中国投资的产业结构变化符合了国际投资发展的正常规律，因而也体现为良好的趋势。

（二）日本对山东省投资的地区分布——投资仍高度集中于沿海地区

自中国实施西部大开发和振兴东北老工业基地战略以来，日本企业对我国中西部和东北地区的投资虽然有所增加，但投资高度集中于沿海地区的状态并没有什么变化。特别是以汽车工业和电气机械工业为中心的大型投资，几乎都集中于沿海地区的经济中心城市。据日本三菱综合研究所2004年7月的统计，日本对华直接投资主要集中在以上海为中心的长江三角洲地区，其次是广东、北京、大连和青岛。

从山东省的情况来看，也符合这一规律，日本对山东省投资绝大多数集中在以烟台、青岛为中心的沿海地区。根据腾讯财经网的统计，注册地在山东的日资（含合资）企业截至2003年11月底共1 678家，其中营业额较大的企业主要有100家。在这100家日资企业当中，有39家在烟台，20家在青岛。14家在威海，10家在潍坊，7家在济南，其他地区10家。在所调查的日资企业当中，有83家设在沿海地区，占全部日资企业比例的83%，只有7家在省会济南，7家在其他内陆地区。从以上可以看出，日本对山东投资集中在沿海的特点十分明显。①

五、日本对山东直接投资对山东产业结构影响的实证分析

（一）日本对山东直接投资对山东产业结构的影响

根据要素禀赋结构理论，生产要素的供给结构将改变产业结构。而外商直接投资是一种重要的生产要素投入，因此外商直接投资对区域产业结构的演替和高级化产生影响。

---

① 资料来源：《日本企业在华投资分布分析》，http://finance.qq.com/a/20050425/000313.htm。

为了从数量上分析日本直接投资对山东产业结构转变的影响，明确日本直接投资如何改变不同产业的转变方向，这里对中国产业结构和日本直接投资的时间序列数据进行相关分析。

关于使用的回归模型，有以下几点需要加以说明：

第一，由于是涉及时间序列的回归分析，所以必须考虑到时间序列数据的平稳性问题。从前面的叙述中可以看出，随着时间的变动，无论是三次产业的比例关系还是外商直接投资都存在递增或递减的趋势。很明显，它们都是非平稳的时间序列数据，而且是趋势性的时间序列数据。对于趋势性的时间序列数据，即使解释变量和因变量之间没有任何意义的关系，回归模型常常可以得到一个很高的 R^2 值，这样就很容易把两个没有关系的变量看作具有很强的相关性，从而产生谬误回归现象。对于这种趋势性的时间序列数据，关键的问题是在回归时消除趋势。一种有效消除确定性趋势的方法就是在回归模型中引入趋势变量。因此，本章选取时间变量作为趋势变量引入回归模型。

第二，在回归模型中，本章将采用对数到线性（Line - log）的半对数（semi - log model）进行分析，便于分析外商直接投资对三次产业结构演化的影响，从而得出外商直接投资的相对变化（即外商直接投资的变化的百分比）所引起的三次产业比重的绝对变化（即各次产业比重变化的百分比）；而简单的线性模型只能得出外商直接投资的绝对数量变化引起的三次产业比重的绝对变化。

第三，由于投资效应并不是瞬时的，要经过一段时间才能从产业结构中表现出来，所以对于外商直接投资对区域产业结构演化的影响而言，会涉及到一个时间滞后的问题，因此本章未直接选取当年的 FDI 的值。为此，本章在设计回归模型时，采用了有限滞后分布模型（finite (lag) distributed - lag model）进行分析。经过对众多回归模型反复比较和筛选，本章最终选定的回归模型是：

$$\ln P_{ti} = \alpha + \beta_1 t + \beta_2 \ln FDI_{t-1} + \varepsilon_t$$

式中：P_{ti} 表示全国的第 i 次产业在 t 时的比重，作为趋势变量，t 表示趋势变量，从1988年到2006年的 t 值分别取1到17；ln 表示以 e 为底的自然对数，FDI_{t-1} 表示前一年的外商直接投资完成额，α 为常数项，反映外商直接投资以外对本地区产业结构产生影响的其他因素，β_1、β_2 分别是 t 和 $\ln FDI_{t-1}$ 的回归系数；ε_t 为序列相关（假设的随机误差）。

第十一章　日本对山东省直接投资及对山东省产业结构的影响

表 11-6　　　　　　　　　山东省生产总值构成　　　　　　　　单位：%

年度	第一产业	第二产业	第三产业
1988	29.7	44.5	25.8
1989	27.8	44.8	27.4
1990	28.1	42.1	29.8
1991	28.8	41.2	30
1992	24.3	45.5	30.2
1993	21.5	49	29.5
1994	20.2	49.2	30.6
1995	20.4	47.6	32
1996	20.4	47.3	32.3
1997	18.3	48.1	33.6
1998	17.3	48.5	34.2
1999	16.3	48.6	35.1
2000	15.2	50	34.8
2001	14.8	49.5	35.7
2002	13.5	50.5	36
2003	12.3	53.7	34
2004	11.8	56.5	31.7
2005	10.4	57.4	32.2
2006	9.7	57.7	32.6

资料来源：《山东统计年鉴》(1988~2007)，中国统计出版社。

这里使用1988年到2006年的相关数据（见表11-6），采用Eviews5.1对上述模型进行回归分析，分析结果如下：

第二产业：$\ln p_{t2} = 1.11364 + 0.01232t + 0.036\ln FDI_{t-1}$　　　　(1)

表 11-7　　　　　　　　第二产业回归分析结果

Variable	Coefficient	Std. Error	t-Statistic	Prob.
T	0.012320	0.001393	7.410024	0.0081
LNFDI	0.036147	0.007781	5.159720	0.0002
C	1.113640	0.048867	-22.58456-	0.00012
R-squared	0.939716	Mean dependent var		-0.728431
Adjusted	0.929668	S. D. dependent var		0.071958
S. E. of	0.019083	Akaike info criterion		-4.903135
Sum squared	0.004370	Schwarz criterion		-4.761525
Log likelihood	39.77351	F-statistic		93.52834
Durbin-Watson	1.858616	Prob (F-statistic)		0.000000

第三产业：$\ln p_{t3} = 0.661813 + 0.00169t + 0.025503\ln FDI_{t-1}$　　　　(2)

表11-8　　　　　　　　　第三产业回归分析结果

Variable	Coefficient	Std. Error	t-Statistic	Prob.
T	0.00169	0.001695	1.161319	0.2681
LNFDI	0.025503	0.018990	-4.081195	0.0015
C	0.661813	0.112439	-6.152799	0.0000
R-squared	0.906785	Mean dependent var		-1.124692
Adjusted	0.941250	S. D. dependent var		0.041829
S. E. of	0.028331	Akaike info criterion		-4.112854
Sum squared	0.009632	Schwarz criterion		-3.971244
Log likelihood	33.84641	F-statistic		9.258845
Durbin-Watson	1.824849	Prob（F-statistic）		0.003696

从模型（1）的回归结果来看，R^2、$adjustR^2$分别为0.939716和0.929668，说明该回归拟合优度良好，具备了很高的显著性水平和解释能力。从回归模型的参数可以得出结论：随着时间的推移，第二产业的比重与日本直接投资的增加呈正相关，日本对华直接投资每增加1个百分点，第二产业的比重就上升0.03617个百分点。

从模型（2）的回归结果来看，R^2、$adjustR^2$分别为0.906785和0.941250，说明该回归拟合优度良好，具备了很高的显著性水平和解释能力。从回归模型的参数可以得出结论：随着时间的推移，第三产业的比重与日本直接投资的增加呈正相关，日本对华直接投资每增加1个百分点，第三产业的比重就上升0.025503个百分点。

通过以上的两个模型分析，可以认为日本直接投资促进了山东第二、三产业比重的上升，使得山东省产业结构向高级化演进，而且这里的模型分析还得出了外商直接投资变化影响第二、三产业比重变化的程度。

（二）日本直接投资对山东省产业结构转变的作用机制

一般而言，外商直接投资可以从三个方面改变和提升区域的产业结构：第一，外商直接投资的资金流动作为一种要素流量进入当地经济系统时，就会以增量资本的方式改变当地的产业结构，即使原有的产业分布不变，新增的生产能力在产业之间的配置也将引起产业结构的变动；第二，外商直接投资具有带动效应，主要通过产业间的"连锁反应"影响当地的投资结构，从前向效应、后效效应和旁侧效应三个方面改变当地的增量

第十一章　日本对山东省直接投资及对山东省产业结构的影响

资本,从而对当地内资的投资方向产生影响,改变区域的产业结构;第三,外商直接投资进入当地后,可以通过并购、合资、合作等方式对当地原有的存量资本进行转移和整合,使某些产业的规模增大,而另一些产业的规模相对缩小,从而改变当地的产业结构,这是目前在华外商直接投资的一种新动向。

从上述模型分析中可以看出,日本直接投资对山东第二产业增加值影响的重要性高于对第三产业增加值的影响,这与我们观察到的现实情况相吻合,第二产业一直是山东外商进入的重要领域。可见,山东省能够在1988~2008年这短短的20余年间由工业化初期进入工业化中期,FDI是其中较为重要的影响因素。外商直接投资不仅是一个资金问题,而是一种"一揽子"生产要素整体推进的经营活动,包括资金、技术、研究开发能力、组织管理技能、人力资源开发等多方面的内容。因此,日本直接投资对山东产业结构调整的影响,不仅体现在三次产业结构的变动上,最重要的影响体现在对社会资源配置使之达到优化组合,以及通过带动技术进步,从而促进工业结构优化、升级方面。

这种影响主要表现在以下几个方面:一是日本直接投资促进了山东出口导向工业的发展。二是改造了山东传统的技术、资金密集型产业,如化工、饮料、纺织服装等。山东这类行业原已有较庞大生产规模,但技术落后,20世纪90年代以来外资大量进入,通过传统技术与成熟技术的转移,对这些行业技术水平的提高、产品的优化起到了明显的作用。三是促进了山东新兴产业的发展,并使技术、资金密集型行业的比重明显提高。四是日本直接投资为产业结构升级提供了一条捷径。由于山东具有工业基础较好、产业门类齐全等优势,日本投资企业通过一批配套生产企业,通过中间投入品的本地化,带动了中上游产业的发展,为山东能够更加广泛地参与国际分工与竞争,提高产品在国际市场的占有率,从而为产业结构升级提供了一条捷径。

六、合理利用日资,促进山东经济增长的政策建议

由上述实证分析可知,日本直接投资对山东省经济发展的作用主要是通过促进经济总量的增长,从而对地区经济的协调发展、产业结构的调整和升级产生作用,最终影响经济结构的改善。因此,在国内外新的经济形

势和竞争环境下，山东应充分认识利用日资对于山东经济和产业的带动作用，找出差距，调整战略，制定相应的政策和建议，提升利用日本直接投资的水平。

（一）抓住机遇，迎接挑战

经济全球化推动着全球经济结构调整和再分工的加速。我国由于社会政治稳定、市场需求巨大、人力资源丰富、生产成本较低，正成为全球制造业加速转移区域。虽然关于中国是否已经成为"世界工厂"仍有争议，但毋庸置疑，受市场、贸易、油价、汇率特别是环保等因素影响，西方发达国家都在紧缩本国重化工生产，并将其转移至资源国家或市场广阔的发展中国家。大量国际产业资本经历从零部件加工到设备整装的投资过程，开始以加工配套和重化工业为主体进入我国东部沿海城镇密集地区。

我国的对外开放进程是自南向北逐渐推进的，外向型经济发展水平也表现出自南向北依次递减的特征。继珠江三角洲、长江三角洲的外向型经济率先得到发展之后，按照规律性的判断，环渤海地区可能成为新一轮外资投放和地区经济增长的重点。沿海地区的产业和空间将重组，沿海地区有可能出现分化。山东在中国参与亚太地区经济分工协作及促进南北协调发展中所处的首当其冲的位置，决定了它有望成为中国经济板块中乃至东北亚地区极具影响力的经济隆起地带。

（二）正确认识日本直接投资的循环累积效应

日本直接投资和地区经济增长之间形成了一种区域循环累积因果效应。可以预见，在经济全球化日益加快的情况下，山东东部地区由于区位条件优越，经济发展水平较高，投资软硬环境较好，仍将是外商在山东投资的首选地区。因此，必须认识山东省日本直接投资区域差异的必然性和合理性，决策者不要过分强调日本直接投资的空间均衡投资，必要时可以采取产业引导；要按照其区位特性和空间流动规律指导各区域吸引外资，更不能把吸引外资的多少作为评价政府绩效的标准。

第十一章　日本对山东省直接投资及对山东省产业结构的影响

（三）积极引导日本投资方向，提高利用日本直接投资的质量和水平

山东省利用日本投资要在国家宏观政策的指导下，结合山东产业发展和经济国际化的战略规划，运用各种经济、行政、法律的手段，促使外商投资企业空间集聚的进一步发展，推动区域本土产业结构调整和结构升级，提高区域产业的国际竞争力。

从产业领域讲，要大力利用日资发展电子、汽车、化工、机械等支柱产业，促进外商投资企业集群和本地企业集群的协调发展；要将利用日资的重点领域扩大到重点经济建设项目，如能源、交通、农业综合开发利用、基础设施项目；要引导日资在服务业等领域进行大规模投资，加大商业、金融业等服务业方面利用日资的力度，特别是要积极创造条件，引进外资金融机构，并争取更多的城市成为金融对外开放城市。日本投资的交通基础设施和市政公用设施项目，以及相关配套的各类服务业项目，可以采用建设—经营—转让（BOT）、移交—经营—移交（TOT）方式或其他方式运作，并给予配套优惠政策。

从区域格局讲，要加快西部地区利用外资的步伐，把一般加工工业和劳动密集型产业以及需要消耗大量农副产品资源的项目尽可能放在西部地区；要鼓励西部地区积极利用日资开发自然资源，发展当地优势产业；要采取多种方式加快西部地区的基础设施建设，不断改善投资环境，以吸引更多的日本企业来西部地区投资，促进西部地区经济持续、快速、健康增长。

（四）积极利用跨国并购新的投资方式

跨国并购是一国企业为了某种目的通过一定的渠道和支付手段，将另一国企业的整个资产或是足以行使经营控制权的股份买下来。这是一条很好地利用外资的新渠道。而日本作为发达的经济体，拥有数量众多的大型跨国集团。因此，要把握日本跨国公司投资的新趋势，研究制定有关政策，妥善解决产权界定、资产评估出让、职工安置等制约跨国公司并购的问题。积极推动跨国公司在我省兼并收购企业，引导并购向优化产业结构、产品结构和产业组织结构的方向发展，达到大规模聚集和优化组合资

源要素的目的，提高山东省利用日资的质量和集约化程度。要鼓励国有企业积极利用日资嫁接改造，结合国有经济的战略性调整，把跨国公司的并购与国有企业改组改造有机结合起来，通过控股、参股、收购等方式全面盘活国有存量资产。

积极研究跨国公司的跨国并购方式，扩大民营企业利用 FDI 的力量，改变投资产业结构不合理的状况，鼓励外资和民间资本参与国企战略性重组，推进公有制与其他所有制经济的融合。要从战略上调整国有经济布局，完善所有制结构。采取更为积极的政策措施，加大扶持力度，促进个体私营等非公有制经济加快发展。

（五）创造吸引日资的有利投资环境

由于国际投资环境较为复杂，投资者进行投资时会面临很大的风险，因此国际投资者对投资环境往往就比较看重。对于较高级的产业，对环境的要求将会更为严格，偏重于将产业转向与本国（投资国）技术差距比较小的国家，因为国际间的产业转移和投资流向都有一种寻找"相仿"环境的倾向，发达国家之所以倾向于向次发达国家投资和转移产业，其重要原因便在于此。日本过去在很长一段时期将投资重点放在欧美，也是出于这一原因。为了更大规模地引进日资，提高引进日资的技术水平，就要创造有利于日商投资的硬环境和软环境。如集中力量加快基础设施和基础产业的建设，消除基础产业的"瓶颈"；加快建立和完善市场经济体制，进一步完善各种法规制度，并提高政策透明度；在知识产权方面，要消除地方保护主义，加大中国知识产权的执法力度，建立企业重视知识产权的商业环境，增强国内的知识产权意识，加强知识产权管理等。

（六）完善外商投资立法，进一步提高法律的实施效率

经过多年来的努力，我国外商投资方面的法律已基本形成完善的体系。《中外合资企业经营法》、《中外合作企业经营法》、《外资企业法》，以及相关的《外贸法》、《海商法》、《商检法》、《仲裁法》等已经先后公布实施。另外，还有许多具体的规章和条例也成为这些法律的有效补充。与此同时，有关法律机构也日趋健全，在为外商投资企业提供法律服务、解决法律纠纷方面发挥了重要的作用。但是不可否认，在法律的具体实施

第十一章 日本对山东省直接投资及对山东省产业结构的影响

中还有很多问题。问题首先产生在法律本身,像日本东洋大学法学教授后藤武秀(1998)指出的那样,在中国,规章和条例也具有和成文法律一样的效力,而且这些规章和条例制定的权利主体不仅是法院而且还有政府,这让很多日本投资者难以适应;其次是执行机构的问题,这一方面是因为执行人员的素质有待提高,而另一方面则是一些牟利行为的结果。所以,要借鉴符合国际惯例的办法并结合我国的具体情况,进一步完善外商投资立法,使有关规章和条例法律化;同时进一步提高法律执行的透明度,努力为外商投资者提供透明度高的政策背景和市场信息,从而进一步提高法律的执行效率。

(作者:刘磊 王纪孔 鲁东大学)

第十二章

从日本饺子事件看山东与日本投资合作

一、沸沸扬扬的饺子事件

2008年1月30日,日本NHK电视台在晚间新闻中报道,自2007年12月底至2008年1月22日,日本兵库、千叶两县3个家庭共10人先后发生呕吐、腹泻的食物中毒症状,被送医救治,其中3人情况危重,1名儿童一度昏迷。因一系列病例的临床反应高度相似,引起了警方的注意。经调查,发现所有患者在发病前均食用过原产于中国河北省石家庄天洋食品加工厂的同一品牌的速冻饺子。警方从冷冻饺子的包装袋内侧检测出了在日本几乎不流通的有机磷类药物、用于生产农药的甲胺磷可溶性液。千叶市发现的"毒饺"中有毒成分浓度高达130ppm(浓度单位),而兵库县高砂市"毒饺"外包装上又发现了直径3毫米的小孔。[1] 至此,"毒饺子事件"浮出水面。进口商JT(日本烟草公司)和销售商"生协"宣布立即回收天洋食品,除饺子,还涉及蔬菜肉卷、油炸里脊等多个品种。日本厚生劳动省公布了进口天洋食品厂其他产品的19家公司的名称和产品名单,要求全国各都道府县勒令相关公司停止销售相关产品。

这一事件随即成为日本媒体报道的焦点,对中国产"毒饺子"进行了"轰炸式"报道。因被认为导致食物中毒的元凶剧毒农药甲胺磷,在日本属早被取缔,已完全无从寻觅的化学物质,故舆论指向毒物为隐藏在饺子馅中的农药残留或在中国生产过程中的人为投放。除了大小报纸外,主要电视台每天滚动播出召回中国冷冻饺子通知、商品号,以及那些迅速

---

[1] 资料来源:《中国将"毒饺子"卖给日本?》,http://www.china12315.com.cn/gg/dujiaozi/.

表白自己已经和中国冷冻食品绝缘的厂家商家们的通知。

日本各大媒体连篇累牍的报道、分析、评论，使舆论迅速升温，引发了一系列连锁反应，导致日本国内民众对中国食品一时间"谈虎色变"，在日本民众中产生了一种"中国食品恐惧症"。媒体报道"中国毒饺子"问题后，各地的保健所不断接到消费者表示担心的电话，进口商则接到大量的抗议电话；所有商场、超市的中国产冷冻食品下架，学校食堂开始清除相关食品；进口"问题饺子"的上市公司JT的股票暴跌。

受"饺子事件"影响，在名古屋地区举行的"春节祭"取消了所有冷冻食品的供应。在横滨中华街，尽管张灯结彩欢度春节的氛围一如往昔，但同时表明各家出售的饺子非中国产的告示也是四处张贴，形成了往年从未有过的"独特风景"。在神户中华街，同样宣传"点心由自家制造"的宣传单张贴得到处都是。

由于日本媒体在报道过程中使用了"中国制造"的字样，使得饺子之外的中国商品也受到牵连。以进口食品为主打，在东京有着无数家连锁店的"花正超市"因为物美价廉而备受欢迎。但在"饺子事件"发生后，该店的中国食品已少有人问津。

日本最大的札幌冰雪节中设立了"横滨中华街展"。尽管参观冰雪节的人很多，但来品尝中国菜的人寥寥无几。原定在新潟市伊势丹百货公司举行的"横滨中华街物品展"也被迫延期，主办方延期的理由是食物中毒导致中华食品的整体形象下跌，估计难以吸引到客人。

考虑到中国产冷冻饺子引发中毒事件造成消费者人心惶惶，日本大型餐饮公司"云雀"集团（Skylark）决定在旗下约3 300个主要餐馆内停止使用在中国最后加工的半成品材料。日本东北6县、首都圈1都7县，以及札幌三地的生活协同组合（日本的一种消费合作社，简称生协）日前决定，从2008年春起全面停止销售中国产加工食品。日本共同社通过电话进行了一项全国民意调查，75.9%的受访者回答"今后将不买中国食品"，顿时间对中国食品的不信任感覆盖了整个日本列岛。

二、事件发生的原因分析

事件发生后，中日双方都对事件原因做出了调查，却得到了截然不同的结论，但是事实真相仍未明了。

（一）日本的调查结果

尽管据厚生劳动省的调查，日本全国共有 2 773 人报告有不良反应，而实际上，真正吃了饺子而中毒的事件共发生了三起，有两起在千叶县，一起在兵库县。这三起事件中的两件保留了饺子样品，这些样品都检验出了高浓度甲胺磷，同时这两件样品的包装盒都检测出了针孔。这些证据显示，饺子可能是在包装出厂后被投毒的。然而，日本警方一直在努力寻找能够证明在出厂之前就有毒品"混入"的证据。终于，日本警方宣称他们在一个没有开封的饺子袋的内侧检测到了甲胺磷，因此证明饺子在中国出厂前就被污染了。警方随即宣布"饺子在日本被污染的可能性很小"的结论，这个结论一直被媒体作为"污染发生在中国"的依据。日本警方介绍这个结论的依据是：包装完好的塑料袋，没有破损、没有被打开，饺子袋的内侧有甲胺磷，他们经过实验，认为甲胺磷不能从外侧渗透到饺子袋里面。日本警方的第二条依据是，在日本国内没有甲胺磷农药，日本取到的样品是日本实验室用的纯品甲胺磷，没有杂质。他们在中毒饺子和有问题的包装袋上检验的甲胺磷有杂质。日本警方还提出第三条依据，三起中毒事件，两起发生在千叶，一起发生在兵库县。这三起中毒事件，两个地方大约相距 700 公里，这两批货物在运输的过程当中，在日本本土没有交叉。

（二）中国的调查结果

发生在日本的水饺中毒事件引起各方关注，中国政府高度重视此事，国家质检总局与公安部迅速对案情展开了全面调查。

2008 年 1 月 30 日，国家质检总局接到日方通过中国驻日使馆发来的通报后，高度重视，迅速采取了一系列措施。一是与日本厚生省等相关部门联系，了解具体情况；二是迅速成立了调查组，先后对问题批次留存样品、相邻批次产品、库存产品进行了取样检测，结果均显示未检出甲胺磷；三是责成天洋食品厂停止生产和销售，对其在日本的产品和正运往日本途中的产品予以召回；四是对天洋食品厂的原料进厂、生产加工、包装、贮存、运输、出口等各个环节进行了严密的核查，查看了该企业的录像监控资料，调阅了企业有关生产记录；五是 2008 年 2 月 3 日，由国家

第十二章 从日本饺子事件看山东与日本投资合作

质检总局和商务部组成工作组赴日,通报中方调查的进展,主动配合日方开展调查。工作组从日本带回的共10袋不同生产日期水饺样品进行检测研究,所有检测结果显示,甲胺磷和敌敌畏均未检出;六是该企业自1995年获日本农水省注册,并于2001年3月和2005年6月,两次通过日本农水省现场复查。该厂十多年来对日出口产品质量稳定;七是2008年2月4日,国家质检总局,河北省政府接待并积极安排日本政府派出的调查团前往天洋食品厂调查。为日方调查团在华工作提供了所有能够提供的资料,尽可能安排日方需要调查的地点和设施。日方调查团在对企业进行了全面调查后表示:从调查情况看,该企业车间整洁、管理完善,没有发现任何异常;八是2008年2月12日,有关人员再次赴河北对天洋食品厂各环节进行了认真调查,结果是:该企业管理规范,相关资料齐全,各个环节都没有任何异常。

国家质检总局的调查结果是:第一,该企业的有关产品,包括中方工作组从日方带回的样品,均没有检出甲胺磷。第二,该企业管理规范,各个生产加工环节没有发现异常。因此,这次发生在日本的"饺子中毒事件",不是一起因农药残留问题引起的食品安全事件,而是人为作案的个案。

与此同时,公安部召开专门会议研究调查工作,要求公安机关立即开展调查,查清事实真相,拿出负责任的调查结论。

2008年2月9日,公安部成立由刑侦局余新民副局长、首席刑侦专家乌国庆等侦查、毒化、痕迹专家组成的工作组赴石家庄市,河北省公安机关迅速调集近百名民警,迅速开展了全面细致的调查工作。

对原材料的调查。对该厂生产所用的蔬菜、面粉、肉类、食用油、水、调味品、外包装等原材料的生产、运输、存储、使用等各个环节有无被污染或投毒的可能进行调查,发现生产两批次有毒水饺所用主要原料来自山东、内蒙古等6个不同产地。这些原料还用于生产其他批次饺子和四角包、牛冻、菜卷等产品。没有发现投毒或混入甲胺磷污染情况。

对生产流程的调查。水饺生产流程主要有:原材料处理,加工成型,蒸熟、冷冻、检查包装和装箱入库等。整个生产流程都是集体作业,相互监督并有严格的隔离制度。生产区域都设有监控录像,实时监控,而且生产时有质检人员现场巡视。没有发现投毒或甲胺磷污染情况。

对运输过程的调查。两批次有毒饺子均是在厂里直接装集装箱,由负责陆路运输的天津市立志货运有限公司司机、天洋食品厂仓库保管员、厂国际贸易部质检员共同铅封起运。集装箱到日本横滨、大阪后验货启封，未发现异常。

对重点人员的调查。采取询问，与上级、同事座谈及外围调查等多种方式，调查包装、仓储以及包装材料存放等三个重要环节相关的55人与厂方有无矛盾、有无反常表现、有无接触甲胺磷的条件等10个方面的情况进行排查，未发现有投毒嫌疑的人员。

对有关物证的检验和实验。对饺子塑料包装袋进行渗透实验并对甲胺磷性状进行了研究分析。渗透性实验显示，在-18℃条件下（饺子在仓储、运输、销售时的冷藏温度），浓度分别为1%、10%、30%、60%的甲胺磷农药溶液，在10小时内均可以从饺子包装袋外侧渗透到袋内侧。①

与日本警方交流磋商。由于中毒事发现场、有毒饺子及有关物证均在日本，为查明事实真相，2008年2月20日，公安部派出由刑侦局余新民副局长率领的、由公安部首席刑侦专家乌国庆、崔道植等10人组成的工作组赴日本，主动与日警方磋商交流。日方未同意中方提出的查看现场、涉案物证、检验鉴定结论的要求，也没有介绍物证提取、检验的全面情况。

调查结果证实，河北石家庄天洋食品厂生产管理严格，所有的员工必须持证上岗，进入生产车间的人员必须着工作服、消毒、戴头套，并有专人检查，很难将气味浓烈的甲胺磷带入车间；饺子生产的工艺简单，流程短，每道工序均为集体作业，相互监督，并有实时录像监控，在生产车间很难有人为投毒机会；出口饺子出厂即装入集装箱铅封运输，由日方在日本验收启封，未发现异常。

由此中国警方认为，这不是一起因农药残留问题引起的食品安全事件，而是人为的个案。经过全面、细致调查、实验，我们认为，投放甲胺磷发生在中国境内的可能性极小。

（三）双方的两大分歧

日本方面似乎对这个结果并不满意，质疑中方的调查结论，并敦促中方提供具体的"科学数据"来支持其立场。中日分别展开的调查存在两

---

① 中国国务院新闻办公室，《中国国务院新闻办公室关于日本饺子中毒事件新闻发布会实录》，http：//www.china-embassy.or.jp/chn//zt/zgspaq/t410626.htm.

大分歧，一大焦点集中于"甲胺磷能否从袋外渗透入内"，日本警方提出，"甲胺磷无法从外部渗入封闭完好的塑料饺子袋"，而公安部物证鉴定中心副主任王桂强指出，中方实验结果与日方相反，公安部物证鉴定中心在尽可能与实际情况相接近的实验条件下，对天洋食品厂生产的 13 克重规格的饺子的包装袋进行了密封状态下甲胺磷渗透实验。实验表明，62 个饺子袋样本中 87% 的袋子在内侧都检测出甲胺磷，四个浓度梯度的甲胺磷溶液都可以从饺子袋的外侧渗透到内侧。对于结论相反的原因，王桂强解释，双方在多个方面做法上有较大的差别。我们实验条件的选择和设计更加接近实际情况，能够更好地反映实际情况。

第二大焦点集中在"能否以杂质判断甲胺磷来源"上，日本警方声称，根据精密仪器对甲胺磷中所含杂质的分析，证明这种引发中毒的农药并不是在日本生产的，并由此推断甲胺磷在日本国内混入饺子的可能性很低。对此，王桂强指出，这些杂质在各国生产的甲胺磷工业品中普遍存在，只能表明中毒事件中的物证甲胺磷是工业甲胺磷产品，不是甲胺磷纯品，不具备准确判别甲胺磷农药生产厂家的作用。

至此，"毒饺子"事件一定程度上已陷入双方均不承认有责的僵局。而由于此前日本媒体已经制造出"在中国投毒可能性较大"的舆论，这件事对中国食品的形象和中日关系都造成了无可挽回的损失。

（四）原因调查的最新进展

据日本共同社、《朝日新闻》2008 年 3 月 9 日报道，日本兵库县警方从退货、封存的中国天洋食品厂生产的 39 袋饺子外包装上，检测到甲胺磷成分。这批饺子和引发"饺子事件"、吃后出现昏迷症状的小女孩所吃饺子，系同一天生产的同一产品，是"饺子事件"发生后购买者所退的货品。对于检测结果，《朝日新闻》认为，这可能是在堆放饺子等商品时，又塞入带有甲胺磷农药的货品，造成含有农药的产品污染了速冻饺子。至于是在运输过程中还是在装货时，以及是在什么地方出现的这种情况，该报道没有进一步分析。该检测结果可能成为是"饺子事件"的重大进展，但日本媒体反应冷淡，很多媒体只字未提，这和事件发生时各媒体争相报道形成强烈反差。

兵库县警察 2008 年 3 月 29 日宣布，从高砂市受害 3 人吃过的饺子托盘上残存的饺子馅（韭菜）中，检出约 13 200ppm（浓度单位）的有机磷系杀虫剂甲胺磷，是韭菜的残留农药基准的约 44 000 倍，如果将其换算成这盘饺子中每个饺子所含甲胺磷的量的话，则是日本内阁府所规定的一天摄取容许量的约 1 100 倍的，搜查本部认为这是一起人为的，有意图混入毒品的事件。

千叶县警察搜查一科 2008 年 5 月 15 日宣布：在发生了中毒症状的千叶市稻毛区的母子吃剩的冷冻饺子中，发现了相当于农药残存基准 10 万倍以上的有机磷系杀虫剂甲胺磷，是日本国内在这次中毒事件的药物分析中所获得的最高值，千叶县警察搜查一科因此断定：甲胺磷是被人故意混入的。这是日本警察当局首次断定中国冷冻饺子中毒事件是一起人为的犯罪。

这则消息已完全证明了饺子中毒不是来源于残留农药，也可以说不应该来源于中国生产和制造饺子的环节，它仅是一个个别的事件，它的涉及面应该很小很小，日本消费者没有必要对中国的食品怀有过度的戒心，没有必要承受食品价格骤然上升的苦楚。而人为的犯罪，最大的可能是发生在运输过程中，但是中国饺子的运输过程，在日本比在中国环节复杂。

对于这两则非常重要的消息，日本的各媒体只做了很小的报道，如同蜻蜓点水，一带而过，也没有宣布饺子中毒事件不是来自中国产品的残留农药。日本国内也有公平的声音，日本著名中毒学专家、财团法人日本中毒情报中心理事、日本筑波大学名誉教授内藤裕史先生指出，中国制饺子污染未必发生在中国。由于化学物质所引起的食品污染，比起制作阶段来说，在保管和流通阶段有更加难以发现的陷阱，把注意力集中在中国的工厂是很令人遗憾的，是不公平的。对于饺子中毒事件的真正原因仍未有终断，有不了了之的趋势。

三、事件给予鲁日投资合作的启示

此次的中国出口日本的"饺子中毒事件"，并不是一起因农药残留问题引起的食品安全事件，而是人为个案，为何在中日两国之间引起如此轩然大波？中日贸易中的问题如何影响中日之间的相互投资，能给予山东省与日本的投资合作怎样的启示，值得我们深思。

第十二章　从日本饺子事件看山东与日本投资合作

（一）中国食品安全成为关注焦点

首先，从大背景上看，中国经济突起，以及获得了低成本优势的中国产品在世界各地长驱直入，触痛了许多国家和地方相关经济集团的利益要害。但是，缘于相关国家和地区对于成熟了的市场规则的扼守和尊重，于是，发达国家便另辟蹊径，将突破的目光都聚焦到了中国产品的质量上面，利用环境、绿色贸易壁垒保护本国的市场。任何国家和厂商所制造出来的任何产品，都不可能确保能有100%的质量完好。因此，当99%后面的1%终于出现或者疑似出现可能的质量问题后，对于整个中国产品质量的质疑和非议便乘虚而入了。由此日本的"饺子中毒事件"一出，就引起如此大的关注和影响。在全球化时代，食品安全没有国界。而中国的食品安全问题，因这样那样的原因，在日本几经"发酵"，已构成对两国共同利益的巨大制约性因素，也为中日关系平添了某种不确定性。

其次，日本人对中国食品的不安与排斥，也是近年日本国内多起食品造假事件引发的恐惧心理的延续。雪印，一度是日本牛奶、乳制品、肉类食品行业的龙头老大，"放心奶"、"放心牛"的代名词。2000年，因使用过期牛奶制作乳制品，造成14 000食用者中毒。第二年，日本暴发疯牛病。为拯救畜牧业和有关商人，日本政府根据商家库存牛肉给予高额赔偿，价格比进口牛肉高出1倍。面对暴利的诱惑，雪印的一家子公司偷梁换柱，把来自澳大利亚的牛肉冒充国产牛肉。两次造假被揭发后，雪印遭到毁灭性打击，最终以解体而收场。雪印的惨痛教训似乎已被遗忘，2007年，日本几家老字号接连犯事："不二家"用过期牛奶制成奶油泡芙；北海道知名旅游纪念品——"白色恋人"德式巧克力薄饼，篡改生产日期以旧充新；有300年历史的"赤福馒头"同样篡改生产日期，并把过期的回收再加工……

由此可见，发达国家对产品质量的日益关注，使得中国食品等出口产品的质量安全问题已成为影响中日经济关系的重要问题之一，不仅在山东省与日本开展贸易过程中应该受到高度重视，在投资合作中亦应受到高度关注。

（二）投资与贸易相互依存、相互促进

随着投资贸易一体化发展的深化，贸易与投资相互依存、相互制约关系不断凸显。国家间的相互投资可以进一步扩大两国间的贸易发展；贸易领域的问题也很有可能影响到双方的投资合作，甚至一些问题是由投资领域内的问题引起的。

"毒饺"事件发生后，中国输日食品安全问题成为中日关注的焦点。由于日本媒体大量误导性报道，日本民众开始强烈抵制来自中国食品，导致中国出口到日本的食品数量出现大幅降低。日本财务省2008年3月26日发布的一份报告指出，2008年2月份，日本从中国进口的食品总额较去年同期减少28%，仅为553亿日元。其中谷物较去年同期减少39.4%，进口蔬菜减少33.0%，肉类、鱼类和贝类减少30%。在对华贸易上，2008年2月份日本从中国进口总额为1.013万亿日元，减少15.1%，这是5个月来首次出现下降。① 由此可见，"毒饺事件"无疑对中日贸易发展产生了恶劣的影响。

中国食品进口日本数量的减少也对日本市场造成了很大的冲击，位于东京筑地的蔬菜批发市场的多种蔬菜的批发价格已经达到了近五六年来的最高值。由于国际市场的谷物价格上涨，从2008年4月开始，日本市场上的小麦制品的价格将大幅上涨，加上中国谷物及制品进口的大量减少，将使日本的消费者面临"雪上加霜"的状态，面粉的价格（1公斤）从2007年的197日元上涨到2008年5月的239日元，相关制品如方便面等也将随之大幅上涨。不仅如此，日本许多食品进口企业也受到了十分沉重的打击，日本最大的冷冻食品销售集团JT 2008年宣布：1~3月份的冷冻食品经常利润下降90.1%。②

值得注意的是，经调查发现，日本媒体所谓的"有毒中国饺子"，其外包装袋的标识表明是地地道道的日本公司的品牌产品，只不过是按日本配方在中国定点工厂专门生产，产品全部出口日本。日方又陆续提出的所谓中国制造的"毒包子、毒肉卷、毒鲐鱼"等，调查证实，这些都是日

---

① 周玲玲：《日本2月进口中国食品总额下降28%》，http://www.caijing.com.cn/20080326/54079.shtml/。

② 知秋：《饺子事件使中日贸易黑红逆转》，http://q.163.com/aaaaa/blog/zwb5998/467024552008349450434/。

本独资在华企业生产的，生产过程按照日方标准工艺，并由日方人员负责驻厂监管。由此可见，出现食品安全问题的企业本身是日本在中国投资的企业，如何对外资企业产品质量安全的监管，是中国政府应该进一步关注与解决的问题。如何制定相关政策法规规范来鲁投资的日本企业，在鲁日投资合作进程中，也应该受到两方政府的关注。

进一步，贸易领域出现的问题已经对投资产生了影响。在中国设厂的日资食品生产商都因找不到有效办法挽回日本消费者的信任而焦虑不安。在中国山东、福建和广东等农业大省设厂的日资食品生产商和经销商却都表示，将生产据点迁回日本的可能性微乎其微。其原因不仅是人工费昂贵，由于农业后继乏人，在日本很难保证原材料供应。一家主销烤鸡肉串的企业坦言："虽然我们在泰国也有食品厂，但中国厂的产品质量较高。"一家日资调味料厂商的有关人士无奈地表示："如果能查出事故原因，就可以采取防犯对策。"一名曾向天洋食品厂提供原材料的日资企业负责人说："日本不少食品厂的设备已经老化，但我对天洋食品厂的印象却是干净且管理有序。"日本贸易振兴机构（JETRO）上海中心的大桥聪部长强调："如果因为本次事件而抵制进口份额较高的中国食品，那对日中两国都是不幸的。当地日资企业的生产技术与日本国内没有差别，这对他们来说将是沉重打击。""毒饺"事件已经影响了在中国投资的日本企业的利益和积极性，双方政府在此类事件中的态度和做法将影响鲁日之间投资合作的进一步展开。

（三）舆论导向在两国经贸争端中的作用增大

在信息化时代，媒体的舆论导向在社会经济生活中发挥着越来越大的作用。对日本来说，"毒饺子事件"无疑是一桩具有公共危机性质的事件，关涉到社会的安全和政府的信任度问题。从大众传媒作为"社会公器"的性格出发，出于"必须保卫社会"的责任感，在第一时间披露信息，探求和报道真实，的确是公民社会大众媒体的题中应有之义，本无可厚非。但是，在诉诸公众的同时，诉诸理性，而不是以模棱两可的"事实"为依据，传布成见，或以莫须有的暗示，影响、诱导公众对事实的判断，是现代社会对媒体和媒体工作者的起码要求，也应该是后者的自律底线。否则，任何公共危机性事件，都可能引发公共舆论的危机，而后者则又反作用于事件本身，使真相被遮蔽，问题长期化，加剧事态的悲剧化程度和负面影响。在事实真相没有水落石出之前,日本媒体过度并带有明显诱导性的大规模报道,极大影响了日本民众的态度与选择,为事件的解决带来障碍,为中日经贸关系的发展带来不利影响。

并且,越来越多国家的政府和企业,利用媒体的舆论导向作用行贸易保护之实,引导国民抵制使用和消费国外进口产品,保护国内相应利益集团,舆论导向已经逐渐发展成为一种新型的贸易壁垒。有人分析"毒饺"事件可能是日本的某些大型食品制造企业利用媒体故意扩大渲染。因为来自中国的所有冷冻食品,用价格的优胜已经垄断了整个日本市场。而日本民众的生活水准一直没有多少提升。日本本国生产的价格太高,很少有日本民众消费得起,所以选择购买中国的廉价食品。日本食品制造企业的生存危机很大,借机利用媒体大肆炒作,以削弱中国食品在日本的竞争力,让日本民众对中国的食品产生不安和排斥。

在"毒饺子事件"调查有了最新进展的今天,试想如果那些有意炒作"残留农药致使中毒说"的日本媒体勇敢地站出来,说一声"中国食品的残留农药致使中毒说"已经被警方否定,该使中日经贸关系得到多大的改进?又会使日本的消费者减轻多少心理的负担和家计的负担,日本的食品进口企业和在华投资企业又能减轻多少压力?

在媒体的舆论导向发挥着越来越大的作用的背景下,鲁日的投资合作应该充分利用其积极作用,宣传扩大投资合作给双方带来的利益、好处与广阔前景而应该尽量避免其不利因素。

四、积极应对,促进鲁日投资合作平稳发展

在世界经济区域化、全球化背景下,山东进一步加强与日本的经贸合作与交流是历史的必然。多年来,山东凭借毗邻日本的优越地理位置和便利交通条件以及与日本相通的儒家文化背景,抓住日本产业转移的机遇,积极开展与日本经济界的合作,促进了日本在山东投资的稳步增长。2006年,山东新增日资企业312家,实际使用日资7.03亿美元,同比增长2.36%。据山东省外经贸厅最新统计,2007年5月,新批准日商直接投资企业76家,实际使用外资3.32亿美元,同比增长15.49%。截至2007年5月底,山东省累计批准日商直接投资企业4 269家,实际使用日资额54.13亿美元。日本的世界500强企业中,三井物产、伊藤忠商事、三菱

第十二章　从日本饺子事件看山东与日本投资合作

商事、住友商事、丸红会社等著名跨国公司都在山东有投资项目。20世纪90年代以来，日本对山东的投资明显加速，基本呈逐年上升趋势。2003年，日本是山东第五大外来源地；2005年居第四大外资来源地；2007年5月又上升为第三大外资来源地，仅次于韩国和中国香港地区。[①]进一步扩大双方的投资合作有利于经济的快速健康发展。

（一）提高山东吸引日资质量

自然禀赋的不同、生产要素相对价格的差异、产业发展层次的落差以及地理、人文、历史的相近与重合，使得鲁日双方无论从投资实际还是地缘关系看，各自都有着不可替代的地位和互补性，也由此衍生了双方保持互相依存、利益联动的投资合作伙伴关系的良好愿望。1997年亚洲金融危机之后，日本长期的经济低迷和萧条与山东经济如火如荼的发展态势形成了明显的反差，也因此造就了更多的商机，互利和双赢的前景也更为明朗。正是这种经济内在的联系性和利益关系，使得鲁日投资合作在这种相互依赖和相互需求中不断发展。

扩大鲁日投资合作的目的是在利用日本丰富资金的同时充分发挥日资所带来的先进技术、管理经验及品牌影响力，因此不能仅仅停留在盲目扩大引资数量与规模的层面。在基于比较优势不断扩大鲁日投资合作规模的同时，应更加重视不断提高利用日资的质量与水平。利用日资要从引资向选资转换，注重资本携带的技术、安全、品牌、信誉等含量，以保证山东与日本投资合作的健康、快速、可持续发展。例如，山东省作为农业大省，具有农业基础较好、农产品种类丰富、劳动力成本较低的比较优势，而日本也具有资金丰富、技术先进的比较优势。在此领域积极导入日本企业的直接投资，引进日本最新的农业技术，提高中国农业的生产率（目前中国农业的生产率仅为日本的1/40），培养中国年轻的农业经营者，既有利于改善中国国内的农产品供应，更好地满足国内市场的需求，也有利于促进中国农产品向全世界出口。例如，2006年5月，日本朝日啤酒公司在山东省莱阳市投资开设第一号示范农园（占地100公顷），导入日本最新技术，实现从种苗到农产品生产、加工、流通、销售的全流程系统，向中日两国提供高附加价值、安全、放心的农产品，这种投资模式很值得

---

① 林泓：《日本对华投资新动向与山东对策》，载《当代亚太》，2007年第12期。

推广。

(二) 建立食品安全双边监管机制

建立完善的双边监管体制将为预防与解决食品安全问题提供有力的制度保障，鲁日双方应从以下几个方面展开合作。

第一，山东省与日本的相关主管部门建立密切的协作关系，定期对进出口商品情况、进出口企业问题进行信息互换与交流，尽量把发生食品安全问题的可能性控制在最小的范围内。一旦出现重大食品安全事件，双方应通过及时有效的沟通、协调、磋商机制解决相关问题，避免由于信息不对称等因素造成的误解与延迟。另外，双方应按照贸易规则、国际公约来解决争端。在贸易与投资当中发生的质量问题时，鲁日双方应充分利用WTO的争端解决机制，遵循相关贸易规则的程序，在相关国际公约的框架下寻求争端的顺利解决。

第二，为保证日资出口企业商品的质量，山东省政府急需加大对在鲁日资生产企业的全方位监督与管理。以往政府往往仅仅重视引资，却忽视了引资后对外资企业的管理及制度建设。首先，政府应建立从原料加工到生产、包装、运输、出口各个环节的无缝隙管理链条，通过加大对其生产贸易整个流程的监控力度，规范其运作，提高其产品品质。其次，对日资生产企业采取诚信管理办法，对其产品在国内外被查出农残超标或其他不合格情况，同样实施严格的退运、召回措施。并对问题企业进行严格的检查，针对相关问题进行及时认真整改工作，避免事态扩大，把损害控制在最小范围之内。

第三，相关部门和投资贸易领域的专业法律人员，设立用于应对外资企业出口产品质量诉讼的跨行业组织，一方面研究出更为完备的法律手段，时刻准备接受和应对来自任何国家和地区组织的质量诉讼；另一方面创造出多方位的外交渠道，在不同场合积极宣扬中国产品质量和相关检验制度的严格和完备，让那些纯粹的担忧者消除误会和顾虑，让那些抱着某种利益驱使者逐渐失去其存在的活动空间。

(三) 积极面对和妥善解决矛盾争端

第一，要加深鲁日双方思想上的交流和认识上的沟通。明确双方投资

第十二章　从日本饺子事件看山东与日本投资合作

合作要顺利、快速发展，必须优势互补，通过良性积累谋求双赢，而不是恶性竞争，单边设限。山东是日本的重要的投资合作伙伴，如果因为贸易争端问题处理不妥而影响经贸关系整体的发展，只能损及双方利益，不会有真正的赢家。因此，在"摩擦中求发展"，应该成为双边合作伙伴关系的主旋律，适度退让也是合作中的应有之义，一味地追求自身利益的做法是不可取的；双方都要以诚相待，本着与人为善、与人方便与己方便的原则，采取友好和建设性态度来解决问题，多协商，少偏激，多对话，少对立，避免事态激化而导致合作关系的伤害。

第二，减少政治因素对鲁日投资合作的不利影响。中日投资合作发展一直较为平稳，2001年以来投资政策开始有收紧的迹象。究其原因，主要是由于日本国内经济的萧条和中日贸易逆差的加大，使得政策保护国内市场免受冲击的动作幅度加大；另一种原因则来自于政界，由于日本经济与政治高度融合的这种独特的国家特点，使得经贸活动中掺杂了过多的政治色彩。尤其是农产品问题，直接关系到以农民为主要支持基础的执政党的席位和统治的稳定性。2001年日本对中国的贸易制裁，就是因为执政党迫于国内与产业协会向政府提出限制农产品、纺织品进口的要求，从"选票优于外贸关系"的原则出发所采取的干预举动，以期借此平复国内农民和一些企业的不满情绪，保证"票田"不会歉收。政府面对泡沫经济的无奈，削弱了政府行为的独立性和政策刚性，越来越多的利益集团成为政策的干预因素，尤其是有着浓厚保护主义色彩的农业水产业，对日本对外政策的影响更为明显；有着强烈海外扩张欲望的工商部门也对政府政策制定施加着压力，迫使政府做出了面向海外，希望从积极的对外贸易合作中拓出生路的政策选择。由此看出，日本的外贸政策带有明显的利益集团的意志和愿望，也极容易被他们左右和影响。这种政策的脆弱性和多牵制性将会在一定程度上影响鲁日投资合作的稳定性。同时，"中国威胁论"在一定程度上也干扰着日本的贸易政策。对于中国的崛起和经济的活跃，在日本总是响着两种不同的声音，"中国威胁论"在反华势力的鼓噪下产生的影响已波及到经济领域，直接影响着日本的投资政策，在"政冷经热"的局面下，政治因素起到了一个对投资降温的作用，削弱了日本企业投资与山东的积极性和信心。

第三，充分利用舆论导向的积极作用，推动鲁日投资合作。舆论的主体是公众，舆论总是公众的舆论。无论何种舆论，都不是知识，更不是对知识的系统认知；只是主体（公众）对客体（事件）做出的反应，而不是对客体的本相的认知，当然更不是对客体本相的系统认知。这既是舆论的魅力所在，也是其危险所在，因其在展示力量、宣泄激情的同时，也包含了某些成见、偏见，甚至歧见。而在社会舆论生成、发展、演变的过程中，媒体都不应该，也不可能扮演判官的角色。鲁日双方间战略互惠关系虽然确立未久，但已显出巨大发展前景，为了鲁日合作的深入、持久发展计，双方应慎重应对争端矛盾，充分利用媒体力量促进投资合作平稳发展，而不是相反。

（作者：赵佳颖　山东科技大学）

第十三章

加快山东与日本高新技术产业合作研究

高新技术产业发展是山东近年来致力于的任务，是山东产业结构调整的重要路径和应有之义，被列为山东"十一五"规划的五大产业重点之一。经过几年来的努力，山东高新技术产业出现了一个迅速发展的局面，产业总量不断膨胀，产业内结构不断优化，对经济的拉动作用也日趋明显，已经成为山东国民经济中的战略性支柱产业。2007年，全省规模以上高新技术产业实现产值14 775.05亿元，同比增长37.94%，占规模以上工业产值比重为29.21%，比年初提高3.02个百分点，在全国的位次由第8位上升为第5位。其中信息产业规模和效益大幅增长。2007年实现主营业务收入3 710.7亿元，比上年增长33.1%；实现利税249.1亿元，增长29.0%。软件业实现收入308.0亿元，增长34.1%，利润、利税分别增长36.0%和34.0%。软件外包服务、软件业务出口分别增长1倍和39.2%。与此同时，山东高新技术产业对外合作也实现了新的增长，尤其是与日本的产业合作，对带动山东高新技术产业的发展发挥了重要作用。在新的形势下，加快与日本高新技术产业合作步伐，不仅对于缓解资源制约，转变经济发展方式，实现山东产业结构升级具有重要意义，对于提升山东经济国际化水平，增强国际竞争地位也具有深远的战略意义。

一、日本高新技术产业发展现状

日本是一个资源小国，人口小国，但却又是一个技术大国，产业大国。日本作为世界第二大发达经济体，有着强大的产业实力；作为一个有着坚忍毅力的民族,又有着强烈的创新意识和技术开发能力,由此而铸就了日本高新技术产业在世界上的强势地位。可以说,在资源与人口都缺少的日本,靠的是技术立国,靠的是高新技术产业的发展,靠的是产业技术竞争力。在日本,科技进步对日本经济增长的贡献率达到60%以上。无论是电子信息产业、生物产业、节能环保产业,还是新能源、新材料产业,日本都具有独特的优势。

(一) 电子信息产业

电子信息产业是日本第一大产业,也是日本经济低迷时期少有的几个"晴天产业"之一。2006年,日本电子信息产业GDP达到66.8万亿日元,占世界总产值的20%多,[①]仅排美国之后位居第二。松下、日立、索尼、东芝、日本电气、富士通、日本电报电话公司、佳能、夏普、京瓷等电子信息企业作为世界500强在世界久居盛名。日本电子信息产业的起步是采取了引进消化赶超的技术模式,成功地把美国创造的电子信息技术转化为日本民用产品。20世纪80年代初,日本总体科技水平已超过了欧洲,接近了美国。20世纪80年代末,日本信息产业在159项关键信息技术中,有39项同时领先于美国和欧洲,并占据了50%的国际市场,[②]成为日本的主流产业。占据优势的产品技术主要是半导体技术,特别是集成电路(IC)的研究与开发,以其小、轻、优质的特点在世界风靡。另外,日本的机器人技术也很发达,是世界上使用机器人最多的国家。机器人是尖端机械技术和电子技术的组合,主要用于焊接、涂装、加工、组装、检查等领域,大大提高了日本的生产效率。20世纪90年代后,日本信息产业一度出现发展滞后局面,日本六大主要计算机公司(日立、松下、索尼、东芝、富士通、日本电气)有5家出现负增长,而美国信息产业则出现迅猛发展势头,其研发力量、风险资本迅速进入产业,硅谷等地的研究成果在风险资本助推下全面进入商业应用,信息产业对经济增长的贡献率达25%以上。与此同时,韩国的数字化技术和网络技术也呈现出强大的超越优势。而日本由于政府官僚体系控制下的经济缺乏活力和创造力,没有形成信息产业良性发展的机制,信息产业风险投资不足10%,仅为

[①] 山东省对外贸易经济合作厅亚洲一处:《关于我省与日韩高新技术产业合作的研究》,http://www.shandongbusiness.gov.cn/index/content/sid/38425.html - 71k。

[②] 《新科技革命与全球化的结合(一)》,http://oa.jlchina.cn/Article/xinjingji/585_2.htm。

第十三章 加快山东与日本高新技术产业合作研究

美国的不到1/6，且重"硬"轻"软"，重"大"轻"小"，重"旧"轻"新"，错失以信息技术革命为核心的第三次浪潮的机遇，在信息产业的发展上被美国甚至韩国甩在了后面。进入21世纪，日本强烈意识到信息产业发展对于日本经济带动和振兴的重要性，2000年7月日本内阁决定设立旨在全面推进日本IT革命的"IT战略本部"，部长由内阁总理大臣担任，强调"IT立国"的宗旨是综合推进以全体国民能够享受IT革命带来的利益，形成日本新的国际竞争力。2001年1月，《信息技术基本法》正式出台并生效。2001年1月日本提出"电子日本战略"，目标是集合政府与民间力量，构筑新的IT社会，在5年内将日本建成世界上最先进的IT国家。充分利用移动通信（主要是3G手机和相关设备）、光电技术、显示技术、数字家电技术、基础元件技术及互联网网际协议第6版标准（IPv6）技术等优势，推进综合性及战略性的研究开发，并创造新的产业和服务。2000年以来，日本在信息设备制造领域面临韩国以及中国的激烈竞争，除数码相机仍然保持全世界近50%的市场占有率外，DVD、半导体、手提电脑、手机等的市场份额出现大幅下滑。为进一步增强日本信息产业的竞争力，2006年起，日本总务省正式启动"u-Japan"战略，具体包括放宽广播电视等宣传媒体市场准入、加强对网络信息技术研究的支援、构筑无所不在的网络社会等三个方面。计划大力培养能够指挥大规模软件开发的带头人，以满足未来信息服务产业需求的扩大，同时促进整个社会的信息化发展，重振日本信息产业雄风。

（二）生物产业

生物产业也是日本重要的高新技术产业，在世界排名居美国之后为第二位。2006年产业产值达1.85万亿日元，是1998年的9倍。日本在产业结构转型与重构过程中，将生物技术产业作为重点培育的支柱产业和新的经济发展增长点给予了大力扶持，从以下四方面构建了支持体系：一是陆续推出各项支持政策，构建了产业发展的良好政策环境。1999年7月，日本通产省、厚生省、农林水产省、文部省、科学技术厅联名发布了《面向生物技术产业创造的基本战略》，强调日本要有危机意识，将生物技术的研究开发作为保持国家竞争力的重要手段，并提出迅速开展染色体、遗传因子重组等研究；2002年政府发布了《生物技术战略大纲》，通过直接支援生物技术的研究开发、完善生物技术产业化体制、促进国民对生物技术的理解等三个方面推动日本生物产业的发展，并指出战略实施的总体目标是实现健康和长寿（2010年癌症治愈率提高20%）、提高食品的安全性和功能性（粮食自给率从2001年的40%提高到2010年的45%）、实现可持续的舒适社会（到2010年生物能源的利用应相当于替代原油约110亿升/年）；2005年12月，为了促进基因制药的研究及生物技术风险企业的培育，以小泉首相为首的生物技术战略会议颁布了长达200余页的《生物技术战略大纲》，详细阐述了具体的战略重点及实施计划，并将一些具体计划诸如国立癌症中心及国立循环器官疾病中心设计的针对相关疾病的蛋白质组研究计划等列入了政府重点开发项目，旨在提高检测解析仪器的研发以及生物信息学等领域的国际竞争力。二是加大投入，提供良好的资金支持条件。2001年日本生物技术产业投入的预算增加了4.8%，其中生命科学研究部分的预定经费为5亿~35亿美元，比2000年增加了约28%，主要用于基因的研究，希望透过人类基因的解析，有助于对糖尿病、癌症等疾病的治疗。2006年日本生物技术研究经费总金额增加到2万亿多日元，主要用于巩固日本生物技术基础和培养生物技术人才，同时放松新药审查规定，建设具有国际竞争力的生物技术企业。此外，日本约有44亿美元用于新成立的机构，并拨款5 300万美元支持大学实验室设备，希望提升政府与大学之间的合作。三是改革国家科学与技术体系，创造制度支持。主要是进行国家研究院的改革，将59个国家研究院转变成为独立管理的机构。在政府大力推进产业发展的同时，日本企业也积极响应，朝日啤酒、日立制作所、三菱化学、东丽、味之素、旭化成等一批大企业自发成立了日本生物产业人会议，加强企业间在生物技术研发、人才培养以及争取政府支持等领域的合作。随着生物产业对区域经济的贡献不断加大，日本许多地区开始发展生物产业集群。目前日本有生物产业集群14个，主要集中在关东、关西和中部，尤其在东京大都市区内的千叶、横滨和筑波，集中了大批的生物技术开发与制造企业。此外，神户也有很多生物制造企业，形成了集聚现象。生物产业集群化发展对于日本生物技术的创新与提升，巩固和发展日本在国际上的产业强势地位具有重要的意义。通过政府的政策支持和企业界的大力开发，日本的生物产业市场实现了每年两位数增长。有关专家预计，2010年日本国内主要生物技术企业市场份额约为25兆日元，与生物技术相关的产业市场份额中，食品为6.3万亿日元，医疗领域为8.4万亿日元，工具、信息市场为5.3万亿日元，环境、能源为4.2万亿日元，其他为8 000亿日元。日本生物产业和相关产业一起，可创造 100 万个就业机会。[①]

（三）节能环保产业

20 世纪 60 年代，工业的快速发展给日本带来严重的环境污染，一度被贬称为"公害大国"。面对环境制约和国内外两方面压力，日本国会于 1967 年 7 月制定了《公害对策基本法》，以政策强制企业进行污染防治，节省能源，日本环保产业开始起步。1997 年 12 月在日本京都召开的《联合国气候变化框架公约》缔约方第三次会议通过了旨在限制发达国家温室气体排放量以抑制全球变暖的《京都议定书》，无疑又为日本节能环保产业注入新的动力。为了实现《京都议定书》确定的二氧化碳减排目标，日本陆续出台了相关减排法律以及相应的《循环型社会形成推进基本法》、《资源有效利用促进法》和《废弃物处理法》等法律，对各地生活垃圾包括家电等废弃物的回收、分类和再利用，生产企业应承担的义务和责任及应负担的费用等每一个环节，都作出了详细的规定和明确的职责划分。起步早和政策得力使得日本节能环保产业始终走在世界的前列，成为世界上能源利用效率最高的国家之一。资料显示，自 1998 年以来，日本在城市废气、污水治理、垃圾资源化、无害化处理技术方面处于世界领先水平；家电产品的电耗减少了 40%，太阳能电池的总发电量已达 142 万千瓦；建立了完善的废旧物资回收体系，等等。近来，日本经济产业省发布的《国家能源新战略》，明确提出在 2030 年以前，将 1973 年中东石油危机后已经降低了 30% 的单位 GDP 能耗这一指标再降低 30%，把日本对石油的依赖度从现在占能源消费总量的 50% 降至 40% 的战略目标，这就预示着日本节能环保产业在未来时期将会出现新的发展和飞跃。

（四）新能源产业

20 世纪 70 年代以来，由于石油危机和环境污染问题的沉重压力，促使日本将新能源与可再生能源的技术研发提上重要日程，通过大力开发污染程度低、环境负荷小、资源限制少、可国产的新能源，以保证能源供给

[①] 新华社：《日本实施生物产业立国战略》，http://www.pharmnet.com.cn/yyzx/2004/08/18/135729.html.

的稳定性和经济发展的可持续性。为此，日本成立了专门的新能源产业开发机构（NEDO），并先后实施了"月光计划"、"日光计划"和"新日光计划"，有力地推进了新能源的研发和推广应用。经过30多年来的观念更新、舆论引导、政策优惠和法律约束，日本的新能源技术开发推广也迅速形成扭亏为盈的局面，成为世界新能源开发的领军力量。日本具有世界优势的新能源技术主要有：

（1）太阳能发电技术。太阳能发电是一种清洁能源，很少带来环境污染，因此得到日本的密切关注和大力研发。日本太阳能发电量从2000年起一直居世界首位。截至2005年底，日本太阳能安装使用量累计达到142万千瓦，占世界市场的44%。[1] 在研究超高效太阳能电池方面，日本已经能够做到在锗和硅片上形成结晶，并使每平方厘米单晶上的能量转换率分别达到约31%和18%，创世界新高。到2010年，日本太阳能发电的目标是达到482万千瓦，比2003年增加约5倍。[2]

（2）燃料电池技术。燃料电池也属于清洁能源，发电时主要生成物是水，不会污染环境，因此也是日本着力研发的技术领域，一些知名的大型机电企业几乎都在研制燃料电池。燃料电池主要解决汽车动力问题，以提高汽车的环保性能。另外可以应用于电站发电，以形成天然气分布式热电联产。目前日本已推出4种燃料电池，即聚合氯化铝铁燃料电池（PAFC）、熔融碳酸盐燃料电池（MCFC）、固体氧化物燃料电池（SOFC）和聚合物电解质燃料电池（PEFC）。目前，日本PEFC燃料电池已进入电站阶段并实现了商业化，计划2008年实现燃料电池的全面商业化。据有关专家估计，到2010年，日本燃料电池将达到220万千瓦，市场规模约为1万亿日元。

（3）风力发电。日本风力发电技术在世界也处于领先地位，排德国和美国之后居第三位。日本的风力发电从1974年开始起步，到2000年后形成规模，风力发电装机容量达100多万千瓦，并得到大面积推广应用，日本计划到2010年风力发电将增加到200万千瓦。

（4）生物质能源。生物质能源主要是利用木材及森林工业废弃物、农业废弃物及草根纤维、水生植物、油料植物、城市和工业有机废弃物、动物粪便等生产能源。2002年3月，日本将生物质能源作为重点推进的新能源目标写入《地球温暖化对策推进大纲》，2002年5月，作为一种对

---

[1]《日本新能源发展动态》，载《中华新能源》，2007年6月总第22期。
[2] 姜雅：《中日两国在新能源及环境保护领域合作的现状与展望》，载《国土资源情报》，2007年第5期。

第十三章　加快山东与日本高新技术产业合作研究

应的能源记入《关于促进电气事业中新能源利用的特别措施法》，并赋予生物能源战略性产业地位，这一系列行动推动了日本生物能源的开发和利用。在利用废料制造生物乙醇领域，京都大学的技术走在了世界前面。日本的目标是到2010年，全部废弃物的生物质利用要达到80%，未利用生物质的利用率达到25%，生物质能换算成原油相当于101万千升，生物质能发电达到33万千瓦。[①] 日本还提出了相当于日本汽油消费量10%的生物乙醇制造计划。

（五）新材料产业

为应对国际持续的资源和原料价格上涨，保持日本生产与科技竞争优势，日本非常看中新材料技术的开发与应用，将其作为"科技立国"的深化举措，开发了一系列具有性能、成本、应用及回收再生优势的新材料。尤其是作为日本政府确定的21世纪优先发展的关键技术的纳米技术已走在了世界的前列。从1991年开始，日本经济产业厅先后实施了数个有关纳米技术的大型10年研究计划，包括《原子技术研究计划》、《量子功能器件研究计划》和《原子分子极限操纵研究计划》，并投入了数亿美元的巨额研究经费。2001年召开的"推进重点领域战略专家调查会"，进一步确定了纳米技术重点领域：应用纳米技术制成的信息通信元件；具有环境适应性的高增值材料和微量影响环境因素的管理技术；对体内病灶进行诊断和治疗的微小系统；仿生材料；观察各种生物现象及应用生物机制的纳米生物技术；纳米级的测量、评估及加工等基础技术；具有新的物理性能的材料等，并在纳米电子学、纳米材料学、纳米分子学、纳米加工和纳米结构等领域的研究取得了世界首创性研究成果。据有关媒体介绍，在纳米级分散体和涂料方面，美国与欧洲并驾齐驱，日本居后，但在纳米器件领域，日本则独占鳌头，在增强型材料方面，日本也明显领先于美国和欧洲。在日本，企业是新材料研发的主力军。据对日本80家大企业调查，有40多家在致力于新材料研究。2008年，索尼推出一项令人难以置信的纸光碟技术，光碟是在蓝光技术基础上，用51%的纸质材料制成，[②] 容量

[①] 姜雅：《中日两国在新能源及环境保护领域合作的现状与展望》，载《国土资源情报》，2007年第5期。
[②] 《新民晚报》：《新奇的纸光盘技术》，http://tech.sina.com.cn/it/2004-08-12/1655403621.shtml。

达 25GB 以上，大大地降低了产品成本；住友化学公司鉴于稀有金属近年来价格飞涨，专门面向车载电池研发了一种可以代替金属钴的新产品，并将于 2010 年开始实现量产；东洋纺在新材料开发中，先后投入 16 亿日元修建高性能纤维"戴伊尼玛"纺丝设备，投入 20 亿日元修建光学用聚酯薄膜生产线等，已于 2008 年全面投产；古河电气工业公司在车用电线方面以铝代铜的工艺和技术也即将付诸实用。政府与企业携手共创，为日本新材料产业腾飞奠定了良好基础。

二、山东与日本高新技术产业合作现状与合作机会分析

山东与日本有着良好的投资合作关系，尤其近年来，为充分发挥山东与日本地域毗邻、文化相近的优势，山东制定了抓住新一轮国际产业转移的机遇，大力承接日本产业转移的发展战略，促进山东与日本投资合作实现了新的发展。2007 年，日本对山东实际投资达 6.9 亿美元，占全省利用外资的比重近 7%，截至 2007 年，山东累计批准日商直接投资 4 269 家，实际使用日资额 54.13 亿美元，日本已成为山东第三大投资合作伙伴，并且有越来越多的高新技术产业项目进入山东。

（一）山东与日本高新技术产业投资合作现状

随着日本产业输出结构的转型升级和日本跨国公司全球布局的战略性调整，在基本完成传统产业对外转移之后，越来越多的日本高新技术产业也开始了海外输出计划，进入产业输出的升级换代时期。而山东对外开放 30 多年来，承接了大量的日本转移的产业，但大多为劳动密集型和资源密集型产业，诸如食品加工、纺织服装、玩具箱包、化学品和普通机械制造等，技术含量高、产业关联度大、经济带动力强的高新技术项目不多。随着山东产业结构的升级和利用外资政策的调整，大力引进日本高新技术项目和跨国公司资本成为我们的主要目标，合作也向着更宽领域、更高层面发展。近年来，经过合作双方的努力，一些日本高新技术产业合作项目不断进入山东或正在洽谈之中。例如，一是拥有"中国软件外包教父"地位的 NEC 软件在济南设立了它的全资子公司，2006 年 NEC 软件仅向中

国的发包量就达 40 亿日元。随着山东投资环境和软件基础的不断完善，NEC 软件计划将其 30% 的软件外包投向山东。① 目前，山东已承接了 NEC 的 13% 的软件外包额。二是山东淄博工陶集团与全球玻璃耐火材料行业的三巨头之一的日本旭硝子株式会合作，成立了淄博旭硝子技术开发公司，专就玻璃耐火新材料进行研究与开发，可以为山东新材料产业的发展提供很好的思路和经验。三是 2006 年 1 月，世界著名食品及制药企业日本日清制粉集团本社与日冷株式会社在山东共同出资设立锦筑（烟台）食品研究开发有限公司，主要从事有关食品安全、营养、微生物、食品分析技术与生产技术的研发与推广，公司成立后，将为本地的 60 多家配套食品企业与原料生产基地提供高新技术支持。四是 2007 年 12 月，山东申普汽控与日本 NEC 达成合作意向，NEC 公司为山东申普汽控提供产品研发所需的仪器设备以及芯片样片和全方位技术支持。另外，还有一些项目正在进行之中，如日本日挥株式会社的 CDM 节能环保项目，日方已来山东省考察，并与德州天衢工业园进行了接触；日本东丽公司海水淡化项目，日方已赴青岛烟台考察；日本大明株式会社垃圾再回收生成煤炭项目，山东省已赴日本进行了实地考察，并邀请日方来济参加"绿博会"洽谈；日立公司节能变压器项目，已经被其总部列为重点在山东推动的合作项目，等等。截至 2007 年底，日本世界 500 强企业中，有三井物产、伊藤忠商事、三菱商事、丸红株式会社、住友商事、松下电器、三菱电机、三菱重工、日本电装、富士电机、三洋电机、小松制作所、积水化学等 40 多家企业在山东都有投资项目。上述分析说明，山东这个巨大的潜在市场对于日本高新技术企业还是很具吸引力的，山东与日本高新技术产业的合作前景也是很可观的。

（二）山东与日本高新技术产业合作机会分析

面对国内外经济形势的新变化和区域合作新动向，山东要实现山东与日本投资合作新的飞跃，跃上新的高度，实现结构性的转变和质量水平的提升，必须要充分认识和充分利用日本高新技术产业优势，结合山东产业结构调整和升级的需要，以及山东高新技术产业的实际与未来发展，深入分析其彼此的优势和条件，探求双方的合作机会与可能，并积极接触，密

---

① 任旭强：《"外包人才"山东模式初显》，载《山东经济导报》，2008 年 2 月 4 日。

切关系,加大与日本高新技术产业的合作力度。

(1)信息产业的合作机会。信息产业对于山东与日本双方来说都是国民经济中比重大且带动力强的骨干产业,但彼此又有着不同的特点和优势,技术层级也不尽相同,预示着山东与日本在这一领域的合作可以实现较好的对接和优势互补。因此,加强与日本高新技术产业合作,信息产业是合作的重点,也是成功概率较大的产业,并且,这一领域里的合作也已经有了很好的起步,尤其在软件外包方面。根据不同的需求和竞争优势,山东与日本信息产业合作机会主要表现在以下方面:一是硬件产品合作。在这方面我们具有一定的生产优势和市场优势,山东的电子信息产品尤其是海尔、海信、浪潮、东方电子等生产的PC机、服务器、程控交换机等产品,在质量、规模和技术水平上都具有一定国际影响力,而日本PC机、电路系统和网络服务方面也实力强大,在全球十大电脑硬件厂商中,日本占了3家。东芝、NEC、索尼电脑巨商在计算机高速化、智能化、多媒体和小型化技术方面有着我们不可比的实力。因此,在这方面加强彼此的沟通与合作,对于双方来说都是机遇,可以有效地发挥山东的生产优势和日本的技术优势,寻求各自的需求,创造一个良好的收益前景。二是软件产品合作。日本是世界第三大软件生产国,也是软件外包的主要发包国,发包数量占全球的10%以上,且60%的软件发包给中国。[①] 而山东有着良好的信息产业基础,齐鲁软件园、青岛、威海、烟台软件园等载体已成气候,一批实力较强的软件企业和软件外包联盟也已脱颖而出,软件产业综合实力居全国第四位,一些软件产品包括嵌入式软件、财务软件、高速公路管理系统软件等被评为国家优秀软件产品。另外,还具有人文和低商务成本的比较优势。因此,在软件技术合作尤其是中间件、网络安全软件和应用软件的开发与应用上、在扩大彼此软件发包与接包量上有着很大的合作潜力,也具备了良好的基础和条件。三是网络服务合作。作为信息产业一个较新、覆盖较广的领域,山东与日本也有着很多的合作机会与合作可能。

(2)生物工程产业。生物工程产业是一个发展潜力巨大且效益可观的新兴产业,对于山东与日本双方来说都是未来产业发展的重点。山东是生物资源大省,农业生物、医药生物、海洋生物等产业已形成一定规模和特色,具备了持续发展的良好基础。目前,《山东省生物产业发展规划

---

① 彭超:《软件外包:赶超印度之梦》,http://www.xici.net/b883523/d66207108.htm.

(2008~2012年)》，已经省政府同意正式实施。在未来5年里（2008~2012年），山东生物产业产值将达到3 900亿元，年均增长速度将达到25%以上。生物医药、生物农业、海洋生物、生物制造、生物能源和生物环保将成为产业发展重中之重。而日本在生物信息技术、基因遗传技术、干细胞和生物制药、生物食品、动植物转基因技术等方面都有着超前研究，如果能将山东的产业优势和日本的技术优势进行有机结合，那么对于双方都将会展现广阔的获利前景。因此，山东与日本生物产业合作要重点盯住日本最前沿技术，结合山东产业发展需求，着重探索与日本在生物农业、生物医药、海洋生物、生物资源综合利用等领域开展合作；重点盯住日本生物技术优势企业，与大日本制药公司、理研维生素、第一制药株式会社、协和发酵工业、资生堂等企业进行积极接触，寻找更多的合作机会。

（3）节能环保产业。就山东国民经济未来发展看，最大的制约因素莫过于经济增长与资源环境制约的矛盾。自2005年起，山东已由过去的能源调出省变为能源调入省。目前，山东耗能总量居全国首位。由于山东产业结构以重型化为主，资源型、初加工型工业比重较高，又由于山东发展方式的较粗放，导致资源耗费大而环保负担重，已经到了难以为继的程度，不向节能环保方向转轨，山东经济将走入死胡同。因此，节能环保产业的发展已经成为山东的当务之急。而在这方面，日本能为山东巨大的市场需求提供充足的技术供给，并且，节能环保产业的输出也正是日本所致力于的战略举措，日本为此专门成立了"日中节能环保协议会"，政府计划给予企业一定的资金扶持和政策性补贴，鼓励日本企业与中国进行节能环保项目研发与投资合作，而温家宝总理2007年4月访日融冰之旅，又为中日在节能、环保等六大领域里的合作确立了良好的对话促进机制。在这一基础上，中日双方又趁热打铁，2007年12月2日，首次启动了中日高层经济对话，节能环保成为对话中的"最大亮点"。据悉，日本政府拟斥资1 000亿日元，支持本国公司与中国企业合作开拓节能环保市场。在这种天时、地利、人和的形势下，将使地理位置独特和经济互补显著的山东与日本的节能环保合作机会大大增加，合作渠道更为通畅。因此，我们要抓住有利时机，把节能环保合作提上重要日程，充分利用山东与日本的地缘优势和人文优势，选准合作的重点项目和重点企业，尤其要在降低能耗技术、废气、废水、废渣、无害化处理技术和废弃物转换成燃料等技术的研发、试验，以及推广普及方面加大合作，以保证山东这一制造业大省经济的可持续发展。

（4）新能源。为开发新能源，降低对传统能源的依赖程度，山东在太阳能、风能、核能、生物能等新能源的研发上投入了大量人力、物力，并取得了可喜的阶段性成果。而上述新能源的开发利用日本已走在了世界前列，技术的不断成熟和广泛使用使得日本企业的对外扩张成为可能。如日本风力发电机龙头企业三菱重工 2007 年对美洲展开市场攻势，向墨西哥风力发电机生产基地投资 70 亿日元；日本神钢电机则借用印度南部高原地带丰富的风力资源，就风力发电系统与印度环保设备厂商展开合作。随着合作的逐步开展，新能源产业将成为日本国际产业合作的主流取向，也有望成为日本企业下一轮对华投资的重要领域。因此，山东要紧跟潮流，抢抓机遇，在现有基础上，积极引入日本的新能源技术和投资，尤其瞄准日本尖端技术和优势企业诸如三菱重工、三井物产、神钢电机、日精电机、双日株式会社等，积极寻求符合彼此利益的项目，培养合作意向。目前日本丸红、三菱、日立等跨国公司正积极寻求与山东在新能源和节能领域的合作。其中丸红就明确表示了与淄博山水水泥、德州晶华玻璃、德州贺友集团和滨州鲁北集团等 4 家山东企业进行合作的意向。项目涉及余热发电和风电利用等多个领域。

（5）新材料产业。新材料产业也是山东作为新兴产业的发展重点，其应用前景十分广泛，覆盖范围也极其宽阔，对于促进山东产业结构的优化和经济发展方式的转变具有重要产业支撑作用。山东"十一五"规划中，将新材料的研发与应用放在了重要位置。提出围绕航空航天、电子、机械、化工、冶金、造纸等应用领域，实施全氟磺酸树脂及离子膜、碳素原丝及制品、二甲醚、新型保水剂等一批高技术项目，加快青岛纳米新材料、淄博和临沂工程陶瓷、东营有机高分子材料、泰安无机非金属新材料、烟台和潍坊电子新材料等基地建设。严格执行国家钢铁产业政策，鼓励联合重组，提高产业集中度，发展高效钢材，巩固大型钢铁基地，增强市场竞争力，到 2010 年新材料产业销售收入要达到 7 600 亿元，成为山东国民经济快速发展的重要技术带动力。山东新材料发展规划既对山东科技创新和发展提出了任务和要求，同时，也为日本高新技术的海外投资和转化提供了良好的市场空间和用武之地，尤其是领先世界的日本纳米技术、碳素纤维等新材料技术都有着强烈的对外输出愿望。毋庸置疑，山东与日本新材料产业合作有着众多合作机和深厚合作潜力，尤其与日本具有世界竞争优势的东丽、新日本制铁、新日本化金、旭合成、旭硝子、三和研磨工业等新材料研发大企业合作,将有利于改善利用外资结构,带动山东新材料产业向更高更新的领域发展。

三、扩大山东与日本高新技术产业合作的对策建议

上述内容重点阐述了日本高新技术产业发展现状和优势所在,也对山东与日本高新技术产业合作的机会进行了分析,结论是山东与日本在高新技术产业发展上具有较强的产业互补性,也具有合作的必要性和合作的可行性。因此,为加快这种合作关系的发展,实现产业合作中的互利共赢,我们必须针对彼此的产业基础和优劣势条件,采取有效的措施和进行有机的对接,为双方合作的健康顺利发展提供适宜的环境和有力的保障。

(一) 选准彼此利益契合点,提高合作成功率

这就要求我们正确认识资本的趋利特性,在考察合作项目和选择合作伙伴时,不仅要考虑山东的利益诉求,还要清楚合作于对方的利益所在,认真分析合作双方的投入与收益,以及前景与发展趋势。首先选择那些经济效益明显,社会效益直观,发展潜力可测的项目进行接触与合作,由小做大,由浅做深。这同时就要求我们的信息来源要广泛,信息分析要细致,信息发布要明确,宣传推介要有针对性,将案头工作做实、做稳,增强合作项目对于日本企业的关注力和吸引力,为他们展现出项目中所蕴涵的高新技术与利益间鲜明的转换性。只有这样,才能缩短项目洽谈时间,提高合作成功概率,并使得合作能走向深入和规模化发展。

(二) 加强人才队伍建设,培育人才优势

高新技术产业也是知识型产业,知识与人才是产业发展的基石。而与日本高新技术产业合作,人才也是他们最为关注的要素。也可以说,拥有人才优势就等于拥有了资本吸引力,尤其是吸引跨国公司资本和高新技术产业资本。而山东目前还不具备人才优势,这不能不说是发展山东与日本

高新技术产业合作的遗憾性和制约性因素。因此,加快人才队伍建设既是长时期的任务,更是迫在眉睫的紧要工作。山东人才建设仍旧需要解决的一是人才观念问题,需要继续强化对人才的重视和尊重意识,进一步防治"红眼病"和"短视现象",将人才意识更好地体现在实际工作中。二是人才培养问题。重点是选准高层次技术人才和管理人才苗子,舍得花大价钱输送到国外大学、科研机构、跨国公司学习和深造,使其能具有国际视野,能紧跟世界技术最新潮流,掌握最前沿的科技动态。三是人才引进问题。要善于在国内外选择和引进高层次技术人才,还要善于选择合适的渠道和方式引进人才,不断充实山东高级技术人才专家库,更要完善吸引人才的环境和条件,包括工作条件和生活条件。可借鉴国内外经验,促进人才的区域聚集,为高新技术人才建设专门的专家楼、专家小区,方便人才的联系与交流。四是人才的使用问题。要为人才设立最优越的用武之地和价值实现平台,消除周围存在的不使用和不会使用人才的问题,营造一个有利于人才安心、舒心、放心,心无旁骛干事业的环境。五是完善人才激励与约束机制。建立健全科学的、公平的、有利于调动技术人才积极性的论功行赏和问责制度,从体制上保证人才的合理使用和健康发展。六是重视人才共享机制的完善。鼓励企业之间建立人才联盟,实行人才资源共享,尤其对于发展与日本的软件外包合作,通过人才整合来提高接单能力,吸引更多的日本软件外包大额订单进入山东。

(三) 盯住跨国公司,不放弃中小企业

跨国公司是高新技术创新发源地,众多的人才集聚和雄厚的 R&D 实力使他们拥有呼风唤雨的国际地位。而日本最领先的高新技术开发也大多由跨国公司所垄断。鉴于此,山东发展高新技术产业,首先要积极寻求与日本世界 500 强跨国公司的合作,借助他们的技术实力谋求我们的发展。在日本,已有 79 家大企业进入世界 500 强。这就需要我们加强对这些跨国公司信息的收集和研究,熟悉了解他们的经营特点,他们的强势产业,他们的发展战略,他们的企业文化背景,掌握他们的投资动向,做到知己知彼,并根据对方需求调整我们的政策和举措,增强双方对接的有机性与和谐度。与此同时,根据日本中小企业众多,且技术创新力强的特点,还要积极发展与中小企业的合作,尤其对于那些拥有一定前沿技术且具有较强开发能力的中小高新技术企业要给予密切关注,通过多种渠道沟通彼此

信息，把握有合作潜力的合作领域和合作项目，在了解他们的同时也让他们认识我们，向他们展示山东的实力和诚意，同时也展示合作的需求与市场商机，增强对中小企业资本的吸引力。

（四）消除瓶颈，优化产业配套环境

如果说人才是影响山东与日本投资合作的第一大瓶颈，那么产业配套环境可以说是第二大瓶颈，这也是跨国公司资本和大额定单流失的重要原因。因此，加快产业配套环境建设，降低日资进入的产业配套成本，也是目前我们需要致力于做的工作。为此，我们首先要做的就是要继续调整和完善山东产业发展布局，促进区域内产业的协调发展和区域间产业的有机对接，消除由于产业的同构发展和项目的重复建设可能带来的产能过剩和链条短断现象；其次是促进产业集群的发展，根据产业特点确定区域主导产业，引导企业与块状经济向主导产业靠拢，并根据效率和经济原则实行合理的产业上下游细化分工，形成良好的产业链接和有机互动；再次是促进民营企业和中小型企业的发展，借鉴浙江发展民营经济的经验，为民营企业和中小型企业发展提供必要条件，充分发挥他们的灵活性、多样性、适应性强的特点，使他们迅速成为主导产业的最佳配角和外围力量，为能吸引更多的日本跨国公司高新技术产业进入营造优越的产业环境。

（五）针对资本特点，完善投资环境

高新技术产业合作有它独特的环境要求，一方面它需要通用的环境条件，尤其是政策环境和服务环境，即使是跨国公司资本，对于投资项目的优惠政策，包括在项目审批、土地征用、贷款、税费减免等方面给予的政策扶持，以及服务效率的改善也很看重，但同时，作为高新技术产业投资更看中的还有资本特殊要求的环境条件，这就需要我们一是加快投资生态环境的建设。这是因为高新技术的研发与应用对于环境的生态水平有较高的要求，尤其是一些尖端技术、精密技术，对于水质、空气的净化度，环境的湿度、清洁度等都有着一定要求，这就要求我们要加大对生态环境的建设。可以开辟一定的区域建设生态园区、研发园区、高新技术园区，以及适合技术研发人才工作和生活的专门区域，专门用来吸引和承接日本

R&D 投资和高新技术企业。二是加快投资诚信环境的建设。高新技术因为技术水平高且属于创新成果，对于知识产权的保护要求高。为防止知识产权滥用造成技术成果的泄露和仿造侵权事件的发生，需要一个良好的诚信环境作保障。因此，我们还要进一步加强诚信山东建设，增强人们遵纪守法意识和信守承诺意识，严厉打击侵权假冒行为，同时加快知识产权保护措施和体系建设，消除日本企业的疑虑和担忧，培育日本高新技术产业投资山东的信心和热情。

（作者：王爱华　山东社会科学院）

第十四章

韩资非法撤离事件给予鲁日投资合作的警示

自2007年底以来,在中国的韩资企业不打招呼就撤资逃逸的事件不断发生,形成一股风潮,引起了多方面的关注。其实韩资企业撤资与破产的事情每年都有发生,但像这次如此之集中,影响如此之广,带来的损害如此之大,则是很少见的。作为集中了韩资在华投资的70%以上的山东,便成为事件的最大受害者。在山东的日资虽然总量上远不如韩资来得多,所占比重也不如韩资来得大,但两种外资在资金产业投向、企业规模、投资动机以及面对的投资环境变化等方面却有着许多共同之处。因此,就这一事件进行分析、审视与反思,对于正确引导、使用、管理日本投资,保障山东与日本投资合作能有一个健康、长久的发展就具有了一定意义。

一、韩资非法撤离的特点分析

(一) 始于20世纪90年代中期,但近年增长较快

与投资相比较,韩国企业从中国的撤资规模从1993年起开始逐渐增加。在韩资聚集的山东省,撤资现象自2000年以来增长较快。根据韩国进出口银行2008年2月份发表的一份《青岛地区投资企业非法撤离现象调查》报告,2000~2007年,共有8 344家韩国企业在青岛投资,其中非法撤离的企业占2.5%共206家,平均每年约25家,其中2007年最多,为87家。

(二) 主要集中在工艺品生产、服装加工等劳动密集型行业

根据《青岛地区投资企业非法撤离现象调查》报告的数据，2000~2007年间撤离青岛的韩企中，绝大部分是技术含量较低的传统劳动力密集型企业。其中工艺品生产企业63家（30.5%），服装加工企业33家（16%），皮革生产企业28家（13.6%），箱包企业14家（6.8%），制鞋企业13家（6.3%）。

(三) 撤资的主体是中小型韩资企业

根据山东对外贸易经济合作厅提供的有关资料，撤离山东的韩资企业中，大多数投资规模在30万~50万美元之间，属于典型的中小型企业。从企业人数看，员工在50人以下的撤离企业数量最多，占全部撤离企业的55.3%。

二、韩资非法撤离的原因分析

(一) 我方的原因分析

1. 宏观政策发生变化，经营成本上升

改革开放以来，我国以较低的要素价格和税收减免的优惠政策吸引了大量的外商前来投资。但是，为适应我国产业结构的调整和经济发展方式的转变，实现国民经济集约化和可持续发展，我国进行了一系列的政策调整，政策引资的优惠逐渐消失；而经济的快速发展和与国际进一步接轨，使得生产要素价格也不断提高，导致韩资企业经营成本发生变化。（1）税负成本上升。《企业所得税法》的实行取消了对外资企业"免二减三"的优惠，内外资企业所得税的税率统一为25%，比外资企业此前执行的15%的优惠税率上升了10个百分点。另外，从2007年开始起，中国将外商投资企业、外国企业和外籍个人纳入城镇土地使用税的征收范围，增加

了企业的设厂成本。(2) 劳动力成本上升。随着《劳动合同法》的实施,企业支付工人的薪水和福利大幅提升。劳动力成本对大型企业来说,占到总成本的3%左右,而中小企业要占到20%~30%。因此,劳动力成本的上升,对于多数属于劳动密集型的中小韩资企业来说是致命的。据测算,按照新法韩国企业劳动力费用负担增长了30%以上。(3) 环境成本上升。随着我国对环境保护的逐渐重视,各地政府以科学发展观为指导,对企业的环保要求不断提高,相关法律措施不断出台。这对于一些属于环境污染"大户"的韩国企业而言,意味着"生存"环境的"恶化"和经营成本的增加。在这种形势下,部分韩资为寻求更加优惠的投资环境,撤资也就在所难免。

2. 人民币汇率变化,企业利润减少

据韩方统计,在华特别是在山东的韩资企业80%是出口型企业,企业的市场在国外,第三方市场占较大比重,并且大多属于劳动力密集型的中小型企业,人民币对美元大幅升值削减了企业的出口利润。并且从长期来看,人民币币值还会有一定的上升空间,这使得一些本来利润率就很低的中小型韩资企业难以为继,只能选择撤离。

3. 外资退出机制不健全,清算程序复杂

长期以来,我国在吸引外资方面做得很好,措施优惠,制度完善,而且程序便捷。但在外企撤资方面却做得不够,各种手续、程序都非常复杂。当地政府虽然对撤资不刻意设置障碍,但起码是不积极的。且根据法律规定,一家企业如果按照正常程序清算撤离,要到8~10个部门逐一登记,最少需要半年以上的时间,这对韩国商人来说,时间成本很高。并且,对于经营期限未满10年的企业,撤离前还必须返还当初进入时接受过的各种优惠。因此,很多韩资企业选择了非法撤离。

(二) 韩国企业自身原因分析

1. 投资缺少长期性

韩国企业的投资者们在投资前往往只看到了山东廉价的劳动力和优惠政策而对投资产生了过于乐观的预期,同时由于韩国与山东省在地理位置和文化上的接近,韩国企业反而不能慎重考虑并做出长期的投资计划,在对山东投资时不注重可行性分析,有较强的从众心理。

2. 企业抗风险能力弱

在中国投资的韩国企业中,95%的都是技术含量低、劳动密集型、高污染、高能耗的中小企业,大多属于在韩国的"夕阳产业",韩国为了本国产业结构升级的需要,一直将国内的这些传统产业通过多种渠道向中国转移。由于这些产业多是劳动密集型产业,技术含量不高,因此投资于这些行业的韩企的竞争力与本土企业相比并不具备明显的比较优势。企业的抗风险能力较弱,经济环境发生微小的变化就会使这些企业面临危机。

3. 企业本土化水平较低

与欧美国家相比,韩国的在华企业不重视本土化经营,企业的原材料和管理人员的本土化水平很低,这不利于企业的长期发展,一旦中国投资环境或经济政策有所变化和调整,就会反应迟缓,难以迅速适应。

4. 经营管理水平低下

很多中小型韩资企业的投资者只看重暂时的投资效益,而不策划长效投资的投资方法和行为,企业内部没有建立规范的经营管理体系,运营效率不高,对经济形势的变化不能做出快速有效的反应。

5. 逃避银行贷款和员工工资

一些韩资企业拖欠了大笔的银行贷款和工资,无力偿还,只能采取非法撤离。据山东省外经贸厅提供的数据,2000年以来逃逸的206家韩资企业涉及员工2.6万人,拖欠职工工资1.6亿元,拖欠银行贷款近7亿元。

三、日资与韩资的异同分析

上述分析可以看出,非法撤离的韩资企业主要集中在工艺品生产、服装加工等劳动密集型行业,多为中小型企业,主要原因客观上是由于国际国内形势的变化使企业生产经营成本上升而不堪负重,主观上又由于企业

第十四章 韩资非法撤离事件给予鲁日投资合作的警示

信誉程度差,法人代表素质不高,因而拖欠债务逃逸就成为必然现象。有鉴于此,我们在与日本投资合作中也要认真分析日资的特点,对比与韩资的相似处和容易引发资本逃逸的条件因素,深明前车之鉴,更好地防范合作中可能发生的风险。

(一) 日资与韩资的相似之处

1. 投资规模大多为中小型企业

我们知道,韩资企业在山东的投资企业以中小型为主,而日资也具有这样的投资特征。这是因为,在日本国内,像三井物产、三菱商事、住友商事等大的综合商社,以及索尼、松下、丰田、本田等大型跨国集团数量是很少的,更多的是庞大的中小企业群。据统计,目前日本中小企业有650万家,占全部企业总数的99%。日本中小企业发展得益于政府的政策扶持,一部《中小企业基本法》成为其快速发展的重要保障。而且处于促进中小企业发展和国内产业结构调整的考虑,日本政府对中小企业海外投资也给予了积极支持,使得大量日本中小企业走出了国门。在这样一种状况下,日本对山东的投资也就形成了以中小企业为主的特点。我们知道,中小企业有着它独具的优势,市场反应力较灵敏,经营灵活性较强,但它与大型跨国企业比较,缺乏技术创新能力,缺乏先进的经营管理,缺乏人才吸引力,使得企业发展后劲不足,抗风险能力不强,因此,发生在韩资中小企业身上的事情,在日资企业那里也容易发生。

2. 投资领域多为劳动密集型产业

根据2005年日本贸易振兴机构对348个日本投资企业的调查,日本在山东投资80%以上分布在加工制造业,其中劳动密集型产业居多,而农业与第三产业占比很低。从表14-1可以看出,投资最多的是食品加工与纺织服装业。这种产业分布格局也与韩资有很大的相似之处。而也正是由于所投资的产业层次低,盈利空间小,发展潜力小,需要在一定政策优惠环境中才适宜生存,所以,一旦环境变化,将对其产生的影响是很大的。

表 14-1　　　　　日本企业在山东投资产业分布　　　　　单位：个

产业	企业数量	产业	企业数量
农林水产业	3	一般机械	26
食品加工	86	电气机械	33
纤维制造	75	批发业	10
造纸	9	零售业	1
化工	38	服务业	9
医药品	3	装卸业	4
玻璃建材制品	14	金融业	1
钢铁	6	信息通讯业	1
金属制品	13	其他制品	16

资料来源：日本贸易振兴机构：《JETRO 贸易投资白皮书》，2005 年版。

3. 投资方式多为独资

与韩资一样，在山东的日本投资也多以独资形式存在。日资进入山东初期大多是以合资合作形式存在的，随着山东投资环境的不断完善，市场规范化程度不断提高，日资在山东的独自运作能力也越来越强，从 20 世纪 90 年代中期，进入山东的日资独资化趋势越来越明显，而本土化倾向越来越弱化。这种趋势使得资本缺少本土化支持和风险分担，容易使企业陷入困境而无回旋余地，同时，独资使企业缺少必要的制衡条件，难以有效监督和制止违法行为的发生。

4. 投资动机多为谋求因劳动价格低廉和政策优惠带来的利益

与韩国企业一样，日本中小企业进入山东的动机不少都是利用山东廉价的劳动力、交通的便利，以及各种优惠措施，在山东投资生产，然后将产品销往日本或转销他国，赚取丰厚的利润，即赚一把就走。而不像跨国公司大资本，是从公司全球化战略布局出发，谋求中国市场份额和长期合作利益。因而这些资本往往表现出明显的短期行为，因此，一旦利润率降低，他们就容易一走了之。

5. 面对的客观环境是相同的

进入山东的外资都会被纳入同一个政策体系和投资环境之中，一旦政策和市场形势发生变化，影响的将是所有的外国投资。目前面临的国际国内形势的变化，尤其是美国次贷危机、石油价格上涨、国际市场价格波动、国际金融风险加大，贸易保护主义抬头等世界不确定性因素和我国的

第十四章 韩资非法撤离事件给予鲁日投资合作的警示

宏观政策调整、人民币汇率走强、生产要素价格提升等诸多客观因素，不仅会给韩资带来重大影响，也同样会给日资带来挑战。在新的环境下，日资企业一旦经营难以为继，撤资也是可能的事情。

（二）日资与韩资的不同之处

1. 资本形成的环境不同

日本与韩国资本的不同之处在于两者形成于不同的经济与社会发展环境。日本是经济发达国家，而韩国只是新兴工业化国家，经济基础不同，使得资本的经济习性和资本运作规则也不同。在同样的条件下，日资的活动会更贴近市场规范，而韩资相对随意性大些，这也就是同样的形势面前，为什么韩资撤资成为风潮，而日资则闻风不动的主要原因。

2. 资本携带的文化不同

虽然日本与韩国同处一个东亚文化圈，但各自又都有着自己的民族文化特色和企业文化特色。从这一角度分析，应该说日资所携带的文化较之韩资也处于不同的发展层级上。日本人固有的独创性的文化倾向、惯常的集聚性和团队精神特长、擅于学习和汲取先进东西的文化特性、理性多于冲动和含蓄多于直接的思维方式，以及注重精细化操作，强调细节决定成败等文化特性，造就了日资的进取性和坚韧性，相比较韩资对市场的变化有着较大的应对和调节弹性。

3. 资本信誉度不同

由于经济基础与文化基因的不同，使得日资与韩资的信誉程度也不在同一个层面上，日资运作中的人性化关注和承诺践行表现在一定程度上优于韩资，这也是在日资企业中拖欠工资，负债而逃现象还没有大面积形成的重要因素。

4. 投资总量和占比不同

日本与韩国都是山东重要的投资合作伙伴，但自改革开放以来发展速度有所不同。鉴于山东与韩国的投资合作相对于日本阻力更少而迫切性更强些，尤其在政治上、民族感情、文化共识等方面没有太多的障碍，因此

213

发展势头较猛。2003年以来跃居山东利用外资来源地首位，而日资以来一直居第四位。截至2007年底，山东累计利用日资57.7亿美元，而累计利用韩资237.4亿美元，是日资的4倍多。由于投资总量的差异，使得日资相对于韩资非法撤离事件的发生就有了较小的可能性。

四、给予山东与日本投资合作的警示

上述分析阐述了日资与韩资的异同，也揭示了一个道理，虽然日资与韩资有不同特征，使得日资具有了一定稳定性，但分析也说明，两种资本存在大量的是相似因素。这就告诉我们，非法撤离的风险在日资那里仍旧存在，我们必须防患于未然，既要看到一些劳动密集型外资企业的撤离客观上有利于推进山东省的产业结构升级，但也要看到带给山东和企业员工的损失，并且这种资本非法撤离现象会严重损害山东与日本投资合作的稳定性，伤害彼此双方的感情，给未来更多、更优质的日资企业进入山东造成负面影响。因此，我们要深刻认识韩资非法撤离现象给予山东与日本投资合作的警示，采取积极的对策和防范措施，维护山东与日本投资的正常运行，防止韩资事件在日资这里发生。

（一）注重引资成效，理性选择日资

应该改变过去那种只注重引资规模、不顾引资成效的态度，真正将利用外资的结构调整列上重要日程，将"引资"转变为"选资"，注重吸引日资的质量，选择性地引进技术含量高、产业带动力强、区域辐射效应显著的日本资金。重点要关注日本跨国公司资本活动特点和对外投资趋势，利用多种渠道与他们进行积极地接触，并广泛宣传山东，使他们更深入地认识山东，并为他们大开方便之门，更多地吸引日本跨国公司的战略性投资和符合国际惯例运作的日本资金进入，而对资本质量较低的资金要尽可能给予限制，尽快改变目前日本中小企业资本唱主角的投资局面，防止"船小好掉头"的企业的随意撤离；在产业领域上，根据日本对海外投资服务业步伐加快，比重不断提高的新趋势，结合山东以服务业发展为重心的规划，积极引导日资投向山东的金融、通信、旅游、物流等行业，改善日本投资的产业结构；在以"绿地投资"方式吸收日本投资的同时，积

第十四章 韩资非法撤离事件给予鲁日投资合作的警示

极引导日商以并购等方式投资。从产业规模、产业投向、引资方式等多方面进行调整和完善，加速山东与日本投资合作的转型升级，以保持日资在山东发展的活力和相对稳定性。

(二) 加强对日资企业的风险管理

省外经贸、财政、外汇、税收、海关等部门要加大对外资企业的审批、财务监管、外汇监管、税收监管、进出口监管的力度，定期对日资企业的生产、经营活动进行考察、分析，从企业提交的财务数据中分析企业财务状况，结合该企业所在的行业现状与趋势，对企业的运营前景做出合理预期，并对有财务危机苗头的企业给予特别监管，及时发现问题并解决问题。特别需要提及的是，金融机构要进一步加强对日资企业的信贷监管，建立健全外资企业信用评级体系，根据企业不同的信誉级别设置不同的授信额度；劳动部门要加强对日资企业的劳动监管，杜绝出现拖欠工人工资的情况，依法维护中方员工的合法权益，通过多环节监管，确保日资企业的正常运行。

(三) 积极协助办好日资企业

面对形势的变化和生产经营成本的提高的挑战，山东有义务帮助日资企业想方设法寻找路径，努力化解不可控因素带来的影响。要建立和健全政府与日资企业的联系机制，尤其在日资企业较为集中的青岛、烟台等地，要进一步搞活"政府领导与日商见面会制度"和"日商投诉受理通报制度"，对现有日资企业经营状况进行详细调查，及时解决其在生产经营中遇到的困难和问题；利用召开日资企业座谈会、日资企业调查问卷等形式，广泛听取日商的意见和建议，对其反映的问题特别是带有普遍性的问题，要研究出具有可操作、有效果的解决方法；通过积极清理对日企的收费，减少其经营所需要的环节，提高政府服务效率等方式帮助企业提高生产效率，降低生产成本。

(四) 积极引导日资企业向中西部转移

外资企业非法撤离的一个重要原因是劳动力成本的上升，而山东中西部地区的劳动力成本要远远低于东部沿海地区。为解决劳动力问题的制约，保证日资企业的既定利益，山东应促进日资的省内转移，采取一些有针对性的财政、信贷等优惠政策，引导日资企业尤其是中小企业和劳动密集型企业主动向中西部转移，使其能充分利用中西部地区的劳动力优势和资源优势，来缓解成本压力；同时还应该加大中西部地区的投资环境建设力度，努力为日商营造一个符合国际惯例投资、生产、经营、管理、获利的良好环境，增强其外资吸引力。

（五）健全外商投资企业撤资机制

我国《外资企业法实施细则》和《外商投资企业清算办法》对外资企业的终止有明确的规定，但在实际操作过程中，存在环节多、手续繁、时间长、成本高等问题，这在很大程度上也直接影响了外资企业的正常退出。因此，有关部门应强化服务意识，进一步简化清算手续，提高清算效率，降低退出成本，使得日资企业能够进退自如，如果撤资能按照正常的程序正当、体面地退出，这是防范日资非法撤离的很重要的制度性保障。

（作者：荀克宁　山东社会科学院）

借鉴篇

第十五章

江苏无锡市吸引日资的经验及其对山东的启示

2000年以来，江苏省无锡市认真分析研究国内外发达地区吸引外资的经验，从中寻找值得借鉴的做法，结合自身实际以此确立自己的引资思路，思他人应思而未思之计，谋他人应谋而未谋之策，抢抓中国入世及国际产业加速转移的重大机遇，强化自身优势，先人一步，加大对日招商力度，构筑日本对华投资高地，实施主攻日资的错位竞争发展战略和超前的战略定位，以明显的特色优势获得独特的竞争力，逐步形成日资集聚的先发优势，取得了明显成效。这给山东省更好、更快地吸引日资提供了很好的借鉴和启示。

一、无锡吸引日资的现状分析

通过对2000年以来江苏引进日资的分布情况可以看出，日资对江苏的投资主要集中在电子产业、精密机械、高档纺织等科技含量高、具有比较优势的产业。从总体情况看，日韩资本进入江苏初期，在制造业分布上，投资主要集中在轻纺工业、家电、化工原料等简单加工业，现已逐步扩展到电子、机械、化工、医药等制造行业，在苏南地区则主要集中在IT产业。2005年以来，日资企业在IT产业的投资及投资规模进一步加大，如日本松下、三洋、日本电气、爱普生等著名跨国公司相继在江苏省投资IT产业，产品已从最初的线路板、电脑配件发展到目前的半导体测试封装、主机板、扫描仪、锂电池等，这些产品与国际先进技术同步，在国际、国内市场上占有较大的份额。同时日资的产业领域也在不断扩大，开始涉足房地产、餐饮、物流、咨询等第三产业领域。据统计，2006年

山东与日本投资贸易合作的热点难点问题研究

江苏新批协议外资日本25.1亿美元,实际投资14.2亿美元,占全省实际外资总额的8.1%。另据无锡市外经贸局统计,截至2006年11月底,日本在无锡市投资的企业已突破1000家,达1078家,占全市累计新批外资企业的10.7%,总投资额78.42亿美元,协议注册外资36.98亿美元,占全市协议注册外资的10.59%;到位注册外资27.22亿美元,占全市到位注册外资的12.9%,日本成为无锡市第五大引资来源地。① 到2008年为止,日本来我国投资的企业每6家就有1家落户无锡。仅就无锡园区经济发展来看,由于日资集聚式投入,带动了园区经济指标呈"裂变式"增长,GDP、技工贸总收入、进出口总额等年均增长50%以上,财政收入年均增长70%以上。通过分析我们可以看出无锡在吸引日资具有以下特点:

(1) 日资企业在无锡投资主要集中在制造业。在制造业的投资额占日本企业在无锡投资总额的94.5%。其中以电子信息产业为主,总投资近30亿美元,占制造业投资总额的48.9%。此外,精密机械、轻工、纺织服装、化工、冶金也是日本企业在无锡投资的主要产业。

(2) 服务业利用日资取得新突破。截至2007年累计批准日资企业服务业项目近百个,协议注册外资4.83亿美元,占在无锡日资总额的14.5%。日资已由个别的餐饮业、快递业务,逐步扩大到商业批发和零售、房地产、物流、金融、教育、信息服务等领域。

(3) 日本世界500强企业把无锡作为在中国投资的重要基地之一。截至2007年底,日本丸红商事、住友商事等34家世界500强企业在无锡市投资了80家企业,占世界500强企业在无锡投资企业总数的58%。② 日本大企业在无锡的集聚,一方面吸引了更多的日本跨国公司来无锡市投资,另一方面也带动了大量的日本零部件配套企业和中小企业投资无锡。

(4) 日资企业在无锡经营利润稳步快速上升。在无锡投资的日本企业的销售收入逐年稳步增长,从2001年的80亿元上升到2005年的509亿元,增长了5.4倍多。利润总额从2001年的3.91亿元上升到2005年的9.58亿元,增长了将近1.5倍。③

(5) 日企在无锡增资扩股势头良好。日本在无锡市投资企业的增资总额在2000年以来呈现出快速增长的势头,从2001年的12个增资项目,

---

① 国际商报:《无锡成为"日资高地"》,http://finance.sina.com.cn/g/20061222/10001116312.shtml.
② 《无锡日资高地》,http://www.xici.net/b254472/d71907470.htm.
③ 数据来源:《江苏统计年鉴》(2002~2006),中国统计出版社。

第十五章　江苏无锡市吸引日资的经验及其对山东的启示

总投资 4 154 万美元到 2005 年的 79 个增资项目，总投资 3.84 亿美元，总投资额增长了 8 倍以上。①

二、无锡打造吸引日资新优势的经验做法

（一）认识到位，着力打造错位竞争优势

无锡的"左邻右舍"都是经济发达的地市，特色突出，优势明显。面对各地区招商引资竞争日趋激烈的新形势，如何通过抢抓机遇，错位竞争，将地方特色转化成地方优势，是无锡人重点研究和探索的课题。根据调研掌握的情况，他们判断，随着中国加入世贸组织，日本企业尤其是一大批资本实力雄厚、产品档次高、技术先进的世界著名跨国公司将会实质性地启动对华投资，而且投资的重点目标以长江三角洲地区为主。在对日本企业投资取向有了正确的认识后，他们又对国内及周边地区的引资特点进行了分析研究，从与毗邻城市错位发展的战略思考出发，在苏州、昆山新加坡资金、台资等占绝对优势的情况下，无锡应扬长避短，实行错位引资，以日资为重点走出一条发挥自身优势，以地方特色吸引日资的路子。他们认为，苏州凭借新加坡大资本的支持，有起步快成熟早的优势，产业定位于高科技；昆山与之错位发展，以聚集台资为主，主要是吸引加工出口为主的 IT 产业；那么无锡则应定向以资本错位发展。在招商引资策略上，他们确立了"主攻日本，拓展台湾，兼并欧美"的目标定位，侧重于日本资本为招商主攻方向；在产业上突出特色，以打造现代制造业基地、国内外旅游胜地、区域性物流中心、生态型湖滨城市为产业发展目标，确立了从发展单一制造业转向主副产业兼营的明确思路。

（二）活动到位，着力打造文化引资优势

招商引资要以各种活动为载体，通过举办各种活动宣传自己，扩大影响，活动越独特，效果越明显，这是无锡人招商引资取得成绩的一个深刻

---

① 资料来源：《江苏统计年鉴》(2002~2006)，中国统计出版社。

体会。多年来，无锡与日本有着独特的文化渊源。无锡与日本多个城市建立了友好城市关系，每年都有数千名日本友人来无锡种植樱花，播种友谊；日本词曲作家为无锡创作的《无锡旅情》在日本广为传唱。基于这些原因，无锡市委、市政府每次举行招商引资活动都围绕《无锡旅情》这个主题，做足吸引日资的这篇文章。采用"文化搭台，经贸唱戏"的方式，既推出主题鲜明的投资贸易说明会，又有"无锡旅情"专题文艺节目演出及友好城市交流，旅游展示等各类小型活动，使招商活动极具亲和力和影响力。通过多种文化活动，努力营造无锡与日方融通、融洽、融合的良好氛围。此外，无锡还力邀中国国际贸易促进委员会、日本贸易振兴会、日本投资促进机构、日中经济协会等在国际上具有较高影响力的国家级的单位和机构作为赴日活动的协办单位，以使招商层次不断提高，招商渠道不断拓展，取得了良好的效果。实践证明，文化氛围浓厚的"无锡旅情"招商活动，使无锡在日商中扩大了影响力，营造了声势，联络了感情，塑造了良好的整体形象。

(三) 制度到位，着力打造环境引资优势

吸引日资的最有效途径，就是全力做好日资企业的服务工作。在这一方面无锡确实做到了制度到位，工作到位。

1. 努力提高政府工作效率

为大力吸引日资，无锡成立了市政府审批中心，先后两次共削减行政审批事项976项。并且根据日资企业需要，以日文形式公开办事程序、服务流程和办结时限，还加强各部门协调，推行"一站式"办事模式。组织28个职能部门入驻"一站式"服务中心，建立由国税、地税、银行组成的联合办税中心，形成了无行政性收费的"零费用"，很好地改善了投资环境。

2. 坚持依法办事、依法行政

无锡按照WTO规则要求和国际管理标准与惯例对全市的各项法规、政策进行逐个梳理，及时做好地方法规清理工作，严格收费管理，加强对日资企业的配套服务，有效地降低了企业的投资成本；加强了外商投资企业投诉中心的功能作用，对投诉的处理及各部门和地区的工作职责作了严

格的规范，有效地保护了日本投资企业的利益。

3. 完善对日资企业现场服务

定期组织对日资企业的现场办公，及时协调解决企业遇到的矛盾和问题，通过外资企业经理座谈会等多种形式，加强与日资企业的沟通和联系，广泛征求有关改善投资环境以及加强政府服务方面的意见和建议。

4. 不断优化日商生产生活环境

根据日资聚集的实际需要，在银行、保险、学校、医院、娱乐、公寓、海关、税收等方面提供优质服务，引进和储备大批能满足日资企业需要的高素质技术人才和熟练工。为日资大量进驻无锡创造更加宽松、更加优越、更加有吸引力的生产和生活环境。为了使日商能引得来、扎得下，并且开花结果，无锡还设立了日语国际学校、日本风情街，让日商在异国他乡也能感受故乡的美景和生活氛围。

（四） 措施到位，着力打造品牌引资优势

无锡市委、市政府采取多种措施，加大品牌的培育和宣传，加大对日招商中的品牌效应。

（1）突出打造"无锡旅情"品牌，加强对日本宣传造势，力求使"无锡旅情"成为对日招商的第一品牌。无锡通过加强与日本全国性高招会、经济团体、投资贸易促进机构联系，与日本主流媒体频繁接触，向跨国公司在华企业推介，在日商集聚地举办投资说明会，由近及远、从内到外，进行全方位地宣传无锡，突出扩大"无锡旅情"在日本的影响。2002年，无锡成功举办了"无锡旅情"赴日招商和中日投资高层论坛等境内外重大活动，邀请21批共73位国外主流媒体记者采访无锡，将无锡在日本的影响推向高潮。

（2）突出打造无锡产业品牌，着力提高无锡产业优势在日本的知名度。当"无锡旅情"在日本拥有一定影响力后，无锡又进一步加大对无锡产业优势的宣传力度。重点邀请日本新闻、读卖新闻、朝日新闻、东京电视台、日本国际广播电台等40多家主流媒体，重点对无锡汽车零部件、化工和新材料、电子电信等三大产业进行详细报道。同时，对日本各类专业协会进行针对性、专业性的深度推介，就无锡优势产业的合作意向、投

资前景作综合的宣传,在日本引起了轰动。

(3) 突出打造城市品牌,在国内城市境外招商活动频繁、竞争十分激烈的情况下,围绕城市品牌做文章显得十分重要。为此,无锡注重了城市整体活力和影响力的培育,在大力优化城市环境和投资优势的同时,展开了城市形象识别和塑造的活动,在宣传的广泛和持续效应上做文章。无锡成立了市政府驻日本商务代表处,负责常年介绍无锡投资环境,动态传递日本企业对华投资最新动向,推进落实重大项目。在每次重大活动后,无锡都邀请日本主流媒体作专题采访、专题报道、跟踪报道。使无锡这一城市被日本政界和工商界及金融界逐步熟悉了解,并留下深刻印象。

围绕品牌展开活动,做大品牌,以品牌带动活动,不断创新活动方式,提高活动层次,成为无锡对日招商成功的一大特色。

(五) 创新到位,着力打造招商方式优势

没有创新就没有发展,招商引资更需要创新。2000年以来,无锡在对日招商过程中不断创新招商方式,取得明显效果。他们先后赴日招商举办了3场产业专题恳谈会,均由专家在精心准备基础上进行演讲,配以生动的多媒体演示,现场解答客商问题,显示了很高的专业水准,拓展了"无锡旅情"招商活动的深度和广度。做到在产业层面上深化,在产业链上延伸,受到了日本同行和投资者的一致称赞。由于每场恳谈会专业性、针对性强,水平层次高,引起日本产业界高度关注,客商参会踊跃,场场爆满,反响强烈。日本媒体评价无锡组织的恳谈会,无论是参加客商人数,还是专业水准均是一流的。此外,在举办活动的过程中,他们还邀请到了原全国政协副主席、中日友好协会会长宋健,原外经贸部副部长龙永图等一些重要领导,以及日本众议院议员额贺福志郎先生为首的6名日本议员参加活动,使活动达到了国家级的规格和水平。

三、无锡经验给予我们的启示

江苏无锡创新招商引资方式的许多经验和做法,值得山东省各地学习借鉴。归纳起来,山东省应力争在以下方面有所突破。

第十五章　江苏无锡市吸引日资的经验及其对山东的启示

(一) 打造符合山东省情的错位竞争优势

山东省的"左邻右舍"也都是经济发达的地市，特色突出，优势明显。北边紧邻环渤海经济圈，南边靠近长三角经济区，东边与韩国、日本隔海相望，地理位置优越，具有明显的优势。但在相当长的时期内，山东省的引资目标不明确，仍存在重规模、轻质量的情况，不能清楚地认识到国外资金投资重点，使得山东省与长三角、珠三角及环渤海地区的引资产生激烈冲突，而山东省的软、硬件条件又与这三个地区有所差距，致使大量优势外资外流。在山东省内部也没有"错位"引资，致使省内兄弟地市间也存在激烈的竞争，这既浪费了资源又妨碍了对外引资的和谐发展，因此，山东省要借鉴无锡的"错位竞争"思想，打造出符合山东省情的错位竞争优势。第一，做好全省土地利用规划、城市发展总体规划和产业发展规划的同步协调和衔接，强化规划的刚性约束，对开发区和区（县、市）工业集中发展区的载体功能按产业链进一步细分，以优化产业布局，实现错位发展。第二，把吸引日本直接投资工作纳入山东国民经济与社会发展全局中统筹考虑，制定长远和近期相结合、外经贸职能部门和社会各界相结合、东部沿海城市群和中西部欠发达地市相结合的发展目标，增强吸引日资的综合能力。建议尽快开通省会济南与日本的航线，同时对知识产权保护、招工、办理土地使用证以及垃圾处理等方面存在的问题，给予足够的重视。第三，借鉴江苏的先进经验，把国家级开发区作为招商引资的核心平台，突出国家级开发区作为全省招商引资主战场及产业项目聚集地的地位，加强基础设施建设，提高对重大外资项目的承载能力。把引进龙头型和基地型项目，作为2008年以后一个时期招商引资工作的重中之重。凡符合国家级开发区产业定位的重大外资项目，原则上要引导进入国家级开发区发展，尽快形成产业集群。制定出台重大利用外资项目信息有序流转及利益分配机制的有关办法，对因无序竞争造成项目受阻或流失的区（县、市）和开发区，要对主要责任人实行责任追究。

(二) 利用历史文化优势，加强对日引资

对日招商引资不仅要讲硬环境，更要广泛宣传软环境，促进日本企业来山东直接投资。青岛、烟台、威海、日照等山东半岛地区的产业基础和

宜人风景对日本企业具有很强的吸引力,以儒家文化为核心的齐鲁文化不但对日本民族的精神和思想产生过重大影响,也对日本企业的经营理念产生重大影响。因此,应积极探索和总结山东省在各种对外经济活动中举办文化活动的经验,积极挖掘山东省的自然历史文化精华打造山东主题品牌,搭建招商引资平台,把文化交流、旅游促销等活动与对外招商结合起来,有针对性地加强在外资目标国别或地区的宣传力度。

奥运会对举办国和举办城市经济会产生重大的推动作用。1964年,东京奥运会不仅向世界展示了日本的复兴,同时也拉开了经济高速增长的序幕,成为日本经济发展的一个重要里程碑。韩国经济增长率从1988年汉城奥运会召开前的5.4%到奥运会召开当年的12.1%,再到第二年的8.5%,可以说奥运会对日本、韩国经济的影响是巨大的。奥运会早已超越了体育范畴,成为一个国家或地区的社会经济发展的巨大推动力。因此,应借助青岛举办奥帆赛的机遇,提高山东利用日资的数量和质量。

(三) 加强服务环境建设,打造环境引资优势

对比江苏无锡,山东省在投资环境方面还有较大差距,尤其是服务环境。主要体现在以下几个方面:一是对投资环境及区域核心竞争力系统研究还不到位,投资环境评议评价体系尚不健全,全省上下亲商意识还有待培育和加强;二是对外开放的载体建设重点和特色不突出,重大产业化项目的承载能力较弱;三是物流、大通关等方面成本较高、效率较低;四是国际性的产业集群有待积极培育,产业集群招商仍处于初级阶段;五是外商生活配套设施与先进省市相比有一定差距,国际化程度还不高;六是政府服务体系还有待完善,等等。因此,为了打造良好的环境引资优势,山东省应将改善投资环境作为提升区域核心竞争力的重要工作来抓,逐步建立投资环境评议评价制度,形成改善投资环境的促进机制。同时,加快规范化服务型政府建设,营造软环境比较优势。进一步改革行政审批办法、深入推进规范化服务型政府建设,清理行政收费,减少审批层次、环节和前置条件。通过整合政务流程,实施电子政务,提高办事效率,营造与国际接轨的政务服务环境;全面实行政务公开,建立政府决策公示制、预告制和通报制;建立重大决策公众参与制度,进一步建立和完善办事公开制度;建立投资软环境测评制度;建立网上投诉中心,拓宽为外商投资企业服务的领域。

第十五章　江苏无锡市吸引日资的经验及其对山东的启示

2006年，日本对华投资的最大特点是金融流通等服务业投资大幅增长25%，改变了过去投资主要集中在制造业和采矿业的状况。同年，山东第三产业利用外商直接投资总额也增长65.1%，但利用日本直接投资相对较少。因而，有必要进一步加强适合金融、通讯、物流、文化教育等服务业发展的投资环境建设，为日商扩大在山东的服务业投资提供有利的条件。

（四）加强品牌意识，促进对日引资

重点是在以下方面做好品牌文章：

1. 加强旅游品牌建设

山东作为旅游资源大省的优势在日本市场上尚未全面发挥出来。在与日本的旅游市场开发中，尽管山东接待日本游客的数量逐年快速增长，但双方或多方合作的程度一直偏低，仍以山东省单方推动为主，并且商务旅游多，纯粹旅游少；浅层旅游多，深度旅游少。这既不利于旅游资源的充分利用和旅游经济效益的提升，也不利于主客人民之间的深入交流。要改变山东吸引日资不强的弱点，加强品牌旅游是非常必要的。第一，发展跨国旅游中介。中国加入WTO后旅游服务市场全面开放，山东应积极利用这一利好政策，主动吸引日韩的旅行社、会议商、专业展览公司和汽车租赁公司等中介企业进入山东，从而进一步激活国际旅游。第二，从政府推动入手，建立多层次的鲁、日合作体系。据了解，2006年6月和2007年6月，中、日、韩召开了两次旅游部长会议，发表了《北海道宣言》和《青岛宣言》；2008年6月，中、日、韩将在韩国召开第3届旅游部长会议。山东应把握这个时机，主动加强与日本政府间的合作。可以考虑成立相应的合作组织，带动旅游行业组织和旅游企业之间的交流，为旅游业的共同发展制定纲领性文件，建立开放、务实的政策框架和共享的信息体系。第三，建立适合双方的旅游管理体系。山东省与在旅游行业管理方面存在一些差异，包括对服务标准的理解、旅游纠纷的解决和统计口径等等，这都不利于合作的开展。山东省应研究日韩两国的旅游标准和法规，逐步建立相互适应的行业标准、质量规范和旅游者权益保护法案，以确保旅游交换的顺利发展。

2. 打造品牌城市

围绕品牌展开活动，做大品牌，以品牌带动活动，不断创新活动方式，提高活动层次，成为无锡对日本招商成功的一大特色。以借鉴促发展，山东省也应当结合省内各地市的特点和优势，树立适合本地区的、鲜明的城市品牌，以加强对外资金的吸引力度。以青岛为例，青岛市工业名牌远远大于城市品牌。青岛企业的品牌在全国是有名的，形成了以名牌企业集团为支柱的工业体系。国家工商总局第一批公布的中国驰名商标共153个，青岛有8个商标上榜，之后青岛就以企业名牌为依托打造青岛自己的城市品牌，即通过发展工业项目来吸引外来资金，通过产品的输出来获取收入，从而带动城市的基础设施建设和经济发展，最终使青岛成为山东省主要的外资尤其是日资企业集散地。山东省的其他重点城市烟台、威海、潍坊、曲阜也应借鉴无锡、青岛的经验，把信息化工、旅游、农产品、历史文化等打造成城市品牌，以加大对外资尤其是日资的吸引力度。

（五）打造符合山东实际的引资方式

从江苏无锡的成功经验来看，山东省长期以来一直沿袭的招商引资方式已经缺乏足够的吸引力，特别是部分地区采用的"全民招商"方式必须加以改进和创新。因此，山东省必须打造出符合山东实际的引资方式。第一，应采取一致对外的招商引资方式，改变长期以来各地自主对外、相互竞争的招商格局，统筹全省各地招商资源和招商对象。第二，在招商引资活动中力求方式创新，力求实际效果。第三，对招商引资中的考核、奖励措施要进行改革，真正实现"招商选资"，限制那些对山东省经济结构、产业结构调整作用微弱、溢出效应较小的资本密集型项目的进入。在兼顾引进外资的规模的同时，突出外资投入方向和质量，强化引进外资的经济和社会效应。第四，进一步加强实施产业规划招商和产业链配套招商。瞄准产业转移目标，抓住重点国别和地区，每年组织分国别、分产业的境内外大型招商活动和小分队招商，紧盯产业龙头、世界500强企业及相关产业配套项目，有针对性地主动出击，采取多种形式的高密度专业化招商方式，提高招商引资实效和成功率。同时，充分发挥现有存量土地和后备资源优势及能源供应潜力，提高现有土地利用效率，控制公共产品与服务价格的过快上涨，进一步营造开放型经济发展的比较优势，降低外商综合投资成本，在国家宏观调控的大环境下，抓住机遇，积极吸引和迎接外资转移。第五，按照构建先进制造业基地的战略定位和省内五大产业发展规划，突出大项目和产业集群招商，加快项目集聚步伐，增强规模集聚效应，突出引进龙头项目、配套项目和产业集群项目，不断提升招商引资的层次和水平。各地应根据本地主导和特色产业，制定产业链招商规划。找准主导产业上下游产业链的空白和薄弱点，积极引导外资投向附加值高和关联度大的产业。

（六）加强人才培养，构筑人才高地

在学习借鉴江苏无锡及引资经验的同时，我们也应看到自身存在的不足，其中专业人才的缺失，是造成山东引资不利的重要因素。由于历史文化原因，山东省的高等教育、基础研究、科研机构、人才资源储备等方面与北京、上海等地存在较大差距。这制约了外资研发中心在山东的发展。研发人才的缺乏主要表现在适用性的研发人才比较少。随着跨国公司在我国业务的扩大，一些跨国公司准备把地区总部或分公司迁入山东各地市，并利用本地人力资源相应扩大研发的规模成为地区总部型的研发中心，但明显感到适用技术人员资源的不足。另一方面，山东省在吸引人才方面优势不明显。据最新调查，我国人才流动倾向于去国外、北京、上海发展的要明显高于山东。山东省缺乏北京和上海等地区持续发展的人才储备和相应的科技文化底蕴，这已成为外资在山东设立研发中心的制约因素之一。因此，为了山东国民经济的持续发展，为了进一步加强和利用外资，山东省必须加强人才培养，构筑人才高地。首先，积极调整高等教育的人才培养结构。应对高等教育的人才培养结构和模式加以调整，合理规划研发人才的培养规模和结构，稳步发展理工类的本科适用性人才，加快发展工艺技术方面的科技型人才，满足当前外资研发中心的发展需要。第二，构建专业化人才培训机制和人才市场运作机制。给中外研发机构和人员以平等的政策和待遇，健全人才市场和人才流动与服务机制，提高人力资源配置效率，满足研发机构多方面的人才需求。第三，建立合理的人才激励机制，营造吸引人才的环境。第四，重点加强外经外贸、文化交流、旅游服务和宾馆餐饮服务等方面的日语人才的培养力度。

（作者：荀克宁　山东社会科学院）

第十六章

大连承接日本软件外包的经验及其对山东的启示

20世纪90年代以来，发达国家的企业界快速地掀起了将软件设计和流程业务向低成本国家转移的浪潮，软件外包成为新一轮产业转移的热点。据国际数据公司（IDC）预测，2008年全球IT服务外包市场规模将达6 800多亿美元，2010年全球总外包规模将超过11 000亿美元，前景十分广阔。抢抓机遇、探索思路、创新举措，开辟软件外包出口这一新的贸易增长点，对于优化出口结构、转变增长方式、缓解能源物料紧缺，以及实现经济可持续发展，都具有重要意义。

一、大连——中国软件外包的一面旗帜

2000年以来，中国的软件外包业务呈现出强劲的发展势头，而大连作为我国软件外包率先发展的区域，在国家信息产业部等相关部委的支持和大连市政府的努力下，已发展成为中国软件外包的一面旗帜。在新型产业中，大连一直把软件和信息服务业，尤其是软件外包、服务外包作为一个战略性产业加以推进。2004年大连市确立的"一个中心，四个基地"的发展战略中，以建设旅顺南路软件产业带为核心的"电子信息及软件产业基地"更被写入政府工作报告。按照这个规划，从业人员将达到20万人以上的软件产业，在未来五年将创造产值600亿~800亿元人民币，出口超过20亿美元。到2012年，大连的软件和信息服务总值将达到2 000亿元人民币，其中软件出口35亿美元，总产值占到大连GDP的1/6左右，从而成为大连的第一产业。2006年，大连市软件产值达到145亿

第十六章　大连承接日本软件外包的经验及其对山东的启示

元，增长 45%；出口额达到 4.5 亿美元，增长 50%。[①] 大连软件和信息服务业以六大优势佐证了中国"班加罗尔"的雄厚实力：

1. 服务外包产业国际化特征明显

全市 620 家软件及信息服务企业中，约有 230 家为外资企业，其中世界 500 强企业 33 家。名列全球领先的前十大信息技术外包（ITO）和业务流程外包（BPO）服务提供商中，有 IBM、埃森哲、毕博、日本电气、惠普等 6 家在大连开展外包业务。

2. 国内企业发展壮大

通过投资和业务合作，华信、海辉、东软等民营企业迅速发展壮大。大连华信年均销售额十年来始终保持 25% 以上的增长，市场涉及国内 270 多个城市和日本、欧美及中亚地区，软件出口额位居全国首位。

3. 形成了产业链条

大连软件园以面向日韩等北亚地区的软件开发、信息技术服务的外包业务为产业方向，在应用软件开发、嵌入式软件开发、IT 咨询、IT 教育与培训、BPO、数据处理等产品和服务领域获得了长足的发展，形成了比较完整的产业链条。

4. 对日外包业务发展迅速

随着索尼、日立、三菱、日本电气等公司在大连建立了离岸开发服务中心和软件研发机构，日本几乎所有大软件公司都在大连投资。

5. 产业集聚效益显现

从 1998~2008 年的 10 年时间，企业数量增长了 50 倍，初步形成了以世界 500 强为代表的跨国公司、国内大公司和众多本地中小企业构成的企业集群。有 26 家软件企业通过了能力成熟度模型（CMM）认证，其中华信、海辉、东软等 10 家企业通过 CMMI 五级和 CMM 五级评估，占了全国的 1/3。

[①] 程义太：《大连外包服务与我国现代信息服务业发展》，载《中国信息界》，2007 年第 6 期。

6. 专业化的软件园区功能不断完善

"官助民办"的软件园采取了多元化的资本运作模式,拓宽了资本运营渠道,引进世界著名的专业服务商,提高软件园的管理和服务水平,先后被认定为"国家火炬计划软件产业基地"、"国家软件产业基地"、"软件产业国际化示范城市"、"国家软件出口基地"及"中国软件欧美出口工程试点基地"。

二、大连承接日本软件外包的经验

就全球软件外包市场而言,日本市场是仅次于美国之后的全球第二大软件外包市场,其规模非常庞大。2005 年,日本 IT 服务市场规模达 399 亿美元,2006 年增加到 413 亿美元,2007~2011 年的 5 年内将保持年均 3.4% 的增速,到 2011 年,日本国内 IT 服务市场规模将达到 489 亿美元。由于地缘接近、文化相似、语言优势及成本低廉等因素,与印度相比,中国承接来自日本的软件外包有着天然的优势。中国已经成为日本软件对外发包的最大基地,在目前日本软件的海外发包总额中,流向中国的比例高达约 60%。2005 年,日本软件业对华发包规模增长 42.8%,2006 年则超过 50%。[1] 而在承接日本软件外包的国内城市中,大连成为当之无愧的领袖。

大连很早就提出了建设中日软件产业合作战略门户和中国 IT 外包中心的发展目标,充分发挥与日本毗邻、经贸频繁的区位优势,积极开拓对日软件市场,大批承接日本软件外包业务,并吸引日资软件企业入驻。如今,对日本的软件出口和外包已成为大连软件产业的一大特色,连续几年占大连软件与信息服务出口总额比例的 80% 以上,对日软件出口居全国第一位。在承接日本软件外包的实践中,大连形成了自身的优势,并总结出一套成功的经验。

---

[1] 黄庐进、康文娟:《发展对日软件外包,提升中国软件产业国际竞争力》载《经济与管理》2008 年第 1 期。

第十六章 大连承接日本软件外包的经验及其对山东的启示

(一) 制定相关扶植政策

为鼓励包括软件外包在内的信息产业发展,大连制定出台了《大连市人民政府关于加快发展软件产业的实施意见》、《关于鼓励软件产业发展的若干意见》、《大连市软件企业发展专项资金管理办法》、《大连海关支持软件出口的若干措施》等一系列政策,还设立了地方政府专项发展基金,用于企业参加国际软件认证、人才教育培养、公共技术服务设施建设。与此同时,大连积极完善知识产权和个人信息保护环境,加大地方知识产权保护的执法力度,增强企业的知识产权保护意识,在国内第一个建立了个人信息保护行业规范。优惠的扶植政策和良好的法律环境使得大连的一批软件企业得到快速发展,经过十年的实践,大连的软件外包特别是对日软件外包高速增长,参与全球化外包分工的进程大大加快。

(二) 区域主攻目标明确

像爱尔兰一样,大连软件外包依据自身优势,确立了以面向东北亚地区,特别是日本的软件开发、信息技术服务的外包业务为产业方向。进入21世纪后,基于计算机技术的IT开发外包(ITO)和业务流程外包(BPO)在全球兴起,大连抢抓机遇,提出建设"中日软件产业合作战略门户"和"大连,中国IT外包中心"的口号与发展思路,积极开拓日本市场,一批日资企业落户大连,大批日本外包业务转移到了大连,欧姆龙、阿尔派、古野电器、日中技研等众多日资软件企业在大连设立研发中心,对日软件出口和外包业务已经成为大连软件的一大特色。据海关数据,日本在大连投资从事对日软件开发的企业数量居全国城市之首;大连有近70家企业从事对日软件外包,仅大连华信公司一家对日软件外包出口就近2 000万美元。

(三) 新型的园区管理体制

大连的软件外包洼地——大连软件园的建设与发展是一个园区管理体制创新的典范,是一种"官助民办"的独特运营模式。在缺少产业发展资金和运作经验的情况下,如何发展大连软件产业,走上产业国际化发展的轨道成为大连面临的难题,大连大胆尝试,确立了由政府指导、扶持与市场化运作相结合的"官助民办"新的管理运营体制。由大连的民营企业——亿达集团为投资主体开发和承建软件园项目,负责软件园的基础设施建设、环境建设、招商引资、产业服务和园区综合管理;大连市政府则在宏观指导、制定政策、招商引资、基础设施补贴及软件园服务体系建设上给予支持。实践证明,这种新型的管理体制有利于调动政企两方面积极性,是成功的,是有益于软件外包发展的。大连软件园已经成为国内软件出口额最大、外资企业比例最高的园区,在应用软件开发、嵌入式软件开发、IT咨询、BPO、数据处理等产品和服务领域取得了快速发展,形成了比较完整的产业链条,并被众多国际咨询公司誉为中国国内目前唯一可以称得上具有BPO产业规模的地区,初步建成了以国际化为特色、外包业务为主导、集软件开发、教育培训、创业服务为一体的综合产业环境,这一良好的产业环境为吸引日本软件外包打下了坚实的基础。

(四) 在日树立整体品牌形象

把公司开到日本,以整体形象出击,成为帮助大连继续保持和巩固日本企业离岸外包首选城市地位的主要举措。在日本,大连软件园日本株式会社、中软东京株式会社、龙高网络株式会社等四家同样来自大连的软件企业组成合作联盟,借助各自在对日外包方面的优势,以整体形象树立大连作为"中国IT外包中心"的品牌。以大连软件园为首的这个联盟,正在成为大连乃至中国中小IT企业打入日本外包市场的桥头堡。

树立整体品牌形象是非常必要的,主要基于两个方面的原因:一是日本离岸外包市场结构发生了变化。出于以离岸外包来降低成本的需要,日本外包市场对中国的依赖仍然长期,但选择越来越谨慎了。对于中国的中小企业而言,单靠自己的力量和信誉,赢得稳定的市场几乎不可能,而一个整体品牌形象则会起到信誉担保和马太效应的双重功效。二是中国承接日本外包业务的市场也在发生变化。天津已经显示了咄咄逼人的势头,更多的城市也不甘寂寞,跃跃欲试。大连要继续保持"首席"地位,尽快树立品牌已迫在眉睫。而这个由在日本的公司组成的联盟,一方面是宣传大连的窗口,一方面也会借地利之便,帮助国内企业尽快地熟悉日本市场,进而提升大连对日外包的整体水平。

(五) 注重创新孵化能力

创新是软件产业发展的支撑，也是软件外包发展的支撑。现阶段我国包括大连在内主要承接的是日本软件外包中处于价值链底端的业务，业务技术含量不高，外包利润的大头都被日本的大型发包软件公司赚了去。要实现承接更高技术含量外包业务的目标，必须尽快提高国内软件企业的科技创新能力，提升整体竞争力。大连在大力吸引软件外包项目的同时，非常注重企业自主创新能力的增强，遵循市场规律孵化和演绎自主创新能力，将科技企业孵化作为产业创新的重要载体。在为企业提供全面解决方案的同时注重孵化、扶持中小企业的发展。通过帮助企业大量地承接外包订单，并从资金、政策、人力资源及 IT 业务合作等各方面重点扶持外包型中小企业的创业、成长，使他们有能力、有资源活跃在外包业务领域，并从实战中总结经验，培养人才，逐步走上自主创新的道路。实践证明，园区的企业孵化已为我国中小企业的自主创新能力的提升起到了积极的推动作用，对于实现"引进消化吸收再创新"的产业发展模式起到了积极作用。

(六) 利用企业合并实现规模优势

中国目前有多达万家大大小小的软件外包公司为客户提供相似的服务，低价同质化竞争的情况十分严重，这种模式对外包和 IT 服务行业整体以及各个企业来说毫无益处。本行业的必然趋势是合众为一，在不久的将来只会有几个出众的明星企业，就像印度的塔塔公司等。因此，中国的 IT 外包企业想在短时间内形成比较可观的、具备规模优势的大型企业，最有效的途径就是利用合并等形式实现跨越式增长。大连的海辉集团就是通过合并一跃成为国内首屈一指的大型软件企业，并且在承接日本软件外包业务中通过规模优势占得先机。2005 年，海辉软件国际（集团）公司、天海宏业国际软件公司和科森信息（亚洲）有限公司进行战略合并，组成海辉集团。天海宏业是亚洲主要的软件测试提供商之一，而科森信息科技则在商业运营咨询方面具备丰富经验，在咨询、策划、顾问方面缺乏优势的海辉，正好可以借助科森在该领域的优势，而海宏在软件测试和软件国际化发展方面的优势也同样可以弥补原海辉在该方面的短处，3 家的合并取长补短，符合产业发展的方向。完成合并的海辉集团成为我国提供最全面IT服务的企业和最大的IT外包服务提供商之一，在中国6个主要城市及北美、日本拥有分公司和子公司，员工总人数达到1 800多名。

（七）人才战略奠定发展基础

软件产业的发展需要人才，自主创新更离不开优秀的人才。因此，大连高新区坚持以人才促进软件服务外包产业发展的战略，认真落实国家和辽宁省优惠政策，以及《大连市关于软件高级人才的若干规定》、《大连市支持软件出口若干措施》、《大连市加快发展软件产业的实施意见》、《博士后科研工作站管理办法》等一系列政策，发展急需的高级人才，特别是对日软件人才。大连高新区实施高级软件人才专项奖励措施，设立"软件产业高级人才发展专项资金"，每年拿出2 000万元奖励高级软件人才，并为软件人才提供相应的生活居住环境。为了引进人才，园区还组织招聘团赴北京、上海、旧金山、温哥华、东京、大阪等国内外各大城市广招贤才，为园区发展积蓄力量。

在大量引进人才的同时，大连市也十分注重人才的培养。在大连市政府的积极推动下，大连理工大学、大连海事大学、东北财经大学、大连交通大学等22所高校开设了软件相关专业，社会力量创办的IT培训机构达到100多家，美国IBM、惠普、微软，日本TAC、麻生教育和印度耐好路等国际大企业纷纷在大连开展IT人才职业教育培训。在大连高新区内，有全国规模最大的民办软件专业大学——东软信息技术学院，在校学生约万人；有各类培训机构40多家，每年可培训人才2万多人。此外，园区还会同大连市人事局，与延边大学合作，共同创建了日语、韩语IT人才引进培训基地。为对日软件外包的发展培养了大批既懂日语，又懂技术的软件人才。

三、山东承接日本软件外包的基础分析

日本软件外包业务是一个巨大的市场，而目前我国只占据了其中的一部分，我们完全有优势拓展更大的市场空间。面对日本软件外包巨大的商机，山东作为一个软件产业大省，已经具备了加快对日软件外包的基础条

第十六章 大连承接日本软件外包的经验及其对山东的启示

件和比较优势,但同时在自身和外部发展环境方面,也存在一些制约因素。

(一) 基础条件和优势

(1) 具备一定产业基础和一批出口潜力较大的具有自主知识产权的软件产品。截至 2006 年,全省累计认定软件企业 262 家,累计登记软件产品 1 203 个,软件从业人员近 4 万人,实现软件及系统集成销售收入 230 亿元,增长 40%,软件产业综合实力居全国第四位。[①] 其中高速公路管理系统等一批系列软件被评为国家优秀软件产品。

(2) 具有一批实力较强的软件企业和发展软件外包出口的客户。浪潮软件、浪潮通软、中创软件、鲁能集成电子、潍坊青鸟华光等 11 家企业跻身国内知名软件企业行列,被国家确定为规划布局内的重点软件企业。浪潮、中创等骨干软件企业已建立了与跨国公司的专业协作,浪潮集团在日本设立办事机构和研发中心,成为日本 NEC 在华主要合作伙伴之一。

(3) 具有较强的家电、通信领域嵌入式软件开发能力。2004 年,济南、青岛两市嵌入式软件收入逾 100 亿元,海尔、海信公司嵌入式软件年出口 2.5 亿美元以上。海信研发的 3G 手机终端技术、数字视频处理芯片技术已达到国际领先水平;烟台东方电子的电站设备系统中,其中嵌入式软件占 40% 以上。

(4) 软件园区建设初具规模,成为承接软件外包出口的载体。齐鲁软件园作为国家重点软件产业基地和首批国家火炬计划软件产业基地,建设规模、基础条件全国一流,可容纳 20 万人进行软件研发;与山东大学联合建立齐鲁软件学院,每年可提供 3 000 多名软件专业人才,日本电气公司(NEC)将其在华研发中心设于该园。2004 年,齐鲁软件园和青岛软件园均建立了软件出口联盟,汇集众多中小软件出口企业形成规模,资源共享,降低成本,增强竞争力。

(5) 具有人文和低商务成本的比较优势。一是山东得天独厚的人文条件。软件产品开发更需要人员的稳定性和忠诚、肯干、诚信品格,山东省软件企业技术人员流动率为 4%~5%,大大低于 15% 的全国平均水平,

---

① 邱田宾:《关于加快山东软件外包出口的思考》,载《信息化论坛》,2007 年第 4 期。

这对软件企业积累项目经验、节省培训费用、承接大型研发项目至关重要，这也是日本企业最看重的特殊优势。二是商务成本较低。山东平均房租比北京、上海、大连等地低 1/3，软件从业人员月工资相对也较低。

（二）制约因素

（1）对日软件外包高级人才奇缺，企业外包接单能力弱。山东省软件外包人才数量供不应求，并且结构不尽合理，从业人员供给与市场需求存在着较大缺口。山东省多数软件外包企业规模在百人之内，人员构成多为技术型的工程技术人员，缺乏通晓国际商业惯例、具备跨国外包经验的人才。尤其对日软件外包企业普遍缺乏具有日本留学工作经验的项目经理级人才。

（2）山东省尚未进入国家级软件出口基地行列，影响了外包竞争力。2003 年，国家批准北京、上海、深圳、大连、天津、西安等六省市软件园为"国家级软件出口基地"，作为山东省条件最好的齐鲁软件园未能入选。在国家投资政策、对外招商品牌、吸引入驻企业和人才聚集等方面，影响了外包竞争力。

（3）以实体产品为基础的现行海关监管模式与以数码为载体的软件产品的出口形态不够适应。现行出口优惠政策以实体产品为基础，以海关出口报关单为依据，而软件产品大多采用网上传输模式，企业为报关使用的光盘价值难以用传统货物出口形式界定，因此需要针对软件出口的特定形式，实行相应的监管模式，使得既能够便捷出口，使企业及时享受到国家出口鼓励政策，又能够防犯欺诈，维护国家利益。

（4）鼓励扶持对日软件外包出口的政策力度不够。优惠政策对于软件产业和企业的发展具有决定性的推进作用，而相比大连等城市针对软件外包制定的诸多扶植政策，山东省在支持软件外包出口方面，还没有出台具有突破性的鼓励扶持政策。

（5）济南对日航线少，制约了软件外包出口发展。从软件外包业务的流程看，从系统的设计、到板块的分割、集成和调试，都是建立在团队及时沟通的基础之上的，具有很强的实效性、保密性和反复修改、升级改版的特点。因此，极为便捷的航空运输便成为接单、做单的要件之一。目前，山东省对日软件外包主要集中在齐鲁软件园，但由于济南尚未开通日本航线，很大程度上制约了对日软件外包业务的开展。

四、借鉴大连经验，发展对日软件外包

除大连外，北京、上海、杭州、深圳、西安等城市都瞄准了软件外包市场，制定了各自的软件外包发展计划，而初期的目标市场几乎不约而同地放在了日本，这造成了国内软件外包企业在承接日本业务上的竞争十分激烈。而相对于山东省综合经济实力、产业基础、对外贸易总量以及与日本隔海相望、经济关联紧密等要素条件，山东省对日软件外包的发展规模很不相称。因此，为发展对日软件外包制定对策，成为山东省软件产业发展的当务之急。大连发展对日软件外包的经验，为同样毗邻日本的山东省提供了宝贵的借鉴，结合山东当前实际，加快对日软件外包发展的总体思路应是：加大政府的引导和扶持力度，以龙头骨干企业为主体，以跨国公司战略合作为主导，以软件出口基地为平台，优化环境，集聚人才，打造品牌，努力实现对日软件外包的快速发展。

1. 制定软件外包发展规划，加大对承接日本软件外包的政策扶持

借鉴印度、爱尔兰等软件外包大国及大连等国内先进城市在发展软件外包产业中政府在发展规划、政策措施等方面的经验，制定山东省软件外包出口的发展规划及实施措施，形成政府更为科学有效的引导和积极的政策扶持。其中，针对最符合山东当前实际情况、能够快速发展的对日软件外包要制定专门规划和扶持政策。建立外经贸、信息产业、财政、税务、海关、外管、口岸办等有关部门组成的联合工作机制，协调解决软件出口中的问题，为软件出口创造良好的发展环境。建议研究设立软件外包出口发展资金，用于软件企业 CMM 认证补贴、软件外包市场开拓和国际展览补助、软件国际合作培训机构的培训费用、公共技术服务平台建设补助等。

2. 培植软件外包龙头骨干企业群体，增强企业国际竞争力

山东省已经成长起一批具有较强实力的软件企业，成为山东承接日本软件外包业务的中坚力量。济南还成立了由浪潮软件、济南源华、山大华特、山东师创等企业组建的软件出口联盟，对于提升山东软件企业的整体竞争力很有意义。应重点扶持浪潮软件、浪潮通软、中创软件、青鸟华光

(潍坊)、青岛中天、鲁能积成、高校控股（青岛）、山东中鲁、地纬软件、济南得安等具有产业优势、规模效应和品牌形象的软件企业，使其形成全省软件外包出口的骨干群体，通过骨干企业群的发展带动全省软件外包业务的发展。另一方面，鼓励软件企业通过购并、重组等资本手段，尽快形成产业的若干龙头企业，提高产业的运作能力，增强国际市场的竞争力。

3. 建立健全软件外包人才培训体系，着力培养对日软件外包人才

在当前的对日软件外包业务中，日语IT人才成为最稀缺的资源，包括戴尔、艾森哲、索尼、松下等设在中国的软件基地都不同程度的缺少精通日语的IT人才，国内大连、上海、北京、无锡、南京等地日语人才也相继告急，"日荒"正影响着各地对日软件外包业务企业的发展。为此，山东省要想在对日软件外包业务中占得先机，也必须过人才这一关。要充分借鉴印度、爱尔兰以及国内大连等地人才培养的先进经验，充分利用社会力量和省内外教育资源，结合本地软件人才培养和产业发展实际情况，建立并完善包括高级人才培训、中层开发骨干培训和低层软件技术工人培训等在内的多层次、全方位的软件人才培训体系。加强与山东大学、中国海洋大学等高等院校、科研院所的合作，增设信息技术应用的相关专业，加强师资队伍，完善课程和教材设置；形成以企业为核心，政府、学校和科研单位相结合的人才培养体系。大力推动外包人才实训基地建设，使其成为具有国际竞争能力的高层次实用型软件人才的培养基地；规范软件人才培训市场，加强软件人才认证和培训，积极鼓励和支持社会培训和软件企业培训，实现非学历教育和学历教育的互相补充，改变当前软件人才主要依靠高等院校、科研院所培养的单一模式，促进软件人才结构的合理化发展。同时，积极开展与国外教学机构、国际著名软件企业和国内软件企业的联合办学，多模式、多渠道培养软件人才，逐步与国际标准接轨。

4. 开展软件外包招商引资，充分利用各种资源寻求合作机会

专门针对软件外包开展对日招商引资活动，重点吸引大型日本软件企业并积极与之合作。从山东省对日软件出口的现状看，日本电气公司是最活跃的日本软件发包龙头企业，应是山东省软件外包最重要的战略合作伙伴之一。应到日本东京、大阪、北九州、札幌等"软件都市"举行软件外包专业招商，吸引其软件企业来山东省投资创业。信博会是一次展示山

东省信息软件产业的平台，要充分加以利用，争取信博会期间在济南举办国际软件专业展，邀请国际知名企业、国内软件厂商参会，推介山东软件企业，争取接单机会；鼓励软件企业"走出去"开拓国际市场，利用中介机构、我驻外使馆、海外留学生等海外资源，捕捉合作机会。

5. 建设山东软件出口基地，打造齐鲁软件品牌

在努力完善设施建设、扩大出口实绩基础上，帮助齐鲁软件园积极申报国家软件出口基地，争取国家投资和政策支持。扶持山东软件出口联盟，推动"齐鲁软件"品牌，打造软件开发的整体规模优势，增强承接国际软件业转移竞争力。逐步进行市场细分，成立专门针对日本市场的外包子联盟。建设软件外包投融资平台，健全软件外包投融资体制。在充分发挥政府资金引导作用的基础之上，积极引导金融机构、风险投资以及民间资本加大对外包企业的投入。设立外包企业投资基金，对外包企业进行投资孵化。鼓励引导担保机构为中小软件外包企业提供资金贷款的担保。

6. 加强知识产权保护，培育企业自主创新能力

必须健全和完善现有的知识产权保护制度，特别是出台专门针对软件行业的知识产权制度法规。日本企业特别重视软件发包过程中的知识产权保护问题，因此这方面良好的法律制度环境对吸引日本软件外包至关重要。软件外包企业在与日本发包商合作过程中，一定要从自身做起，在软件项目的设计过程中，坚决保护发包方的知识产权。在与发包方签订合同时，要将知识产权保护及其不泄密协议详细写进合同，使对方确信其保护知识产权的许诺，并要求所有员工严格遵守，同时建立与项目相关的知识产权保护机制。另一方面，规范的知识产权保护环境也有利于本土软件企业的成长，培育其自主创新能力。因此在企业内部要加强对员工的知识产权保护意识进行教育和培训，并与员工签订违约协议，阻止核心技术和商业机密的外泄。

（作者：刘晓宁　山东社会科学院）

参 考 文 献

［1］日本贸易振兴机构：《2007年版贸易投资白皮书》，2007年。

［2］国家统计局：《中国统计年鉴》（2005～2007），中国统计出版社。

［3］山东省统计局：《山东统计年鉴》（2000～2007），中国统计出版社。

［4］刘昌黎：《当前国际投资的特点及其展望与对策》，载《领导决策》，2003年第3期。

［5］刘昌黎：《日本对华直接投资的新发展、新动向与问题》，载《日本学刊》，2005年第5期。

［6］范振洪等：《山东与日韩经济合作研究》，山东人民出版社，2005年版。

［7］王乃静：《山东半岛城市群内日韩企业集聚的现状与发展对策探析》，载《山东经济》，2005年第1期。

［8］王丽燕：《外商直接投资与山东经济增长关系的实证研究》，对外经济贸易大学出版社，2007年版。

［9］石秀梅：《浅析1964年东京奥运会对日本经济社会的影响》，载《日本问题研究》，2004年第1期。

［10］王杰、何明升：《加强山东与日韩经济合作的路径分析》，载《东北亚论坛》，2006年第5期。

［11］丁玉敏：《日本绿色壁垒研究——以中日蔬菜贸易摩擦为例》，载《农村经济与科技》，2005年第11期。

［12］王芬：《日本"肯定列表制度"对我国出口农产品的影响及我们的对策》，载《农产品加工》，2006年第3期。

［13］杨艳梅、高金田：《应对日本"肯定列表制度"：农产品出口对策》，载《国际经济合作》，2007年第2期。

［14］胡新龙、缪南生、龙路芳：《日本"肯定列表制度"的实施对中国蔬菜出口日本的影响和应对之策》，载《江西农业学报》，2007年第

3期。

[15] 张吉国：《日本"肯定列表制度"对山东蔬菜出口的影响及对策》，载《农业经济问题》，2007年第4期。

[16] 秦法萍、郭立银：《对当代新贸易保护主义的主要特点的思考》，载《前沿》，2006年第10期。

[17] 唐辉亮：《日本对华直接投资问题研究》，载《上海海事大学硕士生优秀论文库》，2006年。

[18] 白丽：《日本对华直接投资的特点趋势与我们的对策》，载《日本问题研究》，2004年第1期。

[19] 卢庆华：《山东省日韩资企业调研问卷分析》，载《山东外贸教育》，2007年第2期。

[20] 徐松丽：《山东吸引日资转向节能环保服务外包》，载《青岛日报》，2007年5月22日。

[21] 魏后凯：《欧美日韩在华制造业投资的区位决定》，载《中国工业经济》，2000年第11期。

[22] 谢勤：《"十五"期间山东利用外商直接投资新探》，载《工业技术经济》，2004年第1期。

[23] 山东省外经贸厅：《关于辽宁省国有企业利用外资情况的考察报告》，2004年9月10日。

[24] 吉田惠美里：《日本对华直接投资对日本经济的影响分析》，同济大学出版社，2006年版。

[25] 王爱华：《山东与日本贸易合作的特点及发展对策》，载《东北亚论坛》，2005年第1期。

[26] 李永乐：《以日韩产业转移为机遇的胶东半岛制造业基地发展战略研究》，天津大学出版社，2006年版。

[27] 陈建安：《战后日本产业结构调整的政策研究》，上海财经大学出版社，2002年版。

[28] 杨鲁慧：《东北亚地方经济合作与国际产业转移——以山东半岛制造业基地建设为例》，载《当代亚太》，2004年第10期。

[29] 马征：《运用财税政策加快胶东半岛制造业基地建设》，载《山东工商学院学报》，2006年第3期。

[30] 马卫刚：《积极承接日韩产业转移努力构筑胶东半岛制造业基地核心区》，载《环渤海经济瞭望》，2004年第11期。

[31] 王乃静：《山东半岛城市群内日韩企业集聚的现状与发展对策探析》，载《山东经济》，2005 年第 1 期。

[32] 孔岩：《关于加快胶东半岛制造业基地建设的研究》，载《科学与管理》，2004 年第 2 期。

[33] 黄庐进、康文娟：《发展对日软件外包提升中国软件产业国际竞争力》，载《经济与管理》，2008 年第 1 期。

[34] 王伟军：《中日软件服务外包新动向与中国的政策选择》，载《世界经济研究》，2007 年第 6 期。

[35] 李艳燕：《我国承接软件服务外包的机遇、困难及对策》，载《对外经贸实务》，2007 年第 10 期。

[36] 徐平、李益：《对日本赶超经济的探求与思考》，载《日本研究》，2005 年第 3 期。

[37] 王立文：《不同来源跨国资本在中国 FDI 的比较研究》，载《财经研究》，2007 年第 6 期。

[38] 安曼：《日本企业国际化经营模式研究》，载《日本研究》，2007 年第 1 期。

[39] 刘昌黎：《日本对华直接投资的新发展》，载《日本学刊》，2005 年第 5 期。

[40] 孙雅娜：《日本对华直接投资动机及其发展战略》，载《日本研究》，2004 年第 4 期。

[41]《日本对华投资新动向：访日本早稻田大学小林英夫教授》，载《环球财经》，2007 年 4 月 11 日。

[42] 冯辉：《九州硅岛的发展与日本产业集群计划》，载《现代日本经济》，2006 年第 5 期。

[43] 黄民生：《日本的港口开发与经济发展》，载《世界地理研究》，2000 年第 3 期。

[44] 汪旭晖：《日本物流产业的发展及对中国物流业的启示》，载《现代日本经济》，2003 年第 2 期。

[45] 吕荣胜、张志远：《日本港口经营策略对我国环渤海港口发展的启示》，载《现代日本经济》，2006 年第 5 期。

[46] 王益萍：《21 世纪日本的港口发展构想》，载《中国港口》，2001 年第 10 期。

[47] 范立力：《日本近期港口开发政策》，载《中国港口》，2003 年

第 5 期。

［48］张颖：《日本三湾一海地区临港经济发展研究》，载《商业研究》，2006 年第 21 期。

［49］关满博：《亚洲新时代的日本企业》，上海译文出版社，2001 年版。

［50］迈克尔·波特：《国家竞争优势》，华夏出版社，2002 年版。

［51］小岛清：《对外贸易论》，南开大学出版社，1987 年版。

［52］查志强：《浙江与江苏、山东招商引资模式的借鉴比较》，载《政策瞭望》2006 年第 3 期。

［53］江小涓：《中国出口增长与结构变化：外商投资企业的贡献》，载《南开经济研究》，2002 年第 2 期。

［54］陈明岩等：《绿色贸易壁垒对我国禽肉产品出口的影响与应对措施中国家禽》，2005 年。

［55］裴长洪：《吸收外商直接投资与产业结构升级》，载《中国工业经济》，2006 年第 1 期。

［56］《江苏加速形成日资"高地"》，载《中国高新技术产业导报》，2004 年 12 月 10 日。

［57］薛敬孝、白雪洁：《当代日本产业结构研究》，天津人民出版社，2002 年版。

［58］柴瑜：《2004 年度日本海外直接投资问卷调查结果评述》，载《当代亚太》，2005 年第 6 期。

［59］宋磊：《中日经济关系的制度环境与技术基础》，载《日本学刊》，2005 年第 6 期。

［60］代媚媚、顾朝林、王薇：《全球化与日本产业重构和转移》，载《河南科学》，2006 年第 6 期。

［61］姜雅：《日本新能源的开发利用现状及对我国的启示》，载《国土资源情报》，2007 年第 7 期。

［62］姜雅：《中日两国在新能源及环境保护领域合作的现状与展望》，载《国土资源情报》，2007 年第 5 期。

［63］梁图强：《日本大力发展节能环保产业减排与替代能源并重》，中国经济网，2007 年 5 月 9 日。

［64］于立新、杨婧：《投资带动产业内贸易增长——中日经贸发展对东北亚区域经济合作的影响》，载《国际贸易》，2006 年第 6 期。

［65］赵春明：《论东亚投资合作的现实途径》，载《外交评论》，

2006 年第 12 期。

　　[66] 丛颖超：《山东省高新技术产业与传统产业协调发展问题研究》，载《理论学刊》，2005 年第 10 期。

　　[67] 王承云：《日本高新技术产业的发展与对华投资关系研究》，载《世界地理研究》，2005 年第 4 期。

　　[68] 董宏彬、王晓俊：《跨越式发展高新技术产业》，载《政策》，2007 年第 5 期。

　　[69] 任建兰、史会剑、张淑敏：《山东半岛城市群高新技术产业发展定位研究》，载《世界地理研究》，2008 年第 1 期。

　　[70]《加强科技合作　促进共赢发展——日本住友化学大庭成弘总裁一行访问"畜科生物研发基地"》，载《畜牧市场》，2007 年第 5 期。

　　[71] 宏飞、朱丽：《"半夜出逃"背后的阴影——韩资企业"非正常撤离"事件解析》，载《东方企业文化》，2008 年第 4 期。

　　[72] 刘宝森、董学清：《揭开部分在华韩资企业非法撤离的真相》，载《经济参考报》，2008 年 3 月 24 日。

　　[73] 张晓芒：《山东省与江苏省利用外商直接投资比较研究》，山东大学出版社，2006 年版。

　　[74] 朱乃芬：《吉林与江苏、山东招商引资模式的借鉴比较》，发展研究中心，2007 年 12 月 18 日。

　　[75] 向前：《日本农产品贸易政策法律与中国的对策》，载《日本学刊》，2007 年第 1 期。

　　[76] 刘昌黎：《日本信息产业的迅速发展及其原因、作用和意义》，载《日本学刊》，2006 年第 5 期。

　　[77] 刘祥霞：《日本对华直接投资的产业转移特征及趋势分析》，载《海南大学学报》（人文社会科学版），2007 年第 5 期。

　　[78] 赵旭梅：《中日环保合作的市场化运作模式探析》，载《东北亚论坛》，2007 年第 6 期。

　　[79] 尹晓亮：《世界能源形势与日本新国家能源战略》，载《东北亚论坛》，2007 年第 5 期。

　　[80] 冯昭奎：《和则两利：中日关系发展的必由之路》，载《日本研究》，2007 年第 3 期。

　　[81] 闫克远：《论改善中日贸易结构与转变中日贸易增长方式》，载《日本学论坛》，2007 年第 2 期。

[82] 井志忠:《日本新能源产业的发展模式》,载《日本学论坛》,2007年第1期。

[83] 赵艳君:《山东半岛港口发展现代物流的三个层次》,载《中国港口》,2006年第6期。

[84] 方瑞祥、史继才:《山东半岛港口资源整合策略》,载《青岛远洋船员学院学报》,2006年第3期。

[85] 张向前:《当前中日产业经济合作分析》,载《理论探讨》,2007年第1期。

[86] 江瑞平:《当前日本经济形势与中日经济关系》,载《日本学刊》,2008年第1期。

[87] 张乃丽:《日本核电力资源开发的特点及问题》,载《现代日本经济》,2007年第4期。

[88] 井志忠:《日本产业结构软化论》,载《现代日本经济》,2007年第6期。

[89] 马凌:《日本对华直接投资影响因素研究》,载《国际贸易问题》,2006年第6期。

[90] 中华人民共和国商务部网:http://www.mofcom.gov.cn/.

[91] 山东国际商务网:http://www.shandongbusiness.gov.cn/.

[92] 山东统计信息网:http://www.stats-sd.gov.cn/.

[93] 山东经济信息网:http://www.sd.cei.gov.cn/.

[94] 国研网:http://www.drcnet.com.cn/.

[95] 中国软件和服务外包网:http://www.cnies.com/.

[96] 新华网:http://news.xinhuanet.com/.

[97] 江苏外经网:http://www.jsdoftec.gov.cn/site/wzw/index.asp.

[98] 中国国务院新闻办公室关于日本饺子中毒事件新闻发布会实录,http://www.china-embassy.or.jp/chn//zt/zgspaq/t410626.htm.

[99] K. Cowling, P. Tomlinson. "The Japanese Crisis – A Case of Strategic Failure", *The Economic Journal*, June, 2000, pp. 371–379.

[100] Martinez, J. I., & J. C, Jarillo, Coordination Demands of International Sreategies, *Journal of International Business Studies*, 1991, Vi-ol. 22. No. 3. pp. 429–444.

后　　记

本书《山东与日本投资贸易合作的热点难点问题研究》系山东省软科学研究计划重点项目"山东与日本投资合作的热点难点问题研究"的延伸成果，在原研究项目的基础上，又增加了山东与日本贸易合作方面的内容，使得这一专著显得更为完整和厚重。

本书的策划与撰写任务主要由山东社会科学院承担，并约请了山东省东亚研究所、山东大学、山东师范大学、山东科技大学、鲁东大学等单位的有关专家学者围绕主题进行了专门研究，广泛听取和吸收了多方面意见，博采众长，兼收并蓄，使本书的立论和观点更为坚实和鲜明，形成了一部具有较高学术价值和应用价值的专著。

本书由王爱华主编，负责全书的总体设计与统稿。撰稿分工：第1章林泓（山东省东亚研究所），第2章卢庆华（山东社会科学院），第3章王爱华（山东社会科学院），第4章王鹏飞（山东社会科学院），第5章王鹏飞（山东社会科学院），第6章卢庆华（山东社会科学院），第7章李晓鹏（山东社会科学院），第8章徐光耀（山东大学），第9章刘晓宁（山东社会科学院），第10章李巍（山东师范大学），第11章刘磊、王纪孔（鲁东大学），第12章赵佳颖（山东科技大学），第13章王爱华（山东社会科学院），第14章荀克宁（山东社会科学院），第15章荀克宁（山东社会科学院），第16章刘晓宁（山东社会科学院）。

本书在撰写中，得到了来自多方面的关心与支持，借此机会，向为本书付出大量心血和提供热情帮助的山东社会科学院、日本学会、山东省对外贸易经济合作厅、山东大学、山东经济学院的领导和专家，向对本书出版给予鼎力相助的经济科学出版社财经教育出版分社吕萍社长、张辉老师、田媛老师，谨表深深的敬意和由衷的感谢！

编　者
2008年7月